子衿初语

长沙市教育科学『十四五』规划课题研究成果

长沙市农村名师工作站和天心区小学语文名师工作室联合出品

欧欧老师◎主编

小学语文教学故事
与教学案例辑录

上海教育出版社
SHANGHAI EDUCATIONAL
PUBLISHING HOUSE

图书在版编目（CIP）数据

子衿初语：小学语文教学故事与教学案例辑录 / 欧
欧老师主编. — 上海：上海教育出版社，2025.2.
ISBN 978-7-5720-0785-9

Ⅰ.G623.202

中国国家版本馆CIP数据核字第2025UE0507号

责任编辑　曹书婧　李良子
美术编辑　静斓工作室

子衿初语：小学语文教学故事与教学案例辑录
欧欧老师　主编

出版发行　上海教育出版社有限公司
官　　网　www.seph.com.cn
地　　址　上海市闵行区号景路159弄C座
邮　　编　201101
印　　刷　上海普顺印刷包装有限公司
开　　本　700×1000　1/16　印张 17.25
字　　数　300 千字
版　　次　2025年3月第1版
印　　次　2025年3月第1次印刷
书　　号　ISBN 978-7-5720-0785-9/G·3027
定　　价　78.00 元

如发现质量问题，读者可向本社调换　电话：021-64373213

因为语文（代序）

与文字的缘分，有着久远的回忆。

小学三年级的时候，作文刚启蒙，不知什么原因老师带我去参加沅江小学生现场作文限时比赛，题目就是写一个印象特别深的人。我当时真没想起什么人印象深刻，瞬间做出决定，就写比赛时的监考老师，这个独特的"壮举"我一直不敢跟老师说，具体写了什么不清楚了，只记得写完就很轻松。我的老师也没问我，感觉没有巴望我得什么奖。再往高年级，老师经常念我的作文，文字里有的是小渔村的美好与童年的烂漫。小学毕业，我的语文意外考了全校第一名，这才稍微可以证明一下我语文老师的眼光！

初二那年，学校组织去岳阳楼春游，老师要求我们写一篇游记。当时对千古名篇《岳阳楼记》是没有鉴赏的，倒是对刚兴起的游乐项目特别喜欢，游记里把第一次玩"激流探险"的感受描写得淋漓尽致。老师把我的游记当范文在念时，教室里充满了年少的欢乐。

不知从什么时候开始，就真的有点热爱写作了。读湖南一师时的一个暑假，学校要求我们写一篇社会调查报告。我顶着烈日，鼓起勇气，走进企业，采访领导，完成了一篇近5000字的调查报告，成了班上唯一获奖的学生。这次的鼓励让我很长一段时间都很快乐。再后来，我又开始迷恋诗歌，沉醉在拜伦、雪莱、席慕蓉、艾青等诗人的文字里，诗歌处女作《十七岁的雨季》被老师当范文念，文字青涩纯洁，那是少女的味道。

一师毕业那年，我毅然选择教语文。

"我告诉自己，

既然好不容易当上了育苗人，

就得为了心中的那一抹绿色，好好耕耘，

若干年后，你会发现青春已融进绿的海洋，

生命已化作爱的清泉。"

这是我的毕业文集里，诗歌《我告诉自己》中的一段文字，它为我的教育人生种下了忠诚热爱和坚定守望的种子。

学习中觉醒

自己好好读书，才能好好教书。这是在语文里的觉醒。

教语文的岁月里，阅读成为生活日常。王国维的《人间词话》、林语堂的《苏东坡传》、余秋雨的《中国文脉》，我尤为喜欢。印象特别深的是，读完《中国文脉》，内心特别翻腾，书评与读感无论朴素或华丽，言轻或言重，都有一种惶恐，甚至觉得荒唐！可当时推荐此书的心坚定炽热，在朋友圈写下了激昂的文字："希望年轻一代滤净心胸，腾空而起，遨游文学苍穹，让中国文脉在今天，不只是等待！"有一种阅读的幸福也是记忆犹新，晚自习后，最喜欢去望月湖里转一圈，拿着那本每月必买的《小说月报》，提着点水果零食，急切想回家阅读的的样子也很是可爱。这十几年间，教着书，读着书，赛过课，获过奖，做过年级组长，最终还是选择好好教语文。2014年4月，我去北师大参加了长沙市"英才工程"语文骨干教师培训活动。15天的语文教学的专业学习，我第一次知道何谓语文；第一次知道要"正本清源"教语文；第一次明白课堂要高效，"三点三线"是策略，一字一句好斟酌；第一次知道语用课堂是趋势，魅力之大是文学；第一次听崔峦老师说"课改定风向，目标分阶段，难易讲适度。""无为而治"是智慧，"粗放一点"是风范。"根基不牢，地动山摇。"他话语铿锵，责任如山，情难抑。我收获之大，反思之深，语难尽！这次培训应该是我对语文教学认知的一个转折点，也为后来在语文课堂发力奠定了基础。

这个时候，我有了一个清晰的认知，对于一个语文老师，眼界与学习很重要。

这段时间，我非常渴望学习。那时候在语文教学上，王崧舟和窦桂梅老师等语文教学大咖刚火不久，他们的课开始大江南北"巡演"，我就利用周末自费或公费去各地追随。有两个情景一直难忘。2015年，我跟春芳去深圳参加学习，最让我敬佩的是年过古稀的支玉恒老师还在上公开课《乡下人家》，他老人家精神矍铄，思路清晰。他引导孩子们品词析句，读文赏景，最绝妙的是一节课下来，再看板书，课文中的关键词竟悄然成了一副精美的对联，课题"乡下人家"成了横批。当时，我就想：我上的《乡下人家》那也是一堂课，我的学生也是学生，那学生的课堂感受和学习效果能比吗？只能说"天上人间"啊！"有多少课可以重来？"我发自灵魂地叩问自己！2016年，我跟阿静去杭州参加"千课万人"的活动，虽已多次学习王崧舟老师的教学，但那次听完他执教的《爸爸的花儿落了》，是真听懂了他的设计意图，也明白了他课堂艺术背后的扎实功底。那是深秋的中午，迎着秋阳，我和阿静一边走一边谈论着课的精彩，开始时还激动地说着笑着，到后来两个人都流着眼泪了。因为责任，因为愧疚……当晚，我和阿静都自觉写下了学习随笔，我还第一次作了美篇《不变课堂情》。从那时起，我就暗暗下决心，要在课堂教学上下功夫，并有了一种"只不过从头再来"的豪迈！这是我在学习中的觉醒。

觉醒中坚守

渐渐地，有了一种信念：无论走到哪里，语文的田野都不能荒芜。

2017年，我代表长沙市邹玲静小学语文名师工作室执教《渔歌子》，参加铭志教育高峰论坛，并接待了香港教育代表团。课后在与香港教师交流时，有一位老师问我这堂课用了多长时间备课，我说："真正要上好一节课，要用一辈子的时间。"说出这句话，在老师们的掌声中，我惊讶了自己。2018年，学校安排我去郡永实验学校支教，因为新学校更需要引进麓小的管理模式。上了两个月语文课后，校长要我专心做管理。当要我把教了25年的语文移交出去时，心里空空的，很是不舍。2019年，我外派到长郡天心实验学校担任副校长，主管小学部。新学校、新岗位，在高压繁忙的工作中，我依然惦记着语文教学。2019年4月，执教《九月九日忆山东兄弟》，参加长沙市小语工作室古诗词教学专题研讨和长沙市名优教师送教活动。在研讨活动中，有幸认识了天心区语文教研员易青老师，她纯粹、专业、敬业，我打心眼里喜欢与敬佩！易老师听了我一节课，她看出了我的热爱，也觉得我像个教语文的样子。于是，在她的力荐下，我成了天心区小语名师工作室的名师，冥冥之中，与语文再续前缘。在区工作室，与首席名师廖敏老师也很投缘，当我的团队需要教学展示时，她会来听课磨课；当我指导学员赛课时，她技术支援，点石成金。在工作室的各种研修活动中，我和学员们同学习，共成长。2022年，易老师邀请我与她一起开展天心区语文网络研修活动，两堂示范课的打磨，让我再次感受到了易老师对小学语文课堂教学指导的专业，从目标的精准定位，到课堂结构的精妙设计，再到字字句句的精细斟酌，非常有讲究。天心小语每次"星城杯"都成绩斐然，易老师功不可没。之前，我当导师应该也没什么章法的，如果说后来能勉强入门，是要感谢易老师的。2023年，我的同事肖宗文推荐我去长沙市农村名师站当导师，因为有麓小的背景，加上宗文的"影响力"，我就成了工作站唯一没有什么光环的导师。这个时候，我除了要管理好60多个班级的小学部，还要带工作室、工作站和学校语文组的几十个青年教师，虽然任务重，但觉得自己还能为语文教学散发微光，也很是值得。这是我在觉醒中的坚守。

坚守中传承

以生命影响生命，教师就是语文化的人，人化的语文。

无论是做管理还是当导师，我首先要做的就是尽力做榜样。这几年，能上的课就去上，能写的文字就去写，能读的书就去读，能去学习就去学习。说起当导师，我的经历最早可以追溯到 2013 年，长沙市举行首届"爱阅读、善表达"的比赛，湖南一师一附小、湖南一师二附小、麓山国际实验学校三所学校各派一名教师组成"省市直"代表队，参赛内容是文本解读，采取现场抽签解读篇目，现场限时解读的方式比赛。当时三所学校决定派麓山小语教研组长邹玲静当导师，组织此次比赛。但备赛期间，邹老师接到赴日本交流学习的通知，我临时受命担任"省市直"代表队的导师。那是一段难忘的时光，近两个月时间，每周都有一两次组织三位老师聚在一起，对高段各大经典名篇进行解读，从整理资料、个性解读到文本质疑；从作者背景、作品特点到文学评论；从字句斟酌、篇章结构到主旨提升，我们对文本进行了多维度的解读。这是我教语文以来前所未有的体验。记忆犹新的是，我和春芳在解读《匆匆》时，突然读到了朱自清对自己人生境遇的深深感叹，"时光匆匆"背后是他壮志未酬，心有不甘。那是反复品读，反复琢磨后的一种顿悟。那种惊喜，至今难忘。第一次带团出征，获得长沙市首届教师素养大赛团体一等奖的好成绩。后来，春芳、远欣都"胜于蓝"，我才发现是当时参赛的老师优秀，导师只是很负责任而已。2019 年到 2024 年，我不经意间成了天心区"创新杯"语文学科的"专业导师"，新学校青年教师很多，专业成长需要引领，我虽然管理工作繁杂，但依旧心系语文。"创新杯"是为青年教师的专业成长搭建的平台，许多参赛选手教龄很短，甚至是刚参加工作。指导赛课要从选题开始，写教案要逐字逐句修改，教学设计更需费尽脑汁，别出心裁，才能有创意。为了指导一节课，我一段时间里满脑子都是这堂课，曾为了一个创意的设计，惊喜万分，跃跃欲试；也曾有走到"山穷水尽"寻求突破时的迷茫。每一次的试教，我对老师们的要求是很严苛的，指出不足时一针见血，从来没有花心思去琢磨如何委婉表达，只想让他们知道为什么不可以，怎样会更好。我知道，有些年轻老师现在不会理解，感觉委屈，正如我年轻时的那种感受，可现在的我对当年严格要求我的长辈非常感激，没有当年他们的"逼迫"成长，也就不会有现在可以指导语文教学的我。"长大后，我就成了你。"这薪火相传之歌常在我耳旁回响。连续五年，我指导青年教师20多人参加市级和区级语文教学比赛，引领青年教师热爱语文，耕耘语文。这是我在坚守中的传承。

《子衿初语》书中的每一个故事，都承载着青年教师的成长轨迹，记录着他们在教学实践中的点点滴滴。质朴清澈的文字或讲述初登讲台时的紧张与青涩，或分享对文本的独特理解与教学的巧妙设计，或回顾课堂的精彩瞬间与课后的深刻反思，或感恩师长的倾力指导与孩子的相依相守！

青青子衿，悠悠我心！书名中"子衿"有着独特的文化寓意，它象征着青年教师对知识的热爱与追求，对文化的尊重与传承。"初语"意为师者初心，课堂初样，语文初品。何其有幸，能有机会陪伴与见证青年教师们以满腔热情与不懈努力，如璀璨星光照耀学生一路前行，温暖着语文教学这片广袤的土地。何其感恩，能得到众多朋友的支持与鼓励，才有了"苔花如米小，也学牡丹开"的勇气，才有了《子衿初语》的出版。

我们终将在字里行间遇见永恒，因为语文！

欧欧老师

2024 年 11 月 5 日写于长沙

目录

第二学段（3—4 年级）

第三学段(5—6年级)

因为语文　欧欧老师的教学随笔

第一学段（1—2年级）

古诗里的童趣之美

——《池上》教学故事

徐静

◆◆ **教师简介** ——————————————————

徐静，长沙市长郡天心实验学校语文教师，毕业于湖南第一师范学院，担任语文教师六年。曾荣获天心区第三届"创新杯"比赛一等奖、湖南省教育教学论文一等奖等。始终坚持"以生为本"的教育理念，力求用真诚和爱心去对待每个孩子，用情理交融的课堂去引领孩子，用专业技能和教学智慧去打造美好教育。

董卿曾在《朗读者》中这样说道："世间一切，都是遇见，就像冷遇见暖，就有了雨；春遇见冬，就有了岁月；天遇见地，有了永恒；人遇见人，有了生命。"我觉得，最美好的遇见，莫过于遇见语文以及当我茫然无措在成长的道路上摸索时，领着我找到光的，我亲爱的师父——欧欧老师。

2019年，对我而言有着不一样的意义，这是我正式"拜师"的第一年，也是我获得区级荣誉（长沙市天心区"创新杯"小学语文课堂教学竞赛一等奖）的第一年。选课、磨课、参赛的这段日子，我经历了从兴奋、紧张、焦虑到逐渐平和的心路历程。回望来路，收获颇丰，我很庆幸当所有的困难犹如一个巨大的泡影将我困在其中时，师父最先教会我勇敢地去刺破黑暗的光。

仿佛她每一句微小的话语背后都蕴藏着一股强大的力量，她让我懂得，你害怕什么，就要去面对什么，比如，一无所知的自己，又如，身边优秀无比的前辈。与其在畏惧中停滞不前，不如在求学中砥砺奋进。

领略风光，浅知趣事

古诗在中国文化史上有着重要的地位，是中国传统艺术文化瑰宝中的重要组成部分，是人文教育和语言文字学习的丰富资源。可是，由于低年级孩子年龄小，阅历浅，知识储备也很有限，如何把古诗化难为易，把古诗教好、教活，让孩子真正地学有所获，成了我的头号难题。

师父提醒我，小学阶段的诗词教学不能生搬硬套，要符合学生的学习特点，要更多地激发他们学习的热情，使他们能积极主动地进行学习。课堂伊始，如果能通过不同方式的导入，调动学生学习的兴趣，那么，学生就愿意主动地、愉悦地走进文本。激趣的方式有很多种，比如：动画导入、猜谜导入、图画导入、故事导入等。在教授《池上》时，我采用了动画导入的方法，让学生听、看《池上》动画视频，浅知荷塘趣事，自由朗读古诗，感知停顿，以此为下面的教学做好铺垫。

"不解藏踪迹，浮萍一道开。"白居易在看到调皮可爱的小娃偷采白莲的景象时不怒而笑的原因便在这两句诗中。观看"浮萍一道开"的视频时，学生很快就找出小娃留下的"踪迹"——船划过后在水面浮萍上留下的痕迹。借此契机调动学生的情感，引领学生感知小娃的天真无邪。

低年级的古诗词教学，重在一个"趣"字。兴趣是学习内动力产生的源泉之一，学生只有在兴趣的推动下，才会主动参与到古诗词学习中。因此，我们需要通过各种方式充分调动学生的求知欲与学习兴趣，改变学生以往对古诗词学习的刻板印象，提高学生的想象力与创造力。

趣学汉字，习得方法

汉字"小"的时候，是像画儿一样的甲骨文。它有着拙拙萌萌的线条，形象而生动，让人一眼就能看懂。甲骨文，正好符合孩子的形象认知思维。识字阶段的孩子单纯而美好，他们看待世界的方式和先民造字时的思维很接近，孩子能比大人更容易感受到甲骨文那原始而粗犷的自然美。从甲骨文入手，让孩子走进汉字的世界，是一种正确且乐趣满满的识字方法。

在课堂上讲解"采"从甲骨文到楷书的演变，引起学生学习生字的兴趣，让学生感受到古人造字的趣味，让学生能够识记生字，也让课堂有趣起来。

诵读古诗，读以传情

课堂上，每当我习惯性地展开"长篇大论"时，师父总会提醒我："老师不要说太多，要让孩子多读，读着读着，他们自然就懂了。"学生阅读和理解古诗时，教师不要直接解读，而是要通过启发让学生自己去感悟和理解。如何启发学生？我找到的最便捷的通道就是文本的声音、师生的声音，最有效的办法就是突出声音主导、反复精读趣读，运用鲜活变换的"声趣"激活"生趣"，在文本的领读与串讲、意境的建构与分析、情绪的唤醒与传递过程中，师生一起循"声"进入那个夏天、那片池塘、那个故事、那一首诗。

在《池上》这堂课，我秉持"书读百遍其义自见"的原则，贯通正确朗读、情景趣读、看图诵读等环节，通过示范读、带教读、自主体会读等方法，带领学生一遍一遍地读，一次一次地想，学生在反复的读、看、听、想中调动全身感官。诗歌描绘的景象如"小娃如何撑艇""小娃怎样采莲""浮萍荡开是什么样的""踪迹又是如何暴露的"等越来越清晰，韵味越来越丰富，学生的情感体验就越来越细腻真切，学生最终体会到诗中小娃的天真烂漫及诗人对其的怜爱之情，体会到中国优秀传统文化特别是古诗词的特殊魅力。

联结生活，突破难点

"小娃撑小艇"这句诗中的"撑"对于现今的孩子而言不好理解。在课堂上，老师示范演绎，让学生感受诗中的小娃年纪尚小，撑船不易，然后指导学生在朗读时用力读"撑"，想象自己就是诗中的小娃，亲身体会诗句。以此导出下个话题：小娃为何"撑小船"？在这一环节，教师联系生活教学，学生明白了"白莲"的食用价值、医用价值，更深刻地理解了小娃偷采白莲时的心情。

通过形象直观的动作，学生也能了解到动词"撑"与"划、推、拉"等动词的差异，体会到诗人用词的准确性。教师在此基础上顺势而导，让学生运用已经积累的词语，给不同动作配上合适的词。这样不仅帮助学生复习了旧知，还能在潜移默化中让学生感受到，学过的字词在适当的时候是可以拿出来用的，激活学生已积累的字词，进一步强化学生对文字的敏感度。

古诗是诗人抒发感情的一种文学形式。虽然古诗距离现实生活极为遥远，但诗人表达的喜怒哀乐等情感，是每一个人所共有的。通过之前的学习，学生基本能够准确描述人物的动作和心情，这时师父建议我引导他们把刚才积累的语言，通过看图写诗的形式反馈出来，从而有效地训练学生的表达能力，培养学生丰富的情感。最后引导学生脱离图文，着眼于实际生活，将自己的生活写成诗。语文的教学是与实际生活密切相关的，因此，语文教学必须要遵循联系实际生活这一原则。通过设置自主创编小诗教学环节，激发学生观察实际生活的兴趣，让学生对生活中遇到的趣闻趣事进行记录梳理，让学生做一个有心人。

为了让学生学会迁移运用古诗学习中学到的知识，在《池上》的学习中，我抓住人物的"动作"和"心情"设计了两个有梯度的小练笔：

（1）白居易爷爷用词多准确啊，我们也试着为小朋友的动作填上合适的词吧！

（放）风筝　（剪）窗花　（弹）古筝　（折）纸船

（2）白居易爷爷将人物的动作和心情都写进了诗里，我们也学着他的方法将你生活中的趣事写成诗吧！

（小娃、小童）（提、拿、挎）小篮，

（乐、喜、悦）（采、摘、折）（莲蓬、芍药、樱桃）回。

其实，在最开始试教的时候，我并不知道这节课为什么要这样上，也不知道要怎样上才能达到最优的效果，所以我只能去模仿优秀教师。第一次磨课时，我迟迟找不到"无生"的感觉，教案重点不明确，语句也不够精练，师父便陪着我一遍又一遍磨了几十次。回去后，我对着镜子练习动作和表情，练习语气和语调，修改逐字稿，预设着课堂上会发生的情况。就这样，经过一次次的磨课练习，根据师父的建议和个人的感悟，我不断对教学设计和教学语言进行调整，也变得更加自信，能更加确切地知道这堂课到底要怎样上才能更好。

到了正式比赛那一天，在我走进课堂的那一刻起，结果如何已经不再重要。令人欣喜的是，我战胜了一个又一个阻碍，最终完成了在课堂上的华丽转身。我也进一步理解了师父说的"课堂教学永远是一门遗憾的艺术"。哪怕前期准备再充分，也不可能将课上得尽善尽美。但正是这些遗憾和问题，可以促进我们不断去追求，不断去超越，不断去提升。

回首过往，我的语文教学之路是在苦恼与怅惘中一路探索，在执着与热爱中一路收获的。未来的语文教学之路，或许依旧长夜漫途，或许还会小道曲折。但我坚信"路虽远，行则将至"！我愿意做一名"行者"，且行且思，执着前行。

◎ 教学案例

池上

教学目标

1. 通过图文结合、联系生活经验等方法理解"撑、偷采"等词语的意思。
2. 能够抓住人物的动作和心情，并联系实际生活创编小诗。
3. 初步感知古诗描述的景象，体会小娃的童真与顽皮。

教学重难点

重点：学会找到人物的动作和心情。

难点：根据人物的动作和心情创编小诗。

教具准备

多媒体课件、诗词的小卡片若干等。

教学过程

一、创设情景，引出新课

（一）设置情景

小朋友们好，今天徐老师给大家请来了一位唐代著名诗人——白居易，看看他给我们带来了什么？（播放视频，出现：池上）

（二）出示课题

1. 指名读准音。

（出示：小娃，小艇，撑）注意翘舌音 ch、后鼻音 eng，ch-eng　撑

（出示：偷采，回，白莲）谁能将这些字词摆成一句话？

你摆的第一句话和白居易爷爷《池上》的第一行诗一样呢，看来你也是位小诗人呢！

2. 齐读古诗。

【设计意图】通过情景创设引出课题《池上》，并让学生灵活掌握本课生字，大概了解诗人白居易。

二、图文结合，初知大意

（一）出示：小娃撑小艇

诗中有画，画中有诗。这幅画藏着哪句诗呢？小娃（撑）小艇

1. 认识小艇：小艇是指什么？（小船）

2. 换词理解"撑"。

小娃是怎样撑的？跟着老师一起来学一下吧。先用竹竿抵住河底，然后用力，使船前行，学会了吗？那我们带上动作再来读一次。

不同的动作，我们使用的词也不同！

学生举例：推小艇，拉小艇，划小艇，撑小艇……

【设计意图】通过形象、直观的动作，学生能了解到动词"撑"与"划、推、拉"等动词的差异，体会诗人用词的准确性。

（二）出示：偷采白莲回

第二幅画又藏着哪行诗呢？

这里表示动作的词是：采

（出示"采"的字形演变动图）用指尖或手指轻轻摘取就是"采"，慢慢地就变成了我们现在看到的"采"字。

（边做动作边读，男女生分角色朗读）

【设计意图】古诗文教学兼具识字认字功能，本环节通过随文识字、字理识字等方式帮助学生认识生字，意在体现识字方法的多样性和趣味性。

白居易爷爷用词多准确啊，我们也试着为下面小朋友的动作填上合适的词吧！

（踢）足球　（摘）草莓　（弹）钢琴　（洗）衣服

你们生活中还有哪些像这样有趣的事呢，请你照样子说一说：放风筝、剪窗花、折纸飞机……

（全班齐读）

【设计意图】让学生运用已经积累的词语，给不同动作配上合适的词。这样不仅帮助学生复习了旧知，还能在潜移默化中让学生感受到，学过的词句在适当的时候是可以拿出来用的。

（三）依托"偷"字，结合实际，读懂诗文大意

1. 这里的"偷"和我们平时偷东西的"偷"意思一样吗？你有没有瞒着大人偷偷地做过什么事情？当时的心情怎样？（兴奋而紧张……）

2. 诗中的小娃此时的心情和你一样！请你带着这样的心情再来读读这行诗！教师通过对学生的朗读进行评价，引导学生走进小娃的内心，感受小娃的心情。

3. 全班齐读第一句。

4. 白居易爷爷诗中的小娃，是一个怎样的小娃？（可爱的，活泼的，调皮的……）

5. 以小娃的身份，读好一首诗。

【设计意图】在朗读的基础上引导学生大胆猜测，借助想象，感知诗意，体会情感，从而更加立体化地感受夏季生活中乡村小娃的质朴与纯真。

三、童年如诗，拓展延伸

创编古诗：

1. 白居易爷爷将人物的动作和心情都写进了诗里，我们也学着运用他的方法来写写诗吧。

仔细观察，图中的小朋友在干什么？

板书:（　）小篮　　（　）橘子

2. 我们学着白居易爷爷的方法，抓住了人物的动作和表情，这两行诗就写成了。

你能给第二幅图配上诗吗？

出示:（　）（　）小篮

　　　　喜（　）草莓回

其实我们的生活也是一首诗，你们的童年生活就如诗一般美。现在请各位小诗人拿出练习卡，仿照今天学的两行古诗，将你生活中的趣事也写成诗吧！

【设计意图】语文的教学是与实际生活密切相关的，在语文教学中，必须要遵循联系实际生活这一原则。通过自主创编小诗，激发学生观察实际生活的兴趣，让学生对生活中遇到的趣闻趣事进行记录梳理，让学生做一个有心人。

四、小结

今天我们跟着白居易爷爷，学习了古诗《池上》的前两行，而且将自己的生活也写成了诗，这是多么幸福的课堂，多么美妙的时光啊！谢谢你们，下课！

板书

池上

小娃撑小艇，　　（　）（　）小篮，
偷采白莲回。　　（　）（　）（　）回。

以我之力，追我所愿

——《秋天》教学故事

尹湄

◆ **教师简介**

尹湄，长沙市长郡天心实验学校语文教师，毕业于长沙师范学院汉语言文学专业，曾获校教师赛课二等奖等。在教育中始终秉持着"潜心育人，静待花开"的教育理念。深知教育的过程需要耐心和等待，就像种子的生长需要阳光和雨露一样。教育不仅仅是知识的传授，更重要的是对学生心灵的播种，帮助他们建立正确的价值观和人生观。

"教育是一棵树摇动另一棵树，一朵云推动另一朵云，一个灵魂唤醒另一个灵魂。"这句经典的教育名言常常在各处被人提起，在我看来，这句话是对"教育"最诗意的见解。作为老师，我通过教育让孩子们感受世界的美好，同时，也在教育的过程中努力成为更美好的自己。

初为人师的场景历历在目，恍如昨天。《秋天》是我从教生涯中上的第一堂公开课，从知道有这个任务，到备课、观摩名师课堂、反复打磨修改……一点一点，我像是盖房子一样，堆砖加瓦，刷红抹绿。半个月的时间过去，我的"房子"已然五脏俱全，它也许不是盖得最好的一栋，但一定是盖得最快的一栋。

《秋天》是《义务教育教科书　语文　一年级　上册》的第一篇阅读文章，这个"第一"决定了它的特殊性。文章抓住天气、树叶、天空、大雁等事物的特点，描写了秋高气爽、黄叶飘落、北雁南飞的景象，表达了作者对秋天的喜爱之情。

锲而不舍，模仿名师

在探究《秋天》所在单元的教学目标时，我发现这一单元的教学重点是正确、流利地朗读课文，初步认识自然段。仔细研究小学语文教材，可以发现，对学生朗读能力的训练，是由易到难，由表及里，贯穿于各个时期的。这一单元是学习朗读课文的开始，夯实基础最为关键。因此，在教学中，我决定引导学生通过多种形式充分地朗读，读准字音，读好停顿，并借助倾听、模仿等方式，提升学生的朗读能力。

我虽然明白朗读是教学时的重要手段，但是如何有效实施成了我的难题。上课时，我针对孩子们的朗读做出的评价总是单薄、乏味，技术性也不强。于是，第一次上公开课的我，或者说第一次上一年级阅读课的我，开始模仿名师。我在网上看了两天的网课，重点学习1—6年级以朗读为重点的课文教学，反复观摩，模仿、学习、总结，终于有了一点收获。

在《秋天》的朗读教学中，我注重细节，明确重难点。"一"是《秋天》这节课的教学重难点之一，在观摩名师上课时，我发现名师都以各种形式"读"，让学生领会到"一"在和不同的词语"交朋友"时产生的变化。

我在教学设计中重点关注"一"的读法，每读到带"一"的地方，就把"一"拎出来，单独教。在其他的朗读中，我指导学生朗读时遇到逗号要停顿；遇到句号要停得稍微长一点。儿化音、轻声、重音、变调等，全部要反复训练，还强调朗读时要带入感情，在运用朗读技巧的基础上，做到有感而发。例如，"天那么蓝，那么高"一句中的"那么"可以读轻声，以体现秋天情景之美。

缺少经验，忐忑不安

我在上《秋天》这节公开课之前，只简单地在《金木水火土》《日月山川》等短短几篇识字课文中，教学过识字、写字，经验严重不足。而且，课堂上，学生的注意力往往分散得特别快，加之，识字、写字较为枯燥，教师需要反复强调纪律，这种情形下，学生总是被动跟着学，主动学习的欲望不强烈。

因此，《秋天》这一课的识字、写字教学让我感到压力巨大，我甚至产生了强烈的焦虑情绪。"三人行，必有我师焉。"在走投无路之下，我向办公室其他老师挨个请教，她们从教多年，对于识字、写字教学各有千秋。多位经验丰富的老师倾囊相授，给我提出了宝贵的建议。于是，我从常规教学开始学习、践行，吸收了适合我、适合我们班课堂的几种教学方法,收获颇丰。

识字方面,想到学生刚刚结束识字单元与拼音单元的学习,已掌握基本的识字方法,但还不会灵活运用各种识字方法,于是,我在教学中采用创建疑难情境的策略,引导学生独立发现,这样不但能激发学生的识字兴趣,还能提高学生的识字效率。同时,我采用了多种识字方法引导学生交叉学习,如随文识字、字理识字、生字卡片辅助识字、游戏识字等,识字方法灵活多样,且难度层层加深,并且利用多媒体辅助教学,增加学生学习的趣味性。写字方面,学生已具备一定的写字经验,但对基本的汉字书写规则掌握得还不够全面。我在教学中采用"引导有序观察,注重关键笔画"的教学策略,逐渐引导学生自主观察汉字,书写规范、端正。

博览资料,豁然开朗

我认为学生对秋天的理解和感受不应仅仅停留在课堂,还应延伸到课外。学生走进大自然,亲近大自然,才能感受到秋天真正的美。因此,围绕教学目标,我上网查阅了许多论文资料,也进行了实践作业设计。

作业可以聚焦实践,同学生的生活紧密关联。在查阅的资料中,我发现学生可以通过朗读、口语表达、绘画、手工制作等形式,多维度感受秋天的美好。而我之前布置的作业仅仅是用单调的朗读和背诵填充学生的课后生活。我决定进行全新的作业设计。

在上课学习的过程中,学生已经通过朗读课文加强了语文素养,明白了作者眼中的秋天是什么样子的,所以,我将作业布置同语文素养相勾连,设计了第一个作业——赏秋:引领学生走进大自然,仔细观察自己眼中的秋,使学生发现秋天的变化不仅在于落叶,其他景物也在变化。在任务的驱动下,学生走进自然,细心观察,有感而发。"天气凉了,树叶黄了",学生有感情地朗读。这样的作业设计既立足于教材,又将语文教学延伸到了课堂之外。我认为体验是最好的老师,于是有了第二个作业——品秋:请学生寻找有关秋天的果实,并进行品尝,之后练习说话。在感官的参与下,抽象的课文内容也变得可感可知。学生在潜移默化中愉快地实现进步。

这堂公开课结束后,年级组对我的课进行评价,大家提出了许多精彩的作业设计方式。例如,可以以绘画作为课堂阅读学习的一种延伸形式,还可以带领学生采集落叶,制作属于秋天的图画。学生不仅能在绘画、制作画的过程中感受到快乐,也能在涂色中感受到秋的美,极大地激发了学生的想象力和创造力。

砥砺前行，收获成长

教育的道路也许不是那么平顺，不是那么如意，不是那么风平浪静，或许会有一些坑坑洼洼、波波折折，每次把一节课打磨好，就如同翻越一座山一样，艰难但满足。

在打磨课程的过程中，我遇见活泼灵动、个性各异的学生；遇见情同手足、抱团取暖的同事；遇见不断进步、日臻成熟的自己；遇见一幕幕温馨荡漾、富有诗情画意的真实教育场景。

在这些"遇见"中，所有的烦恼都可以化解，所有的苦闷都可以释怀，所有的不愉悦都可以被接纳，所有的纠结缠绕都可以放下。珍惜教育带给我们的每一次遇见，用心去诠释其中的意义，用情去感悟其中的幸福，让遇见成为教育最靓丽的风景线。

🌀 教学案例

秋天

教学目标

1. 会写"人、大"两个生字。

2. 正确朗读课文，注意"一"的不同读音。背诵课文。

3. 结合插图初步了解秋天的特征，知道秋天是个美丽的季节。

教学重难点

重点：正确朗读课文，背诵课文。读好"一"的不同读音。

难点：结合插图初步了解秋天的特征，知道秋天是个美丽的季节。

教学过程

一、游戏导入，复习巩固

1. 游戏导入：捡树叶游戏，复习生字词。

"开火车"认读树叶上的词语；齐读树叶上的词语。

2. 复习课文内容。

课文从哪些方面描写了秋天的特征？预设：天气、树叶、天空、大雁

3. 小结：是啊，美丽的秋天到了，那可真是迷人的景色呀！这节课，我们就一起继续学习课文《秋天》。（板书课题）

4. 齐读课题。

二、品读课文，感受变化

（一）感受画面

1. 引导：上节课，我们学习了课文《秋天》，秋天来了，它有很多变化（天气凉了……）

2. 创设情境"给大树妈妈找回树叶宝宝"，复习上节课认识的词语。

3. 出示词语，检查"一"字的变调。（开火车读，齐读）

（二）品读第1自然段

过渡：秋天到了，我们周围发生了很多变化，具体有哪些变化？（板书：变化）

（课件出示课文插图）谁来读一读第1自然段？

说一说：课文的第1自然段写了哪些变化？

1. 天气凉了。展示夏天和秋天的变化图，感受天气的变化。（板书：天气凉了）

2. 树叶黄了，一片片叶子从树上落下来。（板书：树叶黄、落）

（1）展示夏天和秋天树叶的变化图，感受树叶的变化。

（2）教师指导，读好停顿。

展示一片叶子的实物，让学生触摸叶子，感受叶子的轻薄。

小结：像树叶这样轻薄的东西用"片"来形容。

（3）一片片叶子从树上落下来，这个"片"字很有趣，有人用"片"字写了一首诗，我们在"语文园地一"已经学习了，一起来读一读。

一片两片三四片，五片六片七八片。

九片十片无数片，飞入芦花都不见。

（4）课文中用"一片片"来写树叶（展示一片片树叶掉落的动画图片），那课文中的"一片片"是有几片呢？预设："一片片"是有很多片。

小结："一片"就是一片，后边再加一个"片"字就变成了好多片。

这样的词语还有好多呢！我们一起来读一读。（课件出示词语）

（5）那么多叶子落下来多好看啊！读的时候要把"一片片"强调一下，我们

再来读第 1 自然段。

（6）教师范读第 1 自然段。学生个别读、齐读，读出停顿及重音，教师相机指正。

（三）品读第 2 自然段

过渡：秋天的天气凉了，树叶黄了，除了这些还有什么变化吗？让我们一起学习第 2 自然段。

1. 请大家自由朗读第 2 自然段：读准字音，读通句子。

（1）指名学生朗读，注意"一"的变调。

（2）出示"一"变调的词语，指名读、齐读。

（3）把"一"放回第 2 自然段，谁能读准确？

（4）全班齐读第 2 自然段。

2. 提问：第 2 自然段告诉我们秋天到来后发生了什么变化？

预设：天空那么蓝，那么高。（板书：天空蓝、高）

（1）展示课文原句，指名学生朗读，读出天空的蓝、高。

（2）教师点拨："那么……那么……"表现程度很深。教师指导学生读好"那么"。

（3）词语拓展：展示棉花糖及菊花图片，引导学生仿写"那么（　　）那么（　　）"。

3. 感受大雁飞行的变化。

（1）展示大雁飞行时不同队形的图片，图文结合，帮助学生理解"一会儿……一会儿……"反映了大雁队形变化快。（板书：大雁南飞）

（2）谁愿意读出大雁飞行时的画面？指名读第 2 自然段。

（3）你能用"一会儿……一会儿……"说句话吗？看图说话。

（4）男女赛读第 2 自然段：读出节奏，读出秋天的美。

（5）想象画面：想象秋天的美景，全班齐读。

（四）品读第 3 自然段

过渡：秋天可真美呀！作者不禁发出了这样的感叹！（课件出示第 3 自然段：啊！秋天来了！）

1. 指导学生读好感叹句。

这是两个感叹句，我们朗读时重读"啊"，语气要强烈些，谁愿意来试一试？

2. 是的，作者用了两个感叹号来表达对秋天的喜爱，作者是多么喜欢秋天啊！（板书：喜爱之情）相信你也像作者一样对秋天充满了喜爱之情，快带着这份喜悦来读一读第 3 自然段吧！

3. 创设情境，激发朗读兴趣。

（播放秋天美景的画面）教师渲染情境，并进行引读：

秋天，天气是那么凉爽，金黄的树叶犹如一只只美丽的蝴蝶从树上翩翩落下，你们高兴地说道：啊！秋天来了！

秋天，天高云淡，大雁变换队形飞向南方，你们不禁感叹道：啊！秋天来了！

4. 配乐朗诵：齐读全文，体会感情。让我们伴随秋天的音符，读出对秋天的喜爱吧！

三、观察比较，练习书写

过渡：听到同学们美妙的朗读声，秋天开心极了，它给大家带来了两个生字朋友，让我们一起认识它们。

1. 练习书写"人"。

（1）在书写生字之前，我们要先学会观察。复习写字观察法。

写字三步观察法：一看结构，二看宽窄，三看关键笔画。

（2）谁来观察"人"字怎么写？

预设：写"人"字，一看结构，"人"是独体字；二看宽窄，"人"字两笔较宽；三看关键笔画，"人"字第一笔从竖中线起笔。

（3）教师范写，培养学生笔锋意识，提示书写要点：撇从竖中线起笔，捺在撇的中上部起笔，捺与撇要齐平。

（4）学生进行描红，教师巡视，提醒写字姿势。

2. 练习书写"大"。

（1）观察比较："大"比"人"多一横。谁来观察"大"字怎么写？

（2）学生描红，练习书写。

（3）投影展示，师生评议。

四、课堂小结

1. 秋天是个收获的季节，通过这节课你有什么收获？

2. 教师总结板书内容。

五、课后作业

1. 诵秋。大声地把课文朗读给爸爸妈妈听。

2. 赏秋。在日常生活中观察，秋天还有哪些景物发生了变化？

3. 品秋。尝一尝秋天的果实吧，说一说手中果实的特点。

板书设计

秋天　天气————凉了
　　　树叶————黄了
　　　天空————蓝、高
　　　大雁————南飞

情境织锦，启迪童心

——《比尾巴》教学故事

叶竹

◆◆ 教师简介

　　叶竹，长沙市长郡天心实验学校语文教师，一年级语文备课组长，小学语文初级教师。曾荣获长沙市优秀辅导老师、优秀德育教师奖等。相信每一片叶子都不同，每一片叶子都很美。以真心拥抱每一个孩子的成长，用耐心守望每一个孩子的进步。

朝花夕拾：梦想与现实的交响

　　那是我刚成为一名语文教师的第一年……怀揣着对孩童无尽的喜爱和对语文深沉的热爱，我如同一只初展羽翼的雏鹰，轻轻降落在一年级这个充满希望的课堂。

　　那段时光，如今在记忆的画卷中缓缓展开，依旧闪耀着挑战与成长的光芒。一场大型的公开课，是一场内心的风暴，是慌张、局促与无措的交响曲，却也是磨砺我教学意志、铸就我教育信念的熔炉。

初遇挑战：风雨前的宁静与抉择

　　开学的钟声刚刚敲响，教研组便为我铺设了一条充满未知的路——公开课与家长会的不期而遇。这让初出茅庐的我顿时紧张不已。这不仅是时间的巧合，更是对我教学能力的考验。我如同站在分岔路口的旅人，面对着选课、备课、时间管理的重重迷雾，心中涌动着忐忑。六神无主的我立马邀请师父带领我对一年级的教材进行分析。在敲定课文时，我曾犹豫不决。因为最能体现一年级趣味教学的拼音部分已经学完，这一现实让我的选课范围不得不缩小近一半。但我依旧想要在一年级的课堂中上出内容、上出风采。于是我将目光锁定在以"想象"为主题的第六单元①。在一次次来回琢磨、犹豫和比较之后，我最终确定了《比尾巴》这篇课文。这篇看似简单的儿歌课文却让我接下来几周的生活变成了不遑启处的连续战斗。

砥砺前行：挑战与创造的交织

选定课文后，我便开启了一场充满挑战又极具创造性的旅程。"这个地方加一个动画""讲到这里时记得粘贴板书"……各种"奇思妙想"跃然心间。当时的我内心庆幸自己选了一篇如此经典的课文，有大量的优质资源供我参考学习。信心倍增的我不仅快速地设计好了初步教学方案，还开始得心应手地制作起了课件和教具。在同事的帮助下，我在她的班级进行了第一次磨课。意料之外的是，孩子们的激动与期待随着时间一起慢慢流失，与课堂开始时兴致勃勃的场面截然不同。在学习"如何读好疑问句"这个环节时，我遭遇了不小的挑战。很多孩子对于问句语调掌握得不准确，语调拖沓，宛如一群老者悠然牵着水牛，缓缓行走于潮湿的水田之间，全然无法捕捉问句那灵动跳跃的疑问之气。我看向后面师父的表情，发现她也敏锐地察觉到了这一困境。我立马带着孩子们不停地重复朗读，试图用这股坚持的力量，吹散他们心中的迷雾。然而，效果却如泥牛入海，难以令人满意。我内心焦急，如同热锅上的蚂蚁，担心在这反复的朗读中，宝贵的课堂时间会转瞬即逝，最终无法在40分钟的课堂里完成既定的教学任务。于是我着急地说道："这个问句还是读得不够好，没有读出疑问的语气，请大家回家再多多练习。"便立马将这个环节草草了事。在我一次次的重复朗读中，孩子们早已对课堂失去了兴趣，开始与同桌交头接耳，或者在课桌抽屉里开始了"手工制作"。种种现象都在透露着一个信息——我满怀信心准备的教学方案并不完美。这一次磨课，就像一场没有硝烟的战争，我满怀信心地走上战场，却遭遇了意想不到的挫败。孩子们的热情如同潮水般退去，留下的是一片沉寂和迷茫。此时的我，看着下山的太阳，心情也一下烦闷起来，仿佛有无数蜜蜂在脑海中嗡嗡作响。原来，想要打造出一堂高效的课堂并不是如此轻而易举。沉下心来后，师父和我进行了一次长谈，她告诉我如果想要孩子们读出跳跃的疑问语气，可以带领孩子们联系生活，一起找一找什么动物的声音是跳跃而轻盈的呢？比如小鸟的声音就很悦

---

①《比尾巴》一文在2024版《义务教育教科书　语文　一年级　上册》中已调整至第八单元。

耳，可以让孩子们模仿它的语气说话。那一刻，醍醐灌顶，我突然明白了如何更好地引导孩子。是的，我的课文主角本来就是一群可爱的动物们，为何不再多邀请一只小鸟参加呢？联系孩子的生活实际设计情境，不仅能让课堂更生动有趣，也能激发学生的兴趣。

拔丁抽楔：挑战中的成长与蜕变

我根据师父的意见认真地对教学方案进行了第一次调整。很快，调整后的方案再次接受了大家的检验。相比之下，在第二次课堂中，我变得更加小心翼翼，不断在脑子里想着下一个环节是什么，生怕遗漏了哪个知识点。我频繁地穿梭在学生之间，用高分贝的语调讲解着每一句话，以此来引起他们的注意，提醒他们保持专注。一节课上下来，学生走马观花，我也自觉身心俱疲，只留下一个"费力不讨好"的结果。坐在办公室的我心乱如麻，头晕目眩，好像整个世界都在旋转。师父找到心灰意冷的我，为我提出修改建议，并再次强调低龄段的教学是要构建一个富有教育意义又充满乐趣的学习情境，而不是过分注重知识的灌输。我将这些思路一一记下，开始重新审视自己的教学方案。在接下来的几天，我又对教学方案进行了多次修改。例如：森林王国的情境设置可以不局限于导入部分。将情境设置贯穿整节课，可以更好地吸引学生注意力。在汉字教学时则可以融入游戏，让学生在游戏中学习，自然而然地记住字词。我根据学生每一次真实的反应和真实的课堂效果不断进行调整，制订新的策略。在一次次改进和整理中，我对低龄段孩子的情境化教学有了更多的理解和思考。它不仅仅是要激发学生的学习兴趣，同时，要让学生在情境化教学中可以获得视觉、听觉等多种感官体验，多方位的感官刺激可以增强他们对知识的记忆效果。

精进不休：磨砺中的绽放与升华

准备《比尾巴》这节课的过程，对于我来说，既是一次教学技能的磨炼，也是一次教育理念的升华。虽然它最终的呈现依旧不是一节完美无瑕的课，但在面对挑战时，我学会了不断探索和调整，找到最合适学生的教学方法，也体会到了教育创新的魅力。课程结束后，我看到孩子们眼睛里流露出对课文学习意犹未尽的眼神时，我便知那是我从孩子们内心深处获得的肯定。未来，我将不断提升自己的业务水平，不断优化教学方式，努力为孩子们营造一个充满童趣、富有成效的学习环境。

🌀 教学案例

比尾巴（第二课时）

教学目标

1. 会写"巴"1个生字。

2. 正确、流利地朗读课文，读好问句的语气，认识动物尾巴的特点，背诵课文。

3. 仿照课文做问答游戏，积累语言表达。

教学重难点

重点：正确流利地朗读课文、背诵课文。

难点：学习朗读问句，理解课文内容，认识动物尾巴的特点。

教学过程

一、导入新课，复习字词

1. 小朋友们，今天我们继续去大森林里看比尾巴大赛。（贴板书，注意再次强调"尾巴"的轻声读法）上节课，我们到狮子裁判那里买了进场的门票，老师来考考你们，还认识这些门票吗？（课件出示上节课所学字）我们就按小组的顺序，开火车读吧！教师：小火车开起来。学生：咕噜咕噜开起来。

2. 学生齐读。

【设计意图】营造情境化课堂，将已经学过的字词融入新的情境中，同时加入开火车形式的趣味朗读，进行寓教于乐的学习。

二、指导写字

1. 观察字形：引导学生观察"巴"字的字形特点，注意笔顺和间架结构。

2. 教师范写：教师在田字格内范写"巴"字，边写边讲解书写要领。

3. 学生练习：学生描红、仿写，教师巡视指导，强调正确的书写姿势和握笔方法。

【设计意图】先指导学生观察字形，弄清汉字在田字格中的位置、关键笔画，再进行范写，之后安排学生描红、仿写、比赛等，通过采用"看、描、写、查"的方法，促使学生掌握书写基本要求，提高汉字书写能力和水平。

三、走进课文，品味问句

讲解比赛。

（1）大家真是遵守秩序的好孩子！比赛快开始了，大家赶紧进场吧！下面，我们要宣布比赛内容了！（出示6个问句）谁会读呢？（指名读，再齐读）

（2）小朋友们，这6个句子当中，有哪些地方是一样的？引导学生对句子中的相同部分进行观察。

预设：句子结尾的问号。

（3）这个和我们耳朵长得很像的符号叫作问号。它表示什么呢？

预设：表示疑问。

【设计意图】培养学生的观察能力和理解能力，使他们能够准确识别问句并理解其含义。

（4）在读有问号的句子时，最后一个字音要上扬。你能像老师一样读好它吗？（范读2个句子）指名读，齐读。教师示范朗读时加上手部动作，手向上伸，帮助孩子理解问句语气要上扬。

预设：孩子们如果无法读出问句的轻盈，就提醒孩子们联系大自然中声音最动听的小鸟的语调。

（5）教师问：你也能用上问号来提一提问题吗？

预设：可以。

教师总结：在我们日常生活中，如果要表达疑问或者提出问题，就要用问句来询问，这就是问句的使用方式。

【设计意图】教师进行示范和指导，帮助学生掌握问句的朗读技巧，提高他们的朗读能力。

（6）狮子裁判也想来考考大家，它说，这六个词语当中藏着一对反义词，你能把它找出来吗？

预设：长—短。

（7）弯的反义词是什么？扁的反义词是什么？（加入手部动作，对学生进行引导提示）

预设：直、圆。

（8）你还知道哪些反义词？看来我们平时积累得很多，小朋友们真棒！

（9）找出参赛选手的名字。教师：快看，参赛选手上场啦！（音乐播放）你认得他们吗？赶紧在你的书本上圈出他们的名字！原来，今天参赛的有猴子，有兔子，还有松鼠，除了它们之外，还有公鸡、鸭子和孔雀。用"你好！"这样的句式跟他们打打招呼吧！

【设计意图】利用游戏教学法，使学生在轻松愉快的氛围中巩固词语知识，提高他们的词汇量和语言运用能力。

（10）比赛进行得热火朝天，你看！（播放视频）比赛结果很快就出来啦！你们知道结果吗？（发下纸条）请大家把你知道的答案贴上去。（小组讨论后，请每组派代表把答案粘贴在黑板上）狮子裁判请你们来宣布比赛结果。（学生问，学生答）

预设：后面的观众说听不清，那我们就给他们再宣读一遍吧！（看着课件一句一句读）

【设计意图】利用互动教学法和小组讨论法，使学生更加积极地参与到课文的学习中，提高他们的参与度和学习效果。

（11）松鼠的尾巴好像一把伞。为什么说像一把伞？

预设：松鼠尾巴好像降落伞。

（12）（出示课件）你能用"好像"说一句话吗？（出示图片）

预设：烟花好像蒲公英，月亮好像弯弯的小船。

【设计意图】通过特点描述的练习，培养学生的观察能力和语言表达能力，同时使他们更加深入地理解课文内容。

（13）谁的尾巴弯？谁的尾巴扁？谁的尾巴最好看？再次齐读，读出语调上扬的语气，引出下面孔雀的尾巴。

（14）孔雀的尾巴最好看。（出示图片）为什么是最好看呢？那你能读出最好看的感觉吗？（着重强调"最"要重读）

【设计意图】利用多种朗读方式，提高学生的朗读能力和语感，同时使他们更加熟悉课文的内容和形式。

四、课外导入，《比尾巴》歌曲

播放《比尾巴》歌曲，让全体学生起立，进行歌曲学唱和舞蹈。

【设计意图】将语文学科与音乐学科相融合，音乐播放可以让学生放松，有助于低龄段学生提高注意力。

五、课文背诵

谁能看着图片读问句和答句？男女生对读，背诵读。

六、知识拓展，课外延伸

1. 森林王国的比赛进行得热火朝天，很多动物都赶来了。你们看，它们的尾巴有什么特点？你能用书上一问一答的句式说一说吗？（图片出示）

预设：小朋友们真厉害，这样就是续写文章呢，你们竟然续写了两节。

【设计意图】利用图片教学法，激发学生的观察力和想象力，为续写文章打下基础。通过续写文章的练习，提高学生的写作能力和创造力，同时使他们更加深入地理解课文的结构和形式。

2. 有一只小壁虎也来了，可是它不小心丢了自己的尾巴。你看，它在着急地到处借尾巴呢！（播放视频：小壁虎借尾巴）现在你知道动物们的尾巴有什么作用了吗？

3. 请大家说说，你还了解哪些动物尾巴的作用呢？

教师总结：大家的课外知识好丰富，一定是阅读了很多书籍。这可真是一个好习惯啊！

【设计意图】通过分享知识的环节，提高学生的口语表达能力和知识储备量，同时使他们更加热爱自然和动物。

七、复习生字，巩固提升

狮子大王佩服极了，它开心地宣布：本届比尾巴大赛顺利闭幕！放气球！（课件展示气球图片）请你们来读一读生字哦！（播放音乐）

【设计意图】利用游戏教学法，使学生在轻松愉快的氛围中复习生字，提高他们的识字能力，加强记忆效果。

板书设计

	比尾巴		
猴子 长		公鸡	弯
兔子 短	？	鸭子	扁
松鼠 一把伞		孔雀	最好看

童年的"影子"

——《影子》教学故事

周甜

▶ **教师简介**

　　周甜，长沙市长郡天心实验学校语文教师。曾荣获长郡天心实验学校"郡园杯"一等奖。"动人以言者，其感不深；动人以行者，其应必速。"教育是一场温柔的坚持，在这条漫漫征途上，我会不忘初心，用心呵护每一粒种子，静待一路花开。

　　教师是特殊的职业。教师应对的不是冰冷的机器，而是有感情、有活力的学生。教师释放的爱，像花香，他们能嗅到；像春风，他们能感受到。正如当代著名教育家李镇西所说的，爱心是一个好教师最基本的条件；童心是师爱之源；教育风格各有千秋，但有一点是共同的，那就是爱的教育。

　　2023年9月，刚刚踏上小学讲台的我作为《影子》的主备人，一度非常迷茫。在来我校之前，我教的是高中语文，教学内容和学生与现在相比有着巨大的差异，原来的教学方式已经不再适用，这让我一度产生自我怀疑。幸而有我组老师耐心陪我打磨课堂，精修教案，才让我不至于那么束手无策。虽然结果并不完美，但这次经历依然让我获益良多。

温风化雨引明灯

　　第一次参加这样正式的比赛，我感到既光荣又紧张。我无比希望自己能做好，展现出集体的风采，但又担忧自己无法胜任，搞砸这次集体备课大赛。好在团队的老师都富有经验，在他们的耐心指导下，我用心打磨每一个细节，力求展现一堂精彩的课程。正式录课之前，老师们帮助我磨了许多遍课。磨课注定是一个反复的过程，一两堂课不足以让课堂的品质得到真正的提升，而反复在一个班级，对同样的学生教授一样的内容，学生也难免产生厌烦、抵触的情绪，课堂缺少了学生真实的反应，效果也不会很好。我要感谢我们年级的备课组长王色明老师，在打磨《影子》的过程中，她将班级借给我，让我磨课，磨课的过程中，她更是一直陪伴我，为我指出不足，帮我提出意见。王老师也从不吝啬分享自己的经验，同在一个办公室，每当我们这些新进教师碰到困惑感到焦躁不安时，她总是春风化雨般安抚我们，为我们指明道路。对于一个新教师来说，能遇到这样的同事和老师，是莫大的幸运。

时常听人说："教育就是一朵云推动另一朵云。"我想这不仅适用于老师和学生之间，同样也适用于老师之间。在备课、比赛的过程中，学校的老师相互交流，分享经验，指出彼此的不足，修正、改进自身的教学，在这样一步一步的过程中，不也是"一朵云"推动了"另一朵云"吗？

影子陪伴显童趣

"语文学科是铸魂育人的学科，"我的师父谭茜老师常常这么对我说，"在教学过程中要引导学生通过语文学习，热爱国家语言文字，热爱中国文化，这是语文学习的基本任务。"但是如何让学生领略到语言的魅力，从而爱上文字呢？在网上观看了许多名师的教学视频后，我决定以儿童的语言来开启课堂，我先尝试以歌曲导入，让学生猜歌曲唱的是什么，但在实践后发现这一导入方式占用课堂时间太长，导致后面不得不压缩内容，仓促结课。最终，我还是选择以有趣的谜语导入，引出主题。

《影子》是部编版小学语文一年级上册第六单元的第一篇课文。[①] 单元的主题是想象。刚刚进入学校的一年级学生对"影子"这一自然现象的认识还不太清楚，对"影子在前，影子在后，影子常常跟着我，就像一条小黑狗。影子在左，影子在右，影子常常陪着我，它是我的好朋友"这些内容还不太理解。如果只是纸上谈兵，学生受年龄限制，难以接受；如果利用多媒体课件来演示，那么方位感不强的学生也只是一知半解。在同学们跳课间操的时候，我灵机一动：可以借助太阳的投影，让孩子们亲身接触一下"影子"！说干就干，我让孩子们在太阳底

---

① 《影子》一文在2024版《义务教育教科书　语文　一年级　上册》中已调整至第七单元。

下列好队，指挥他们分别面朝东、南、西、北四个方向，让孩子们看看自己的影子分别在自己的什么方向。很快，他们惊喜地发现，自己的影子一会儿在前，一会儿在后，一会儿在左，一会儿在右。看着孩子们欣喜雀跃的笑脸，我又让他们在操场上自由地跑一跑、跳一跳，说说他们的新发现。很快，他们不断向我报告："老师，我发现我的影子像我家的小狗，我跑到哪儿，它就跟到哪儿，甩也甩不开。""老师，我走路，我的影子也走路；我跳舞，我的影子也跳舞。它就像我最好的朋友一样，干什么都陪着我。"至此，课堂的难点突破了。回到课堂，我用卡纸剪出人物的外形，用手电筒模拟太阳，当光束出现时，同学们脸上不约而同地出现了在操场时愉快的表情，正像是课文插图中小朋友在玩游戏时露出的灿烂笑容，绽放着童年的光彩，无忧无虑，自信大方。

精心设计护童心

几次磨课后，课堂已经趋于完善，但我总觉得还缺少亮点。这篇课文语言简练，句式整齐，读起来朗朗上口。但按常规设计齐读、拍手读或者男女分读，都无法很好地体现童趣，为此，我又陷入困境。

课间巡视时，孩子们在走廊玩游戏，欢声笑语一下把人拉回童年，儿时的我也像现在的他们，活泼热情，一下课就迫不及待冲出教室，找到最好的角落，跳绳、踢毽子、玩拍手游戏……我灵光乍现，为何不加入一些游戏来朗读呢？和小组老师商量过后，我们设计好了一套手势舞，正式课堂中我带着学生边舞蹈边读，孩子们明显兴致更高，读起来俏皮又欢快。我也意识到了起步阶段的语文教育更要准确把握儿童身心发展的特点，关注儿童已有的知识经验和生活经验，以一颗大人的"童心"去贴近孩子们的"童心"，引起他们的共鸣，激发他们对自然、对生活的热爱。

要演绎语文精彩，启蒙儿童教育，就要避免单调枯燥的机械操练，坚持设计灵活多样的活动，引导学生在真实的生活情境中学习语文、运用语文。因此，针对学生特点和课文特点，本课主要采用情境教学法，以调动学生已有的生活经验，让学生在玩中学。把学生带入影子的神奇世界中，保护他们的童心、童趣，培养他们的想象能力，这些都让我深刻意识到：教学不仅仅是"教"与"学"的组合，还需要"爱"的参与，爱学生，爱课文，爱自己的教育事业。只有秉持一颗有"爱"的心，才能创造一堂好的课堂。

🌀 教学案例

影子（第一课时）

教学目标

1. 正确朗读课文，借助生活经验，理解影子与人形影不离的特点。

2. 借助情境，辨别前、后、左、右 4 个方位，并用这 4 个词来表达方位。

3. 正确朗读课文，理解影子与人形影不离的特点，体会"我"对影子的喜爱之情。

教学过程

一、歌曲导入，揭题识字

1. 听歌曲，猜谜语。

教师激趣：同学们，听一听这首歌，你能猜出这首歌唱的是什么吗？

预设：影子。

教师过渡：同学们，你想了解一下影子吗？让我们到课文中去认识一下它吧！（板书：6　影子）

2. 教师范读课题，提醒学生"影"是后鼻音。学生齐读课题。

【设计意图】以听歌曲猜谜语的形式导入，激发学生的兴趣，让学生兴趣盎然地走入课文的学习中。

二、复习生字，查漏补缺

教师重点指导学生读准难读的字，如"影、常、朋"是后鼻音，可以与"音、本"对比着读，体会前鼻音和后鼻音的发音区别。"左"是平舌音，可以回顾"作"的发音，把"左"读准确。

三、初读感知，熟知方位

1. 自由朗读课文并观察课文插图，指一指：影子分别在小朋友的哪个方向？你知道这是为什么吗？

学生举手回答，教师结合手电筒的光照情况进行点拨：阳光从女孩的后边照过来，她们的影子在前；阳光从男孩的前方照过来，他们的影子在后；阳光从孩子们的左边照过来，他们的影子在右。

2. 方位词运用。

观察图片说一说：小女孩的前、后、左、右分别是什么？

预设：前边是小白兔，后边是小绵羊，左边是小狗，右边是小猫。

3. 实践活动：你的前、后、左、右都是谁？

教师提示。模仿句子说一说：我的前边是王红。王红在我的后边。我的左边是____。____在我的右边。

四、再读课文，体会情感

1. 读一读第1小节的后半句，看看影子像什么。

预设：小黑狗。（板书：小黑狗）

（1）学习"影子常常跟着我"。

① 课件播放阳光下女孩奔跑时地上有影子的图片，引导学生读一读"影子常常跟着我"。

② 教师引导学生思考："常常"可以换成哪个词呢？

预设：经常。

（2）学习"就像一条小黑狗"。

① 课件播放小黑狗奔跑的图片，引导学生读一读"就像一条小黑狗"，体会影子与人形影不离的特点。

② 教师引导学生借助小黑狗奔跑图，体会影子像小黑狗一样可爱。

（3）教师总结：影子跟"我"形影不离，（板书：形影不离）就像一条可爱的小黑狗，作者真是喜爱影子啊！请你带着对影子的喜爱之情读一读第1小节后半句吧！（板书：喜爱）

（4）展开想象，说一说：如果你也有一条这样可爱的小黑狗，它会怎么跟着你呢？

当我搭积木的时候，_____。

当我奔跑的时候，_____。

当我_____的时候，_____。

（答案示例：影子也在搭积木　影子也在奔跑　玩滑板　影子也在玩滑板）

（5）男女生对读，看哪组能读出对影子的喜爱之情。

2. 读一读第2小节的后半句，看看影子是"我"的什么？

预设：好朋友。（板书：好朋友）

（1）说一说：你的好朋友是谁？你们经常一起做什么？

预设：我的好朋友是我的同桌，我们经常一起看书、荡秋千、玩滑板、堆沙子。

（2）同桌合作读，读出对影子这个"好朋友"的喜爱之情。

3. 回顾全文，体会朗读。

教师引导：影子是我们形影不离的好朋友，让我们带着快乐的心情读一读这首儿歌吧！

（1）指名读。

（2）同桌合作读。

（3）全班齐读。

【设计意图】重视朗读，以读为本，让学生在读中放飞激情，感受祖国语言文字的优美和学习语文的乐趣。

五、课文回顾，巩固练习

1. 课文回顾：《影子》写出了影子与人形影不离的特点，充满了童真童趣，表达了作者对影子的喜爱之情。

2. 拓展：手影游戏。

3. 巩固练习。

板书设计

```
                    影子
                     前
            左              右
                     后
              对影子的喜爱之情
```

学习，永远在路上

——《小青蛙》教学故事

王色明

◆ **教师简介**

　　王色明，长沙市长郡天心实验学校语文教师，二年级语文备课组长，小学语文中级教师，中共党员。曾荣获天心区"优秀教师"、天心区"送教上门"优秀工作者、教师教育教学论文比赛一等奖等。秉持"用心经营教育，用爱温暖童心，引领孩子浸润书香，引导孩子成为更好的自己"的教学理念。

　　2023年9月，我来到了一所新的学校——长沙市长郡天心实验学校，这是我向往已久的学校，因为这里是天心区暮云片的标杆学校，这里是其他学校学习的榜样，这里的教学质量、教育理念和管理模式被家长们一致认可。更因为，这里有极具教育情怀、内心充盈着爱与力量的语文学科带头人欧欧老师。

　　新环境预示着新的起点，新起点必然面临新的挑战。但我心欢愉，在自己心仪的校园里，跟着名师的脚步去学习，这是一件幸福的事情。"向优秀靠拢，提升自己，用学习改变能力。"这是我在新环境中工作的动力，也是我给自己定下的目标。于是，尽管已经不再是青年教师的我，仍旧报名参加了学校组织的2023年长郡天心实验学校"郡园杯"青年教师教学比赛。

　　在一次教师大会上，欧欧老师曾经说过：作为郡园的教师，首先应当具有"蚊子思维"，改变自己以适应环境，努力提升自身的能力，把挑战和困难当作成长的契机，提高自己的核心竞争力，才不会被社会所淘汰，才能够在某一个节点脱颖而出。这番话成了我参加"郡园杯"的一剂强心剂，不用老的经验带新的学生，不用旧的教法授新的课文，不故步自封，像海绵吸水一样，与新的青年教师一起，保持学习态势，向上生长，以适应工作环境的变化。就在这个冬天，我选择了一年级下册识字单元第三课《小青蛙》，与四十四名稚气未脱的孩子一起参与了赛课。

在以前各种教学比赛中，我上过小学阶段中高年级的古诗课文，上过写景课文，也上过写人、记事课文，唯独没有上过低年级阶段的识字单元课文。选择识字课文与学校朝气蓬勃、思想活跃的新青教师一起比赛，对自己来说没有优势，是一种新的挑战，除了默默下定决心上好这堂竞赛课，内心亦有惶惶的紧张之感。

在这种坚定又有点复杂的心理中，我开始着手准备这堂课。《小青蛙》是一首字族文识字的儿歌，读起来节奏明快，音韵和谐。课文将字族文识字寓于儿歌之中，将字与文融合在一起，首次以字族的形式出现在小学课本之中。字族文识字教学在之前的《义务教育语文课程标准（2011 年版）》中没有提及，这对于所有师生来说都不是一个特别熟稔的概念。正所谓倒给学生一杯水，教师得有一片海。要把字族文识字方法教给学生，作为教师，自己就得把知识点先吃透。我找出了《义务教育语文课程标准（2022 年版）》，再次进行研读，明确新课程标准对低年级识字教学的要求。低年级阶段识字教学应改进策略，由"教"到"学"，由"单一"逐步到"多元"。基于这一点，我想我首先要摒弃传统的"音形义"教学模式，在课堂上设置识字游戏、字谜、韵文等，将识字的方法渗透其中。

温故而知新，关键在温故，不温故，则无以知新。因为"郡园杯"，我再次研读"新课标"，温习以前知道的、经历过的、学过的东西，又有了新的心得和收获。与此同时，我开始查阅有关字族文识字的各种资料，最终发现字族文识字与形声字识字有着异曲同工之处。只是字族文识字是一种通过具有派生能力的母体字，加上不同的偏旁派生为子体字，编成诗文来进行识字的方法，更侧重于通过母体字和偏旁组合进行学习。正如《小青蛙》这篇课文：将母体字"青"与由"青"派生的子体字"清""晴""睛""情""请"编在一起进行识字学习。而形声字识字则是利用形声字的音形义特点，更侧重形声字形旁表义、声旁表音的特性。查阅、整合这些资料之后，我对于这堂课有了新的构想：将字族文识字与形声字识字的方法有机地融合在一起进行教学。通过复习《姓氏歌》了解"家族"一词，引出"字族"概念，进入新课；再以母体字"青"为蓝本进行学习；接着把课堂交给学生，学生以学习小组为单位找出子体字，并说说子体字之间的相同与不同之处；再通过课后习题总结出汉字的构字规律——汉字的偏旁和汉字的意思有着密切的联系；最后拓展学习《"包"字族儿歌》与《"马"字族儿歌》，巩固所学的识字方法，鼓励学生在生活中寻找字族与形声字。三人行必有我师，确定教学思路之后，我向同年级组的老师们请教，请她们提出宝贵意见。

《小青蛙》的教学设计在反复地"思考—修改—再思考—再修改"的过程中最终确定了。在"郡园杯"比赛中，我与班上四十几名孩子一起将它呈现在年级组老师们面前。课堂上，孩子眼中的光如此清亮，我知道学习正在发生。不止于课堂，我会把自己的初心与赛课前的动力铭记于心，紧跟欧欧老师的脚步，一直走在学习的路上。因为，她让我明白保持学习是一种积极的生活态度，它可以帮助我们不断成长，适应变化的环境，并丰富我们的人生经验。

◎ 教学案例

小青蛙

教学目标

1. 图文结合，认识本课的 12 个生字，会写本课的 7 个生字。
2. 了解"青"字族汉字的特点，体会形声字的构字规律。
3. 了解"清、晴、睛、情、请"的偏旁和字义的关系。
4. 正确、流利地朗读儿歌。喜欢小青蛙，有自觉保护青蛙的意识。

教学重难点

了解"青"字族汉字的特点，了解形声字的构字规律。

教学过程

一、复习导入

1. 教师提问：请问，你姓什么？

预设：我姓李。

师：什么李？

预设：木子李。

师：哦，原来你是李氏家族的小朋友。

继续提问第二、第三、第四位同学。

2. 引出新课——字族（形声字）识字。

师：每个人都有自己的家族，汉字和人类一样，也有自己的家族，汉字的家族叫作"字族"。今天，老师将和大家一起学习识字单元第三课《小青蛙》，通过儿歌学习一种新的识字方法——字族文识字。请大家将书本翻到第六页，齐读课题。（板书：3 小青蛙）

二、初读课文，学习生字

1. 通过课题，学习"青"字。

师：请同学们再读课题，将小青蛙请到教室来与我们一起学习。（出示小青蛙图片，引导学生进行观察）

师：青蛙穿着什么颜色的衣裳？哪个字代表了这个颜色呢？

预设 1：青蛙穿着绿色的衣裳。

预设 2："青"字代表绿色。

师：你能用"青"字组成的词语表示下面的图片吗？

（出示青山、青虫、青草的图片，请生回答）

师：明白了"青"字的意思，请跟着老师一起写一写。

（① 出示"青"字田字格，黑板上范写。② 请生观察"青"的结构及写在田字格的位置。③ 提示重点笔画，生在书上练写。）

2. 读课文，学习文中和"青"长得很像的生字。

找一找：现在，请同学们齐读儿歌，圈画出和"青"长得很像的生字。

读一读：多种形式认读生字"清、晴、睛、情、请"。

三、深入学习，发现构字规律

1. 将学生分成学习小组，学生合作学习，讨论怎样记住这些生字朋友。

2. 出示"清、晴、睛、情、请"生字，找相同。

师：这些字来自同一字族，如果你能找出它们的共同之处，就知道它们是来自哪个字族啦。

预设 1：它们都含有一个"青"字。

预设 2：它们来自"青"字族。

师：真是善于发现、善于学习的孩子。它们之间的联系一下就被你们找出来了。这些字都来自"青"字族，它们都是"青"字族的形声字。

3. 出示"清、晴、睛、情、请"生字，找不同。

（1）出示"青"和"清、晴、睛、情、请"，读一读，认一认，请生找不同。

（2）提问：加上的这些偏旁和字义有什么关系？（引导学生根据不同的偏旁理解字义）

（3）出示课后第2小题，练习选字组词，加强对生字的理解。

师小结：汉字的偏旁和汉字的意思有着密切的联系。掌握了这种规律，同学们就能认识更多的汉字，能正确理解更多汉字的含义。

四、拓展学习，巩固构字规律

1. 出示《"包"字族儿歌》。

有饭能吃饱，有水把茶泡。

有足快快跑，有手轻轻抱。

有衣穿长袍，有火放鞭炮。

（1）学生分成多个学习小组合作学习，找一找《"包"字族儿歌》里面的形声字。

（2）请小组汇报，根据偏旁猜一猜形声字"饱、泡、跑、抱、袍、炮"的意思。

2. 出示《"马"字族儿歌》。

嗨，你好吗？

出示二维码，女旁叫妈妈。

蚂蚁真团结，骂人不礼貌。

（1）学生分成多个学习小组合作学习，找一找《"马"字族儿歌》里面的形声字。

（2）请小组汇报，根据偏旁猜一猜形声字"吗、码、妈、蚂、骂"的意思。

五、交流总结

这节课，我们初步认识了小青蛙，学会了一种新的识字方法——字族文识字，知道了形声字的构字规律。同学们课后可以找一找，看看能不能找到新的字族，下节课，我们继续学习这篇韵文，请找到字族的同学进行分享。

板书设计

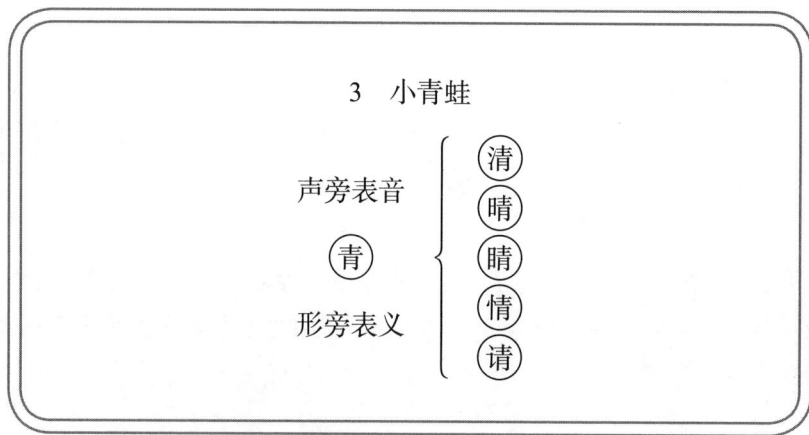

"明灯"指引，砥砺前行

——《g k h》教学故事

黄雨翮

◆◆ **教师简介**

　　黄雨翮，长沙市长郡天心实验学校语文教师，现担任语文教学及班主任工作。入职后，在学校"郡园杯"赛事中斩获一等奖，于"我的教学故事"征文比赛中荣获特等奖。秉持"格物愿为红烛火，笃志常作杏坛人"的信念，全身心投入教育事业，致力于学生的健康成长，以爱心润泽、真情感化、智慧启迪、人格熏陶、理想塑造每一位充满无限潜能的学子。

　　"从自己的青春里上岸，去他人的童年里掌舵。"这是六月毕业时我写给自己的话，那时的我对我的教育生涯充满了期待和紧张，还有担心和迷茫，我不知道自己究竟能不能上好课，能不能成为一名好老师。在八月，我有幸来到了长郡天心实验学校。初为人师的大半年里，经历了兴奋、紧张、焦虑到逐渐平和的心路历程。回望来路，收获颇丰，我很庆幸自己渐渐学会了在繁忙的工作中有条不紊地开展教学，在三尺讲台上越站越稳。而我也深知这得益于学校领导的用心培养与其他老师们的鼎力相助，得益于我们鹿鸣班全体家长、学生对我工作的大力支持与积极配合。当一幕幕温暖的画面在脑海中放映，"感恩"二字充盈于心。

　　时间犹如白驹过隙，转瞬就触碰到了骏马的尾尖。算算日子，距离我初为人师已有十个月的时光了。在这段秋叶静美，春水潺潺的日子里，在学校领导和老教师的帮助下，我无论在教学方面还是班主任工作方面都有了明显的进步。

　　初登讲台时，我虽然能很流利地把本节课知识讲授完，但就好像一个人在表演一样，似乎忽略了学生的存在，讲课时不能面向全体学生，而且组织课堂的能力也不是很好。经过历练与学习，在学校领导和有经验教师的帮助下，我有了很大的进步，上课时以学生为主体，把自己摆在一个组织者、参与者和引导者的地位上。所以我想再一次地感谢学校的领导以及有经验的教师对我的帮助，他们使我在教学方面有所进步。而若说哪一次磨课令我印象最为深刻，那便是我的第一次"郡园杯"磨课。

初生牛犊不怕虎，横冲直撞浑不怕

在得知所有老师都要参与"郡园杯"赛课之后，我第一时间感到的是害怕和不知所措。那时的我踏上讲台不过一个月，对自己的定位还不够清晰，总还把自己当个学生看，没有想过自己已经要以老师的身份参与赛课了。在课程内容选择上，我不知道自己到底要上哪一课，也不知道自己能上好哪一堂课，更不知道到底怎样上一堂十分钟的片段课。我想着，学习优秀者的经验是走向成功的捷径。而我刚好有幸听了欧欧老师在前不久给我们上过的一堂《g k h》的示范课，这堂课对我的启发很大。我知道自己与欧欧老师的差距很大，但是我想着，有欧欧老师的优秀示范，我在教学上也有参照的目标。于是，我就懵懵懂懂地选择了《g k h》这一课。

定下课题后，我便开始在网上查资料。这段时间，我看遍了各个网络平台上的优秀老师的教学视频、教学设计，整理了很多教学参考资料。看完之后，我的思绪却越来越乱。看见优秀的大师，我非常崇拜，但也明白那样的课不是我能够掌控的。看到好的想法，我便想着我也要在自己的课堂用上，东学一点，西学一点，到最后，自己的思路完全打结。整合好大量的资料之后，我让自己冷静下来，开始一个人独立整理和设计。我先整理收集到的资料，找出可以采用和借鉴的；再慢慢理清楚自己的思路，删繁就简，让一堂课能够在我的把控之内完美地呈现出。这一阶段，我完全是闭门造车，一个人选课，一个人梳理，一个人瞎胡闹。

后来，我和其他老师聊天时，他们也诧异于我会选择一堂拼音课。在小学公开示范课里，选择拼音课的老师实在是太少。拼音课看似是基础课，但难度大，难把控，对老师的个人素质、基本功要求很高。可我这只"小牛犊"就这么横冲直撞地选择了。现在想想，那时候的自己还真是糊里糊涂，以为靠着一股蛮力和冲劲就能把课上好，完全没有想过要与优秀的前辈老师探讨，寻求他们的建议。真是初生牛犊不怕虎，横冲直撞浑不怕！

不识庐山真面目，只缘身在此山中

10月27日，我们举行了年级组初赛。年级组的老师都来听了这一堂课。听完之后，我有幸被选为参赛选手，进入学校复赛。这时候，我开始向所有听我课的老师一一请教。在这里，要感谢一年级备课组长王色明老师，明明老师给了我很多建议，帮我拨开迷雾，让我对教学设计的调整有了方向。

她首先肯定了我的优点，指出这堂课主线明确，逻辑很清晰。这让我对自己有了一点信心。同时，她也客观地指出了我的问题。我这堂课容量太大，重点落实得还不够到位，应该更简练一些。此外，还要考虑课时安排的合理性，明确这一节课究竟是第几课时？这节课的教学目标到底是什么？明明老师的建议让我有种恍然大悟的感觉，我在上课前，只是想着要完成这个任务，但没有细细琢磨我的教学目标、教学计划到底是什么，只想着我要呈现一堂漂亮的课，让我看起来很"厉害"，而没有扎扎实实地去研究最基础也是最关键的教学目标。这也是我反反复复磨课却总感觉差了些什么的原因。我就像没有灯塔的船，在海上迷了路。

有了明明老师的建议，我开始沉下心来进行反思。我要的不是一节看似漂亮却没有任何目标的课，这节课应该是目标明确、设计新颖、环节清晰的，是能够让学生在十分钟内高效学明白的。我要以学习"g"这个声母为重点目标导向，让学生弄明白它的读法、写法、两拼音节、三拼音节，以及能扩展生字。理清楚思路后，课的脉络清晰了很多，我删去了一些不必要的环节，又进行了一些补充、拓展，这节课看起来像那么回事儿了。假如没有明明老师的点拨和建议，我可能会一直困在自己的想法里。一个人单打独斗是无法认识到自己的不足的，这便是"不识庐山真面目，只缘身在此山中"。

他山之石，可以攻玉

在学校复赛的前两天，我陷入了极度焦虑和纠结的情绪中，同时还产生了逃避的想法，不让自己去想这门课，因为一想我就会非常焦虑，但我又会不知不觉地想到这堂课。我在想我到底能不能上好，我到底该怎么上，我会不会上着上着上不下去了，会不会上着上着别的老师都不愿意听了。这时的我都有了破罐子破摔的想法。

这时，我的"救星"来了，她便是我的师父陈沙老师。说来惭愧，"青蓝工程"结对之后，我从没有向沙沙老师请教过问题，一是害怕打扰到沙沙老师，二是害怕暴露自己的才疏学浅，让沙沙老师觉得我是个蠢笨的小徒弟。但是这次，我得鼓起勇气来了。我询问沙沙老师，能不能耽误她一会儿时间，请她帮我指导指导。沙沙老师非常爽快地答应了，并且用了将近两个小时专门来指导我这堂课。

沙沙老师眼光独到，一下子就看到了我这堂课的不足。她的第一个问题是：你为什么不准备逐字稿？我说："我内心有谱。"沙沙老师说："你内心有谱是没有用的，你现在还太年轻，准备逐字稿才会是你最后站在讲台上最大的底气。"她也看出了我这堂课一个大的弊端，那就是缺乏趣味性。我实在是个无趣的人，所以在课堂趣味性这一方面确实做得很不到位。我总是以成熟的眼光看待自己的学生，以自己之前的学习状态去看待课堂。忽略了他们是一群一年级的还很爱玩的小朋友。我总是想着我用最饱满的状态把知识点传授给他们就好，并没有考虑到他们的年龄。沙沙老师建议我可以合理运用游戏教学，这样学生学习劲头会更足，我上起来课会更加轻松，课堂也不会死气沉沉。此外，沙沙老师还指出了我这堂课容量太大，开头的导入不够精彩，也没有很好地利用教材。指出这些大问题之后，沙沙老师就逐字逐句地帮我修改我的教案，帮我厘清思路。

那天下午我们还聊了很多，关于语文课堂，关于教学方法，关于班级管理，关于未来。那天下午是我踏上教育生涯以来收获最大的一个下午。我学到的不仅仅是这一堂课该怎么上，还学到了到底应该怎样上好一节语文课，怎样做好一个语文老师，怎样当好一个班主任。也是从那天起，我开始真正独立地思考语文教学，并开始大胆地执行，笨拙地坚持。

知不足而奋进，望远山而远行

最后两天，我一次一次地磨课，一次一次地改自己的逐字稿，内心排练了无数次。但我依然担心能不能上好那堂课，学生能不能配合好我，我的课到底能不能上完……不过站上讲台的那一刻，我是坚定而自信的。前期的大量准备加上优秀前辈的指导让我很顺利地完成了我的第一次"郡园杯"赛课。上完这一堂课之后，我有幸得到了欧欧老师的指导。欧欧老师首先夸赞了我，她说年轻老师有年轻老师的担当。这让我瞬间松了一口气，一开始我很担心优秀的前辈会不会觉得我这堂课跟上着玩一样。得到了欧欧老师的肯定之后，我的心便踏实了许多。

同时，欧欧老师还指出了我的不足，这给了我更多的思考。欧欧老师第一个指出的问题是孩子朗读时拖音太严重了。我之前也注意到了这个问题，但也一直没有想到好办法去解决。这不是一个小问题，不是听起来不悦耳这么简单，这会对学生以后的阅读、日常说话习惯造成很大的影响。欧欧老师的话点醒了我，我不仅仅是他们的语文老师，我要尽一个老师最大的努力去帮助他们，要以长远的眼光看待现在遇到的问题，要把每一件小事都放在心上，要有教育情怀，做更用心的教育人，不能以学生年龄小为借口，不去解决发现的问题。欧欧老师还指出，我这堂课的创新意识还不够。我虽然在10分钟内完成了自己的教学目标，但还是没有上出亮点，没有创意，和"片段教学"这个要求还有差距。10分钟片段教学不是把常规课浓缩一下就可以，而是要把握一个片段，以一个知识点为切入口，往深处去钻研、去拓展、去创新。我总想着让这一堂课有头有尾，更加完整，对"片段教学"的理解失之偏颇。

欧欧老师的指导让我茅塞顿开，让我以新的视角看待"片段教学"，也让我的视野更加开阔，让我有了更多的想法和更深的思考。欧欧老师的指导是难得的，更是宝贵的，她以她的教育情怀感染着我们，让我们对语文、对教学、对育人有了新的方向。

从备课到最后的赛课，两个月的时间带给我很多收获，我也有了新的目标。我深知，成长之路漫长，奋斗之心不能丢，我要继续仰望星空，脚踏实地。同时也要感谢学校悉心栽培我们年轻教师，以及为我们提供各种成长途径，这些帮助令我受益匪浅。通过各种公开课，以及师徒帮扶，我在教学上学习到不少经验。每一位前辈的指导和关怀都让我感受到他们的教育情怀，我期待教育的力量薪火相传。柳絮因风起，葵花向日倾。教育是一条很长很长的路，二十出头的我们意气风发地出发，在这条路上，我们也许经历风光无限，也许经历风雨满肩，这都是师者常态。心之所向，无问西东。理想在彼岸，守住初心，风雨兼程，一往无前！

❧ 教学案例

g k h

教学目标

1. 正确认读声母 g、k、h，读准音，认清形，能正确书写 g。

2. 正确拼读 g 和韵母组成的两拼音节和三拼音节，掌握三拼音节的 g、k、h 拼读方法。

教学重难点

声母 g、k、h 和介母、韵母组成的三拼音节的正确拼读。

教学过程

一、开展有趣活动，沉浸式学习

（一）生活画境说一说

步骤 1：出示情境图，说一说：你从图上看到了什么？

预设 1：我看到小女孩在喝水。出示：女孩喝水 hhh。

预设 2：我看到天上的白鸽在飞翔。出示：白鸽白鸽 ggg。

预设 3：我看到水里有小蝌蚪。出示：蝌蚪蝌蚪 kkk。

创意儿歌，带领学生练习发音。

白鸽白鸽 ggg

蝌蚪蝌蚪 kkk

女孩喝水 hhh

步骤 2：观察图片，发现 g、k、h。

细心的小朋友会发现这三个字母，好像就藏在里面，谁能来说一说呢？

预设 1："g" 在那个小鸟的嘴巴上。

预设 2："h" 在小朋友坐着的椅子上。

预设 3："k" 在小蝌蚪这里。

创意儿歌，带领学生练习发音，识记形状。

像个花环 ggg

蝌蚪戏水 kkk

一把椅子 hhh

（二）拼音宝宝写一写

步骤 1：观察位置，指导书写。

g、k、h 里面的 g 说："我好累呀，我想回家了。"谁知道 g 的家住在哪里呢？

预设 1：四线格。

预设 2：四线格的中格和下格。

"g" 由两笔组成，先写左半圆，再写竖左弯。先写左半圆，大肚子把中格占得满满的，上限和下限都顶着，再写竖左弯。这个小尾巴不能触到第四条线。不要立在地上啊。

步骤 2：课堂练习，巡堂检查。

学生在课本第 29 页练习，老师巡堂检查，随时纠错。屏幕展示优秀范写。

二、营造真实情境，任务式驱动

（一）两拼音节对对碰

联系生活，拼读音节。

出示 g-a，小老师带读，提示拼读口诀，指名回答：前音轻短后音重，两音相连碰一碰。（注意口型）

哎，小鸭嘎嘎叫，引来了谁呢？一个小孩。谁会拼"个"？

预设：g-e 个

小老师在这儿，小同学一起读。

联想生活：咦，小孩和小鸭子之间会发生什么故事呢？啊，小孩在照顾小鸭子，照顾，g-u 顾。

预设：g-u 顾

小游戏：开火车，g-e 个、g-u 顾、g-a 嘎，引导学生依次读出。

（二）三拼音节好朋友

我们看到白鸽飞，蝌蚪戏水，小鸭嘎嘎，小朋友照顾小鸭子。老师都有点口渴了，来个西瓜，解解渴好吗？

范读：g-u-a 瓜。（注意口型）

g-u-a 瓜和前面的 g-a 嘎，有什么不一样？看看谁发现了？

预设：g-u-a 瓜比它多一个"u"。

1. 认识三拼音节。

g-a 嘎是由声母和韵母组成的，两部分组成叫两拼音节。g-u-a 瓜中间多了一个部分叫介母。

由两个拼音宝宝组成的叫作两拼音节，那由三个拼音宝宝组成的叫什么呢？

预设：三拼音节。

（1）碰碰车学拼读。

三拼音节怎么拼呢？来看一看碰碰车，仔细观察，看看它们是怎么碰的。

（2）看视频观口型。

三拼音节，三个字母的音，口型是有三次变化的。先发什么音？"g"。再发"u""a"。g-u-a 瓜。

播放口型实录视频。让同学们自由发音练习。

（3）同桌互读对口型。

同伴两个人面对面，我看你的口型，你看我的口型，看看有没有变化，口型是否到位。

步骤：三拼音节怎么拼，最后这一句就是诀窍。我们一起读一读："声轻介快韵母响。"哎，虽然小朋友们不认识上面的字，但我们猜猜，声是指什么？

预设：声母。

步骤：声母要轻。介是指什么？

预设：介母。

步骤：介母要短，韵母要响。声轻介快韵母响，三拼连读很顺当。

学生齐读：声轻介快韵母响，三拼连读很顺当。

2. 三拼音节会应用。

活动1：拼读三拼音节，挑战拼音迷宫。

屏幕展示9宫格拼音迷宫，随机邀请学生拼读，并尝试说出示范字。

活动2：三拼音节声调挑战。

屏幕上出现了三拼音节"guo"，聪明的小朋友们能不能读出三拼音节"guo"的四个声调，并为它们组词呢？

预设：大锅、我国、果粒、过桥。

板书设计

g

g-a—ga　　两拼音节

g-u-a—gua　　　三拼音节

架古今桥梁，感受韵文之美

——《古对今》教学故事

秦金莲

◆ 教师简介

　　秦金莲，长沙市长郡天心实验学校语文教师。从事语文教学三年，在2024年"我的教学故事"案例比赛中荣获一等奖，在"天心区第八届微课大赛"中获三等奖。在教育教学中秉持"用爱育爱，用心启智"的教育理念，教育路上，爱而有度，用心执教，向下扎根，向阳而生。

　　一花一木皆生命，一枝一叶总关情。韵文作为一种传统文化，承载着千年来人们的记忆。一直以来，人们都向往着诗意的栖居。作为一名语文老师，我亦希望将学生带入韵文之美中，让他们也或多或少地在心中留下一道美的印记。

勇于尝试，倾听朗读之美

　　九月的凉风习习，光阴流转之间万物染上了点点金黄。乘着光阴的车轮，我和我的学生一起努力成长。一年级的孩子们充满着对世界的好奇，对大自然的向往，鲜花，蝉鸣，枫叶，冰雪，这一切在孩子们心中都是那样有趣。于是，我选择了《古对今》。这篇课文是一篇识字韵文，内容都与大自然有关，天地四季的特点、晨霜暮雪的变化、桃李花鸟的明媚……学生在之前就学习过《对韵歌》，对"对子"并不陌生。课文里的对子大多简单浅显，均是一字对和二字对，很好地体现了对子词性和结构相同、语音与语义和谐的特质，且对子长短句交替，读起来具有节奏美和音韵美。因此，学习对韵歌最有效的方法之一就是朗读。

　　在课堂当中，我经常让孩子们用各种形式对课文内容进行朗读，加深记忆，感受文章之美。可是有的小朋友害怕张口，小杰就是这样一个孩子。小杰在班上经常沉默寡言，当我问他原因时，他说害怕自己出错被别人笑话。虽然我常常鼓励他，可是效果甚微。于是，我把他叫到办公室，先是让他自己朗读，其间我发现他在朗读文章内容时总是缺乏节奏和韵律，也没有什么语感。我一遍遍地给他示范，他有一点小进步，我便会积极地鼓励他。在课堂上，我注意到他开始慢慢地发生变化，从过去的沉默寡言到现在目光越来越自信，声音越来越铿锵有力。小杰的每一点变化和进步都让我欣喜不已。柳絮因风起，葵花向日倾。我想只要我们用爱和耐心浇灌，每个孩子都能有绽放光彩的一刻！

连接生活，品味词语之美

朱光潜说："智育叫人研究学问，求知识，寻真理。"语文是一项给学生心灵铸造善与美的工程，我希望能给学生一双感受生活的慧眼，带领学生从身边事物开始，感受语文之美。在学习时，我让学生为"圆、方"字找生活中的朋友，如"圆圈、圆月、圆饼、圆脸"等，使他们建立和巩固"圆、方"两个汉字与具体事物之间的联系。我注重启发学生进行自我探索，在课文与自身知识间牵线搭桥。在学习"严寒对酷暑，春暖对秋凉"时，引导学生体会这两个对子写出了"春夏秋冬"的四季特点。引导学生理解"酷热"的"酷"时，我告诉他们"酷"在这里是非常的意思，非常热就是"酷热"，并进行拓展。

"那么非常喜欢还可以怎么说呢？"

孩子们立马说："酷爱！"

"那你们有没有酷爱的东西呢？"

"我酷爱轮滑！"

"我酷爱打篮球！"……

孩子们争先恐后地分享起来。

在理解"严寒"的"寒"时，我先带着孩子们用字源探析法识记"寒"，再用类推法带出词串，如"寒冷的月令叫寒月，寒冷的冬天叫寒冬，冬季寒冷时学校放的假叫寒假"等。

在理解整个对子时，我会充分调动孩子们的生活知识和想象力，如"严寒酷暑""春暖秋凉""和风细雨""莺歌燕舞""鸟语花香"等，学生虽然不能用具体的语言来描述这些词的意思，但他们可以联系平时的生活经验，及电视、电脑等媒体上学到的知识，通过读一读等方式，适当积累。

活跃课堂，感受生字之美

低年级阶段，困扰老师和学生的一大难题便是生字教学。如何让孩子们既掌握知识，又体会到学习的乐趣？我尝试挖掘生字的结构、形象特点，以及多个生字的联系与差别等。在学习第二小节时，我把"晨、暮、朝"3个带有"日"字部件的汉字组成一组，先引导学生比较发现三个字的异同，再结合动画讲述，使他们了解"日"在汉字不同的位置，其表达的意义也不相同。这样一来，孩子们记忆得更准确了，也对汉字文化有了更多了解。

我还让同桌之间一起读第三小节，边读边背，比一比，哪对同桌最快背下来。孩子们一下子就热闹起来，背得热火朝天。我还和孩子们一起玩"举对牌"游戏。如我举"桃"，学生在本节八个词语中快速选出"李"的词卡，并说出"桃对李"；我举"鸟语"，学生在本节八个词语中快速选出"花香"的词卡，并说出"鸟语对花香"。孩子们在快乐的氛围中收获知识，巩固知识。

这堂课不仅是学生学习的过程，也是我成长的一次经历，教学相长，我心间涌起一种满足感。人们常说，只要用心，没有什么事做不好。但若想用心，前提是要有发自内心的喜欢。我只知道，在教育这条路上，最有价值的东西从来都是看不见的，那是为师者对教育的强大的信念，对教育事业的执着热爱。任凭时光匆匆，任凭现实左右，我希望自己一直保有对教育、对学生的喜欢和一颗共情的心，就像沙滩上的贝壳珍珠，每一次收获新知的时刻，都在闪闪发光。

教育是一条漫长的路。在这条路上，手中的粉笔在盈盈舞动中一点点缩短，耳边是书声琅琅，追逐着光阴的翅膀，朝着心之所向，无问西东，寻梦而行，一路追光。

教学案例

古对今

教学目标

1. 通过观察图画、读对韵歌，认识"圆、严"等12个生字，会写"古、凉"等7个字。

2. 通过朗读，认识"鸟语花香、朝霞"等7个词语，借助图片或联系实际理解"朝霞、夕阳、严寒、酷暑"。

3. 正确、流利地朗读对韵歌，背诵对韵歌。

4. 想象对韵歌中描绘的画面，感受自然之美、四季之美。

教学重点

字音教学的重点为"圆、严、寒"；书写指导的重点为"夕、语"；词语理解的重点为"严寒、酷暑"。

教具准备

课件、生字卡片、词语卡片、学习单。

课时安排

2课时。

教学过程

一、导入

引导：还记得我们上学期学的一首《对韵歌》吗？出示《对韵歌》。（指名读、齐读）（复习对子的特点）

今天，我们再来学习一首对韵歌，题目叫作《古对今》。

板书课题：古对今

二、初读课文，识记字词

1. 请同学们自己读两遍这首对子歌，遇到不认识的字怎么办呢？借助拼音多读几遍。听清读书要求的学生举手。

2. 读第一小节。（我读书，我倾听）

读第二小节，第三小节。（评一评，说说优点，提出建议）

3. 师生合作读。（老师读前半句，学生接后半句）

4. 男女生合作读。

5. 我们读一读今天要认识的生字，（用手指着带拼音的字）圈出不认识的生字，与同桌交流识字方法。

【设计意图】汉字是我们祖先智慧的结晶，本篇由"对子"组成的课文展现了传统文化的风采。教学中，先让学生在读好课文的基础上，找出不认识的生字，然后让学生在小组交流识字方法，真正做到课堂上学生针对性学习不会的知识，发挥学生自主探究的学习精神。

6. 出示图片。

（1）读两个字：古、今。

（2）看两个图形：圆、方。比较圆和园。

（3）看到这两幅图，你想到了什么词语呢？（严寒）

（4）冬天过去了，我们来到了什么季节？（酷暑）"暑"是什么意思？一年中最热的时候叫"暑"，"暑"就是热的意思。"酷暑"是什么意思？"酷"的意思是"很，非常"，那么"酷暑"的意思就是——非常热。

（5）读两个词语。（春暖、秋凉）

看第一幅图，说几句话。

看第二幅图，回答问题：秋天来了，天气转凉了，树上的叶子有什么变化？

（6）读第一小节。

7. 出示图片。

（1）再看这两幅美丽的图片，谁发现了这两个字都有什么？（日）"晨"可以组什么词？（早晨、清晨）晨下边的"辰"是指星星，星也叫辰。星星还没落下，太阳已经升起的时候就叫"晨"，所以早上就是"早晨"。"暮"也含有"日"，两个"日"字都藏到草丛中，太阳藏起来了，不就是太阳下山了？这时候就叫"暮"。

（2）谁发现了，图上两个字都是什么偏旁？（雨字头）

（3）什么是"和风"？"和风"和"微风、大风、狂风"中的哪个意思相近？有谁知道什么季节有和风、细雨？（春天）春天风轻轻地吹，雨丝细细的。读这两个词。

（4）什么时间能看到"朝霞"？（早晨）"夕阳"是什么时候的太阳？（黄昏、傍晚）夕和哪个字相似？（多，夕是多的一半）

多美的自然景象啊！让我们读一读第二小节吧！

8. 出示图片。

（1）谁流口水了？什么样的桃子？什么样的李子？

（2）柳、杨都是什么偏旁？看图片，背诵《咏柳》。

（3）出示图片，理解词语：你们看到了什么？听到了什么？

（4）想象说话。师：听，它们叽叽喳喳，好像在说什么呀？——鸟语花香。

（5）有感情地朗读。多美的春天啊！让我们一起读读第三小节，赞美春天的美景。

三、送字回文，诵读韵文

拍手读，背诵课文。

四、游戏激趣，巩固识字

1. 同桌互读词语，请一组同桌展示。

2. 检查识字效果。

师：有不认识的字吗？可以找同学帮忙。

3. 单独出字，同桌互查，学生组词，并进行展示。

4. 练习多音字。

5. 玩坐汽车、放气球游戏。

五、观察字形，指导写字

1. 找出左右结构的字：凉、细、语。

2. 观察这几个字在田字格中的位置。（左窄右宽）

3. 指导书写，强调主笔。

4. 观察学生写字姿势。

5. 学生自己练写，老师巡查，同桌互评。

六、课后实践

布置作业：请学生找找其他对韵歌，并请家长指导，读正确。

山高路远看世界

——《我多想去看看》教学故事

刘奕

◆ **教师简介**

　　刘奕，长沙市长郡天心实验学校语文教师，从教一年。奉行"再渺小的星也能发光发热，再微弱的光也能汇聚璀璨星河"的教育理念。以求真务实的心，努力成为学生追光路上的点灯人，一路陪伴，一路守护，让每颗星星都能闪耀出属于自己的光芒。

　　光阴似箭，不知不觉我踏上工作岗位已有一年多了。作为一名语文教师，我越来越发现这门学科有着挖掘不尽的奥秘和无穷的乐趣，绝非一般人认为的"学语文就是记记背背就能学好的"，语文学习要让孩子们从文学世界中找规律、获启示，从而提升素养。所以，语文教学任重而道远。

　　在一年级下学期刚开学的那段忙碌的时光里，我遇到了自己非常感兴趣的一篇课文——《我多想去看看》，里面写到了北京和新疆两个美丽的地方。思绪突然飞远，脑海中不断闪现我过去在北京的所见所闻，那确实是一座艺术风格独特、历史悠久、文化底蕴非常丰厚的城市。而当时在网络上，大家都在热烈地讨论着一部影视作品——由作家李娟创作的散文集《我的阿勒泰》改编的同名网络剧。带着对它的好奇，我拜读了这本书籍。这本书记录了作者在新疆北部阿勒泰地区生活的点点滴滴，包括关于人与事的记忆和感悟。全书文字明净、质地纯粹，展现了游牧民族在边地丰富的生存景观，充满质朴清新的气息。我赞叹于作者文笔的细腻，同时也更加向往新疆那美丽而神圣的土地。在这样的兴趣加持之下，我异常兴奋地开始了我的备课。

　　翻阅《义务教育语文课程标准（2022年版）》，我看到"总目标"中有这样的内容："在语文学习过程中，培养爱国主义、集体主义、社会主义思想道德，逐步形成正确的世界观、人生观、价值观。""弘扬社会主义先进文化、革命文化、中华优秀传统文化，建立文化自信。"一年级下册第二单元的主题是"心愿"，《吃水不忘挖井人》表达的是沙洲坝乡亲们对毛主席的感激之情，让学生懂得感恩，懂得珍惜。课文《我多想去看看》则以第一人称的口吻，讲述新疆的孩子想到遥远的北京城去看天安门广场的升旗仪式，北京的孩子想去遥远的新疆看天山的雪莲。全文对天山和北京的描绘给人一种遥远而壮观的感觉。通过这些描写，作者展示了对自然美景和文化遗产的向往和渴望，表达了对远方世界的憧憬和好奇心，抒发了少年儿童向往了解外面世界的美好心愿。我国幅员辽阔，作者选取了"北京"和"新疆"两个具有代表性的地域，旨在激发学生对祖国大好河山的向往和热爱之情。

　　在一年级孩子的眼中，上课是快乐的体验，并带有神奇的色彩。为了充分调动孩子们的积极性，在《我多想去看看》这篇课文的教学中，我以"情"为导线，贯穿全文，引领学生一步一步地感受到文中小男孩迫切的心情。

　　上这节课前，我利用课余时间和班上的同学们聊天，旁敲侧击地问他们去过哪些城市？有没有去过北京或新疆？小部分同学非常兴奋地说自己去过首都，但大部分的孩子都摇着头，新疆更是没有人亲身去过。我猜想，北京和新疆对班级里大部分的孩子来说可能只是一个陌生的符号，因此，上课伊始，我利用多媒体的优势，在学生面前展现北京天安门、长城、故宫、鸟巢，新疆美丽的天山等视频，并且还展示了我在天安门城楼前拍摄的照片，激起学生学习的兴趣。心理学家告诉我们：当人的心理处于兴奋状态时，工作效率异常高。而兴趣是学习的先导，只有有兴趣，学生在课堂上才会兴奋起来，才会乐学，学习才会有成效。创设情境便是创设氛围，调动兴奋点。

　　为了让学生更好地理解"壮观的升旗仪式"，我播放了天安门广场升国旗的视频，视频初始是国旗护卫队的军人们踏着坚定的步伐，排成整齐的方阵出场的样子。这时，很多学生情不自禁地喊出了"哇"的声音，他们目不转睛地盯着军人们的身影，舍不得眨一下眼睛，仿佛每一个整齐而响亮的踏步都踏在了他们的心尖上，不自觉中，他们仿佛也化身为小军人，坐得端正又笔直。不久，视频中传来了铿锵有力的一声"向国旗——敬礼"！我却突然按下了暂停键，学生立刻都瞪着圆溜溜的大眼睛疑惑地看着我，我不慌不忙地说："全体起立！"他们马上心领神会，迅速起立，在全体学生都肃立站好后，我按下了播放键，伴随着雄壮激昂的国歌声，我也一并向视频中鲜艳的五星红旗行注目礼。一瞬间，教室的气氛庄严无比，俨然我们所有人都在天安门广场亲眼见证了这场神圣的升旗仪式。国歌声结束后，教室内一片寂静，静得仿佛连一根针掉在地上都听得见，看到大家如此沉默，我问他们看完后有什么感受，有的孩子说升旗仪式实在是太壮观了，有的孩子说自己真的很想去北京看看，有的说他感受到了祖国的伟大。

在这一堂课上，孩子们不仅感受到了升旗仪式的庄严，还感受到了军人的灵魂——军队精气神，当代军人的精气神是指：艰苦奋斗、奋发有为，只争朝夕、时不我待，积极主动、改革创新，踏石留印、抓铁有痕，一不怕苦、二不怕死。利用这样一个环节，我相信孩子们也能感受到祖国的强大，悄悄在心中埋下一颗爱国的种子，从现在开始努力学习科技文化知识，争取在未来奉献祖国！

当学生借助多媒体将壮美的山川，雄伟、壮观的北京城尽览于眼底后，又如何才能将这篇课文朗读流畅，读出期盼、迫切之感呢？语文课程标准中指出："阅读教学应尊重学生在学习过程中的独特体验。"每个孩子的生活经历不同，生活环境不同，所以每个孩子的语言表达、情感体验也不同。语文教学应该"读"占鳌头，朗读既是手段，也是目的。对于一年级的孩子来说，这篇课文比较有特点，两个自然段结构相似，为了让学生读懂课文，激发学生对祖国大好河山的向往之情，我铺设了支架，从易到难，从扶到放。在练习读好词语上，我引导学生特别注意前后鼻音的切换。在练习读好短语上，因本课当中有不少偏正短语，我指导学生将助词"的"读得短而轻，读出它特有的韵味。在练习读好长句，特别是带有感叹号的句子时，引导学生要读出"我多想去看看"的强烈情感。有了之前字、词、句朗读的基础，朗读自然段就容易多了，我选择放手让学生自由读。扶放之间，学生兴趣盎然，既习得了方法，提升了能力，也为下节课打下了基础。在多种朗读形式中，如齐读、男生女生赛读、小组读等，我会对表现好的孩子予以加分奖励，这大大增加了学生学习的积极性。

下课后，孩子们都非常兴奋地围住我，向我诉说着自己的旅行经历以及想跨越长途去北京、新疆看升旗仪式和雪莲的心愿。看到他们如此有活力，我欣喜于自己为他们推开了探索世界的大门。希望孩子们永远对生活保持好奇心，不畏山高路远，勇敢地拥抱美好的世界。

2024年新学期开学前，欧校长以"弘扬教育家精神，蓄力高品质发展"为题为学校全体教师进行了专题讲座，她提醒我们要成为一个有"转场精神"、"扎根精神"、学会感恩、对自己有高要求的靠谱型老师。每每听完欧校长为我们精心准备的发言、分享和总结，我总是受益匪浅。我结合欧校长所说，回顾了这一年多的教学生活，与初踏岗位时相比，我有了非常多的成长、变化，对教育这件事也有了新的认识和总结。教育是一个培养人的事业，是一项通过培养人，让人类不断走向崇高，生活更加美好的事业。教育最重要的任务就是让教师和学生与人类的崇高精神对话，就是塑造美好的人性，培养美好的人格，使学生拥有美好的人生。这些句子让我很受触动，也很受鼓舞。教与学就是一个师生互动交融的过程，师生通过相互启发、相互交流、相互沟通、相互补充来分享彼此的思考、经验和知识，交流情感，体验观念，从而达成共识，实现教学相长和共同发展。

在讲座末尾，欧校长与我们分享了一张照片，是她身穿一条粉色裙子在阿勒泰夏牧场拍摄的个人照，照片里的她笑靥如花，整个人是那样的明媚，完全融入夏牧场中，成为牧场上的一道风景，散发着由内而外的幸福感，格外吸引大家的目光。原来，暑假期间，她循着书籍《我的阿勒泰》的脚步，亲自去感受了阿勒泰的魅力、新疆的魅力。那一刻，我惊讶的同时也在反思自己，因为同样在阅读完书籍后，我却没有产生这样"多想去亲眼看看"的想法，我为欧校长这样知行合一的做法感到敬佩。最后，她还与我们分享了在夏牧场上见到的一句话，令我感触颇深，她说："再颠簸的生活也要闪亮地过。"书籍里美丽的语言就这样在美好的现实生活中与人相遇，光看着屏幕，我的内心都已感动至极，我想这就是追随文学的意义吧！

我相信在未来的某个时刻，当我班上的这群孩子真正到达北京和新疆时，也会想起书本上所描绘的"雄伟的天安门""壮观的升旗仪式""美丽的天山"和"洁白的雪莲"，也会想起刘老师在课堂上带他们进行的那场特殊的"升旗仪式"，那时，将真正实现语文教学与生活的融合。正如欧校长分享的这句话，未来的语文教学还有许多挑战等着我们，这条路一定不是一帆风顺的，但我们也要拼尽全力，奋力成长为一个闪亮的人。不畏山高路远，定要看尽文学世界的繁华！

🌀 教学案例

我多想去看看

教学目标

1. 正确、流利地朗读课文。积累词语，读好带有感叹号的句子。

2. 认识本课"想、告、诉"等 13 个生字，会写"会"字。

3. 通过诵读和交流，体会"我"想去看看外面世界的强烈感情，激发学生对祖国山河的热爱之情。

教学重难点

正确、流利、有感情地朗读课文，尤其要读好长句子。积累偏正结构的短语，读好带有感叹号的句子。

教具准备

生字词语卡片、北京风光图片、天安门广场升旗仪式的视频等多媒体课件。

教学过程

一、激趣导入

1. 谈话引入。

师：黑板上的字你认识吗？谁想读？

预设：我想去看看。（评：你瞧，轻声和停顿读准了）

师：同学们，你想去哪里看看呢？

预设：原来你们有这么多想去的地方呢！"想"字里就藏着你们的心愿呢。

2. 出示"想"生字卡片。

师：这就是"想"字，你有什么好方法来记住它吗？

预设：上面是一个"相"，下面是一个"心"。

师："想"是心字底，"心"说明和心里的计划有关，是我们心里所想。我们还要把它的读音读准确呢，"想"是一个三拼音节，它还是后鼻音。（点人读）

3. 读课题。

师：现在题目加一个"多"字，请读一读，你读完后有什么感受？

预设：感觉我十分想、特别想、非常想去。

师：这就是我们今天要学习的课文，我们带着这种特别想的心情再来读读课题吧。

二、学习课文，理解内容

（一）初步感知

1. 请同学们自由大声地朗读课文，要求借助拼音读准字音，读通句子。

2. 思考：课文中有几个小朋友？你是怎么知道的呢？（借助插图，知道有两个小朋友）

3. 再读读文字，这两个小朋友分别要走出哪里？他们又想去哪里呢？

小结：原来，借助插图，读读文字，就能得到我们想要的信息，找出答案。

4. 引导学生梳理课文内容：新疆的小朋友想去北京看看，北京的小朋友想去新疆看看。（以填空的形式让学生回答）

（二）学习生字，理解内容

1. 学习第1句。

（1）师：我们一起来走进第一个小朋友的心愿。是谁告诉他沿着怎样的小路就能走出天山呢？

① 读准和理解"告诉"。

② 理解"弯弯的"。

③ 读好偏正短语。师：文中还有一条路，（出示图片）这是怎样的公路呢？（宽宽的公路）拿出词语条"宽宽的公路"，边做动作边读，读出宽宽的感觉。

（2）师：观察"弯弯的小路""宽宽的公路"这两个短语，它们有什么共同特点？

预设：中间都有一个"的"。（把"的"标红）

（3）师：我们想要把这样的短语读好，是有诀窍的！"的"读轻声，并且读时"连前不连后"，跟老师一起读。（请学生读）

（4）拓展词语。师：课文中也有这样的词语呢，找出来读一读。生活中还有很多这样的词语，如：（火红的）太阳、（美丽的）花朵。

2. 学习第2句。

（1）随文识字，理解内容。

① 学习"北京城"。读准"京、城"的后鼻音。

② 理解"遥远"。

师：遥远是什么意思呢？遥远是很远很远的意思，我们一起来看地图，新疆和北京相距3000多公里，如果是乘坐火车，从新疆到北京需要四十多个小时，也就是大约两天一夜的时间，你们说远不远呀？（远）所以我们说它是遥远的北京城。（出示词语条，请学生读，拖长了读，读出遥远的感觉）

③ 感受"雄伟"和"壮观"。

师：那么遥远的北京城，都有什么吸引着新疆的小朋友这么想去看看呢？你们知道北京城里有什么吗？

④ 理解"壮观"。

师：在这雄伟的天安门广场上每天都会升起国旗，你们看过升旗仪式吗？（生答）我们学校每周星期一都会举行庄严的升旗仪式，而天安门广场上的升旗仪式更加庄严有气势，下面让我们一起来看看吧！（播放视频，全体起立）看完之后，你有什么样的感受？

预设：人多、整齐、庄严、很激动、比学校的壮观多了……这样的场面，我们可以说广场上的升旗仪式——非常壮观。

师：是呀，我们身为中国人，每当看到五星红旗升起，我们的内心都热血澎湃，无比激动，祖国如此伟大，我们为之自豪。

⑤ 师："非常"是什么意思呢？

预设：非常就是十分、特别的意思，表示程度很深。

师：你能用"非常"来说一句话吗？

预设：我非常喜欢画画。

指导朗读：让我们带着无比自豪和骄傲的心情再来朗读这句话。

（2）指导朗读。

读好长句子：红色的字是我们学过的生字宝宝，把它放进长长的句子中，再来读一读。

3. 学习读好感叹号。

（1）师：遥远的北京城有什么？雄伟的天安门，广场上还有壮观的升旗仪式，看到这些，你们想不想去北京看看？你会怎么说？

预设：我多想去看看，我多想去看看！

师：你连说了两遍，我听出了迫切的感觉，你比他更想呢！

（2）出示两句进行对比，能去掉一句吗？（不能）

师：那他连着说了两次，我们感受到了什么？

预设：他当时非常激动，急切地想要去看看。

师：后面这一句"我多想去看看"要怎么读？我们发现第二句是"！"（感叹号）。第二句要读得响而长，"！"表示情感非常强烈，他越说越激动，感情越来越强烈。

（3）指名学生再读，把自己非常想去北京看看的情感读出来。

（4）师生合作朗读：老师一句，你们一句。

三、书写练习

1. 观察"会"字，强调写字有"三看"。

（1）先看"会"是什么结构？

（2）有哪些笔画是需要注意的呢？（撇、撇折从竖中线起笔，撇捺往下舒展到横中线，两横分别在横中线上下方）

（3）笔顺：先写上面的人，再写下面的云。

2. 教师范写：伸出小手指，和老师一起写。边读口诀边书写。

3. 学生练写。

4. 展示学生的书写作品，评价修改。

四、总结

孩子们，今天咱们一起走进了遥远的北京，沿途看到了许多美景，回家之后把你的所见所闻说给爸爸妈妈听，希望以后有机会，大家可以走出家门，到祖国的各地去看看，领略更多优美的风光！

五、作业

说说自己有什么心愿，下节课与同学们一起交流分享。

板书设计

我多想去看看	新疆	天山、雪莲	弯弯的小路	向往、渴望
	北京	天安门、升旗仪式	宽宽的公路	

夜色中的守望

——《夜色》教学故事

刘郁娜

◆ **教师简介**

　　刘郁娜，长沙市长郡天心实验学校语文教师，从教两年。在教学上细心、耐心，具有责任感，认为教育不仅是"传道受业解惑"的过程，更是传递温度和热量、点燃学生梦想和激情的过程，相信期待和鼓励的力量，始终坚持做一个以爱为底色的老师。

　　回首从教两年以来的语文课堂，有一句话时时在我的心头萦绕："有多少课可以重来？"老师有再教一遍同年级的机会，但孩子们此时此刻的时光，一去永不复返了。在语文教学的成长之路上，这句饱含深意的话始终鞭策、督促着我，激励我把每一堂课当作绝版纪念品对待，珍视与孩子们不可复刻的课堂时光。

　　历数那些与孩子们的独家回忆，有大笑，是听到孩子们灵机一动的俏皮回答；有笑泪，是因为孩子们天真无邪的童言稚语；也有怒气，是面对无视课堂秩序行为的"情难自控"。但一路回想起来，蔓延在心头的，总是沉甸甸的幸福感。

　　老师是孩子们人生路上学习的引导者，但孩子们又何尝不是我人生旅途上带给我快乐的给予者呢？与其说我陪伴他们成长，不如说他们见证了我的生命节点，就像夜色之中的两束光，彼此照亮。

　　谨以此篇，记下那些照亮我的瞬间。

夜中独坐，领略夜色

记得准备《夜色》这篇课文的时候，是四月初。乍暖还寒的季节，校园里的树木刚焕新颜，满目是沁人心脾的翠绿。

那天傍晚，我坐在办公室，当我翻开课文，看到这句"我从前胆子很小很小，天一黑就不敢往外瞧"，心里忽有所感。小孩子怕黑，是因为黑夜引发的想象，在小孩子看来，黑夜大多跟妖魔鬼怪有关。害怕黑夜，从本质上来说，就是出于对未知的恐惧。而事实上，很多时候并非只有黑夜才意味着未知。

这个四月跟以往的任何一个四月相比，没有什么特别的地方，但是于我而言，那是备考时最焦灼的一段时间。从某种意义上来说，面对未知的未来，我又何尝不是一个"怕黑"的孩子。

我忽然想起了自己看过的一本书。时隔多年，我读到了高中课文《项脊轩志》被删节的片段。在这段"项脊生曰"里，彼时的作者正是少年郎，意气风发，以家族荣耀为己任，自许巴清、诸葛亮之才，但十五年后，作者再补写，落笔已是满目伤怀——人要怎么面对意气少年时立下的鸿鹄之志变成了垂暮之年的颓唐现实呢？人总要承认有些事情可能不会尽如人意。所以蓦然回首，这一句"庭有枇杷树"带着世事沧桑，携风盖雪，格外动人。

夜晚的办公室格外安静，我带着这种感触，走近了课文中这个"怕黑"的孩子，明白了他的怀疑与忐忑，理解了他的不敢与期望。在这个夜里，屏幕前的我，翻着教参资料，敲打下一行行字眼，似乎也跟着文中的孩子走过了一段夜路。

长夜有伴，前行有光

在临上课的前一夜，我又坐在了熟悉的位置，打开了电脑屏幕。

与之前不同，这次陪着我加班的还有同办公室的肖老师。肖老师是我们年级的组长，平时，她像我的师父，教我处理各种事情，但更多的时候，她像是一位姐姐，给予我安慰和支持。我在办公室一边改着课件，一边碎碎念，说着关于考试的事。肖老师听着听着，便跟我分享起自己的经历。

也许每个人都走过一段沉默无言的路程，没有人记得你，但无数个夜晚，月亮高悬，月亮会记得。

在麦家的《人生海海》里，有一句很有名的话："人生海海，山山而川，不过尔尔。"麦家讲述了一位一生多舛的上校的故事，为"世上只有一种英雄主义，就是在认清了生活真相后依然热爱生活"这句话做了最精彩的注脚。如果说未知的事物令人害怕，那么破解的方法，正如《夜色》里所说："爸爸晚上偏要拉我去散步，原来花草都像白天一样微笑。"做一个勇敢的人，就是自己去经历，自己去感受，自己去体验。

忽然之间，我对未来的不安，全部转化成了我要做好眼下这一件事——上好这堂公开课。肖老师听完我的课，向我提出了许多建议，哪里该调整节奏，哪里该给学生搭梯子，哪里可以找更多素材……我一一修改完善。回去的路上，我看着天上的明月，低头写下了这句话："今日收获的力量都会变成来日怀念的温暖。"

童言童语，再品夜色

再次回顾这堂公开课，还是会觉得真实的课堂永远是出人意料的，而这也许就是课堂生成的魅力，那些无法预计的插曲，恰恰是课堂的难忘瞬间。

记得当我引导孩子用"从此再黑再黑的夜晚，我也能看见……"的句式，试着想象说句子的时候，一个孩子信心满满地举手，然后说："我也能看见小虫在叶子上唱歌。"此时我的心里还十分镇定，引导着问道："声音是听见还是看见呢？"孩子回答："是听见。"我继续问道："那刚才这个句子应该怎么说呢？"孩子睁着大眼睛，毫不犹豫地大声道："我也能看见小虫在叶子上唱歌！"一时之间，我跟在座的老师们四目相对，忍不住笑了。我又请另外一位同学看图试着说说看，第二个孩子说道："我也能看见小虫在叶子上跳舞。"在"唱歌"和"跳舞"两个动作的对比中，前一个孩子这才意识到"看见"和"听见"的区别。

我很珍惜这样的时刻。如果说没有完美的人生，不完美才是人生，那么我想说没有完美的课堂，不完美才是真实的课堂。这些意外频出的时刻，正意味着课堂互动交流的真实发生，这才是说每堂课是不可复制的"绝版纪念品"的原因所在。

史铁生在《我与地坛》里的结尾这样说道："但是太阳，他每时每刻都是夕阳也都是旭日。当他熄灭着走下山去收尽苍凉残照之际，正是他在另一面燃烧着爬上山巅布散烈烈朝晖之时。"我爱太阳初升的时刻，像怀抱着无限希望，也爱它低垂天边，那看向世间的满怀留恋的目光。

在太阳升起之前，总有漫漫黑夜，所谓黑夜，与其说是对未来的不安，不如说是对语文教学的诚惶诚恐之心。语文教学从来非一夕之功，但有幸与语文做伴，见过关山难越，见过苍山负雪，见过刑天舞干戚，而今相遇在这一片"夜色"，愿在夜色中守望，静待语文之花在诗意中盛放。

教学案例

夜色

教学目标

1. 会写"爸、笑、看、再"4个生字。

2. 读好长句子,读懂句子的意思。

3. 初步懂得"克服胆小,做个勇敢的人,能收获美好"的道理。

教学重难点

1. 读好长句子的停顿,读懂句子的意思。

2. 懂得"克服胆小,做个勇敢的人,能收获美好"的道理。

教学过程

一、复习导入

学生认读上节课学习的生字,教师指正点评。

二、感知课文

1. 学习第一小节。

（1）齐读第一小节,思考:哪些句子说明"我"的胆子很小? 画出相关语句。

引导发现:很小很小,天一黑就不敢往外瞧。

小结:诗歌中的"我"是一个怕黑、胆小的孩子。

（2）想象自己就是这个胆小怕黑的小主人公,天黑下来了,心情会怎样?

预设:非常害怕。

（3）"很小很小"这个词把"很小"重复了两遍,来突出程度深。和它结构一样的词语,你还能再说出几个吗?

预设:很大很大,很多很多,很香很香。

（4）朗读指导:读一读这句话,"很小很小"可读得轻一些,表现出"我"的胆怯;"天一黑就不敢往外瞧"可以缩着脑袋读,有种巴不得把自己藏起来的感觉。

（5）诗中,妈妈是怎样帮助"我"的?

预设:妈妈把勇敢的故事讲了又讲。

（6）这些帮助对"我"起到作用了吗？

预设：没有，"心就乱跳"说明"我"还是很害怕。

（7）指导朗读："天一黑就不敢往外瞧。""我一看窗外心就乱跳。"这两句都用了"一……就……"的句式。读这两句话时，要读出害怕的语气。

（8）"可我一看窗外心就乱跳……"从句中的省略号，你觉得"我"会看到些什么？想到些什么？

预设：看到黑漆漆的树影，想到这可能是怪兽的影子，很害怕。

字理识字："窗"，囱的小篆体像天窗的形状，即在屋顶上留个洞，可以透光，也可以出烟，后加"穴"字头构成"窗"。

（9）指导朗读：请大家带着害怕的心情，齐读第一小节。

2. 学习第二小节。

（1）后来，"我"变成了一个怎样的孩子？为什么会发生这样的变化？

预设："爸爸晚上偏要拉我去散步。"在爸爸的帮助下，"我"发现了夜色的美好，变得不怕黑，变成一个勇敢的孩子。

（2）指导朗读：朗读"爸爸晚上偏要拉我去散步"这句话时要读出无可奈何又撒娇的语气，"偏要"一词要读得重一些。

（3）"我"和爸爸去散步，"我"发现了什么？

预设："原来花草都像白天一样微笑。"原来夜晚没有想象中的可怕，反而景色迷人。

（4）"从此"是什么意思？

预设：从这时开始。

（5）教师引导：夜晚，小鸟在月光下睡觉，在夜晚"我"还会看到些什么，听到些什么？用"从此再黑再黑的夜晚，我也能看见……"的句式说说话。

预设：从此再黑再黑的夜晚，我也能看见萤火虫怎样在月光下飞舞。

（6）说一说，"我"的心理有了什么变化？

预设："我"由害怕变得勇敢。

（7）朗读指导：读一读这节小诗，注意在读"微笑、睡觉"时可以面带微笑，读得轻轻的，甜甜的，表现出夜晚的美好。

（8）提问：学习了这首儿童诗，你有什么收获？

预设：夜色中其实有许多美丽的景色，只要我们敢于走出去，就会发现黑夜其实并不可怕。我们要克服胆小，做个勇敢的人，这样才能收获美好。

板书设计

8　夜色
胆小怕黑——勇敢面对
我
妈妈　　爸爸
讲故事　　去散步

彩虹下的童年梦

——《彩虹》教学故事

颜旅旺

◆ 教师简介

颜旅旺，长沙市长郡天心实验学校语文教师，小学语文二级教师，长郡天心实验学校教育处副主任，湖南省小语会会员。曾荣获长沙市天心区语文"创新杯"教学大赛特等奖、长沙市天心区优秀教育工作者、株洲市校园最美阅读推广人等。坚持"以情启智，以文育人"的教学理念，致力于把学生培养成既有深厚文化底蕴，又具创新思维的新时代少年。

彩虹下的童年梦，如梦似幻映晴空；

笑语欢歌心自远，纯真时光意无穷。

回首这次参赛历程，我的内心涌动着无尽的感慨与感恩。赛场如镜，映照出我成长的足迹，每一步前行，都离不开师父的悉心指引。饮水思源，我深知自己的成就离不开师父的辛勤付出。师父的每一个眼神、每一句话语，都饱含着对我的期望与关爱。

真字当头，贯穿教育始终

回顾磨课备赛的时光，从不乏挑战，也经历了无数困难。在这个过程中，我领悟了许多知识，获得了很多感悟，而我获得的最大启发是一个字——真。

"千教万教教人求真，千学万学学做真人。"每次上课前，师父都要提醒我：虽然是比赛，但是要真实地和学生交流，不可走过场，要关注学生真实的生长。

哪里给学生搭支架，哪里要放开手，哪里要锻炼思维，哪里要多停留一会儿……这些设计都根据学生上课时的表现而调整。

我们平时总说学生是主体，但真面对比赛时，我的脑海里却只想着在有限的时间内要完成的教学环节。一次磨课时，学生在仿说句子时出现卡顿，我便因为担心耽误后面的"流程"而心急地提示他。师父自然能看出我的"破绽"，课后对我说："要真正体现学生主体，不要总想牵着学生走，重要的是让他们思考，大胆地表达，你要做的准备是做好预设，学生说一句话，你自己要有十句以上的积累。"

我心悦诚服，原来"真"就是要面对学生一切真实的表达，及时给予学生回应，而不是执着于将学生引导到所谓的正确答案上。"真"就是少点花拳绣腿，少点形式创新；"真"就是要慢慢回到语文，回到真正的语文学习。这个过程中，我不断地学习、成长，努力将学生"真"的成长融入教学中，挖掘独属于孩子的童年的纯真。

师父的理念总让我想起陶行知先生的话：唯独从心里发出来的，才能打到心的深处。事实证明，这句话说得无比正确。这次的公开课对象是一年级，是最真实也最不可控的一个年级。一年级学生不会看眼色，也不会因为场合的特殊而改变自己的行为。踏上比赛的舞台，我的心中始终记得师父的教诲：只有用心去感受，才能用情去表达；只有用情去表达，才能触动人心。就是因为师父"真"的教育理念的引领，最终让一群素未谋面的一年级孩子，在短短15分钟的课堂上有了真实的生长，和老师有了一场心心相印的交流。

教育需要充满真诚，作为一个教育者，拥有一颗纯粹而真实的心，是多么珍贵。

精益求精，细节处见真章

每一次磨课师父都会静静地坐在教室的角落，目光如炬，捕捉着课堂上每一个细微的动作和表情。一次课后，她欣喜地说："学生对小女孩和爸爸的对话想象，不正体现了家人间的关爱吗？你瞧他们回答问题时，语气是那么的雀跃！"是啊，我只想着解决读好长句子的教学难题，却忽略了捕捉孩子们的情感。于是我马上在师父的指导下增加了情感体会的环节。

这件事告诉我，教育是师生间情感与智慧的碰撞。而在这碰撞中，每一个细微的举止、每一次轻声细语的讲解，都可能成为点亮学生心灵的火花。

师父如一位深思熟虑的匠人，她的目光犀利而深邃，总能捕捉到课堂中看似最不起眼的细节。从每一个环节的过渡语，课堂中的语气、神态，到板书颜色搭配，课件风格的设计，她都要细细思考，认真考量。这份对细节的极致追求，如同一束温暖而坚定的光，悄然照亮了我课堂教学的每一个角落。

师父关注细节的品质，不仅让我在课堂教学中更加得心应手，更让我在与学生的交往中更加细腻和体贴。每一个学生都是独一无二的个体，他们需要的是个性化的关注和引导。而这种关注和引导，正是从细节中体现出来的。

博观约取，厚积薄发之力

要给学生一杯水，教师需有长流水。唯有不断读书，不断学习，才能精进本领。记得一次磨课，我在讲到"走小步"的朗读方法时，师父会马上想到"走好人生的每一小步，长长的路就走得很顺当了"，一下子就拔高了设计的高度，这样的精妙之处，无疑是源于师父日积月累的阅读积淀和深厚的文化素养。从师父身上，我深刻地领悟到了阅读的重要性。书籍是人类智慧的结晶，它包含了丰富的知识和深刻的见解。通过阅读，我们可以汲取前人的智慧，拓展自己的视野，提升自己的素养。作为教育者，我们更应该博览群书，让教育充满蓬勃的生机。"博观而约取，厚积而薄发。"这句话如同明灯，照亮了我前行的道路。它告诉我，要广泛涉猎各种知识，但又要有所选择，取其精华，去其糟粕。只有这样，我们才能带领学生在知识的海洋中畅游，不迷失方向。同时，我们也要注重积累，不断丰富和提升自己的知识和能力，只有这样才能在关键时刻展现出自己的才华和实力。

正是师父的言传身教，让我明白了博观约取的重要性，她的鼓励与支持，让我拥有了厚积薄发的勇气与信心。

奋勇拼搏，擦亮青春底色

当比赛结果揭晓的那一刻，我的心情无比激动，我获得了长沙市天心区"创新杯"小学语文课堂教学竞赛特等奖。但我知道，这次参赛对我来说，就像是一次追寻彩虹的旅程，从最初的准备到最后的角逐，每一步都充满了挑战与机遇，和结果相比，这次经历才是我人生中最宝贵的财富。

从站上讲台当语文老师起，我一直是"自由"地生长，通过这一次活动，我看到了自己身上因肆意生长而急需修剪的枝丫，让我有机会重新审视自己的教学理念和教学方式。这次比赛也让我深刻地认识到，我们只有在教学中不断提高能力和本领，不断完善自身素质，才会有机会在更广阔的天地中打磨自己，在更大的舞台上展现自己。

作为一名青年教师，我们要"自找苦吃"，把平时当战时。只有努力上好日常的每一堂小课，才能在聚光灯下上好大课。机会稍纵即逝，遇到公开课或者比赛要毫不犹豫往前冲。

"苔花如米小，也学牡丹开。"如今，当我回首这段参赛经历，心中充满了感激与喜悦。我感激师父的辛勤付出与无私奉献，她让我能在彩虹下追逐自己的梦想；我喜悦于自己的成长与进步，更加坚定了前行的步伐。未来，我将继续追寻那道属于自己的彩虹，用努力和汗水书写属于自己的精彩篇章。我相信，风雨过后，阳光会微笑。只要心中有梦，有勇气去追寻，就一定能够找到那个属于孩子的彩虹下的童年梦。

教学案例

彩虹（片段教学）

教学目标

1. 用不同的形式巩固读好长句子的方法，读好《彩虹》中的长句子，读出问句的语气。

2. 联系生活，尝试创编长句子。

3. 体会小女孩的奇思妙想，感受家人间浓浓的爱。

教学重难点

1. 用不同的形式巩固读好长句子的方法，读好《彩虹》中的长句子，读出问句的语气。

2. 联系生活，尝试创编长句子。

教学用具

多媒体课件

教学过程

一、读题导入

1. 学生齐读："雨停了，天上有一座美丽的桥。"

这座美丽的桥就是——彩虹。（板书课题）

2. 有一个小女孩看到这美丽的彩虹，小脑袋里冒出了许多奇妙的想法，她都和谁说了呢？

她都问了几乎相同的一个问题——你高兴吗？

3. 写"兴"。（指导写法）

（板书：高兴）

4. 小女孩想怎样让爸爸高兴呢？

二、单元回顾

1. 教师范读第二自然段。

2. 回顾本单元的学习，总结读好长句子的方法。

（1）妈妈 / 把勇敢的故事 / 讲了又讲，可我一看窗外 / 心就乱跳。——《夜色》

（2）粽子 / 是用 / 青青的箬竹叶 / 包的，里面裹着 / 白白的糯米，中间 / 有一颗 / 红红的枣。——《端午粽》

PPT：正确停顿

　　　词语连读

三、聚焦读好长句子

（一）滚雪球

PPT："爸爸，你那把浇花用的水壶呢？"

1. 读好逗号和词语间的停顿。

（1）小女孩问爸爸要了什么呢？（长句子随着雪球的滚动逐渐展开）

预设：水壶。

（2）怎样的水壶？

预设：浇花用的水壶。

（3）哪把水壶？

预设：那把浇花用的水壶。

（4）注意逗号和词语间的停顿，一起读。

预设：爸爸，你那把浇花用的水壶呢？（长句子完全展开）

2. 读好疑问的语气。

（1）观察句子，句末的标点是什么？（生接：问号）

读好问句有方法，尾巴稍稍往上扬。

指名读：爸爸，你那把浇花用的水壶呢？

（2）让我们像他这样读一读：爸爸，你那把浇花用的水壶呢？

小结：先读好一个词语，再读好由这个词语扩充成的长句子，这不就像我们把小雪球越滚越大吗？

（板书：滚雪球）

（二）走小步

1. 看标点。

咦，小女孩要水壶干什么呢？接着往下读。

"如果我提着它，走到桥上，把水洒下来，那不就是我在下雨吗？"

（1）观察标点符号，标点符号把一个长句子分成了四个小分句。

（2）组内合作读，一人读一个分句。

小结：我们把一个长长的句子分成了几个短短的小分句，读好了每一个分句，就把长句子读好了。就像我们把每一步走好了，长长的路就走得很顺当了！

（板书：走小步）

2. 做动作。

看，（出示课文插图）这幅图画的不就是这一段里的小女孩吗？小女孩还有很多可爱的动作呢，谁来找找？

（1）学生找动词。

（2）带上动作读课文中的分句。

（3）带上动作读长句子。

（4）师：那不就是我在下雨吗？这个反问句的意思就是——那就是我在下雨呀！

小结：加上动作，你们把长句子读得更有趣啦！

（三）变小诗

1. 师：小女孩为什么要去彩虹上洒水呢？

2. 指名答。预设：爸爸挑水浇田很辛苦，小女孩不想让爸爸辛苦。

3. 师：爸爸挑水浇田很辛苦，劳作得腰酸背痛的，他突然看到彩虹桥上下雨了，他听到女儿说："你就不用挑水去浇田啦，你高兴吗？"（生齐读）

4. 爸爸高兴吗？（预设：高兴）

他会怎么说呢？（指2名学生答）

5. 小女孩听到爸爸的回答，心里也一定感到（高兴、自豪……）

让别人高兴，自己也高兴，原来这就是家人之间流动的爱啊。（板书：画爱心♥）

孩子们，带着浓浓的爱，我们把长长的句子变成美美的小诗。带上动作再一起读一读。（板书：变小诗）

四、说话训练

（一）填一填

小女孩让爸爸高兴了，如果你也走上了彩虹桥，你想让谁高兴呢？

例：妈妈，你生日收到的那束玫瑰花呢？

如果我拿着它，走到桥上，那不就是_____吗？

你就_____，你高兴吗？

（二）小组合作

四人一组，借助图片，展开想象，用课文中的句式和小伙伴说一说。你也可以交流讨论自己的奇思妙想。

（三）说一说

_____，你_____呢？

如果_____，那不就是_____吗？

你就_____，你高兴吗？

五、小结

注意停顿和词语连读是读好长句子的方法。今天，我们用了3种不同的形式来练习。（指板贴）现在，你们不光能读好课本中的长句子，还会自己创编长句子呢，你们高兴吗？

板书设计

12. 彩虹
读好长句子
高兴
滚雪球　　走小步　　变小诗

71

觅美者实

——《祖先的摇篮》教学故事

周敏

◀◀ **教师简介** ————————————————————

　　周敏，长沙市长郡天心实验学校语文教师、一年级年级组长，中小学二级教师。曾荣获长沙市天心区"优秀班主任"称号、长沙市天心区语文"创新杯"教学大赛二等奖等。坚持"教育是教孩子与世界对话，与自我对话"的教育理念。

画卷轻启，诗意满溢

　　《祖先的摇篮》中："我们的祖先，可曾在这些大树上摘野果，掏鹊蛋？""那时候，孩子们也在这里逗小松鼠，采野蔷薇吗？"这些疑问句式，不仅展现了儿童好奇心旺盛与想象丰富的天性，更如一把钥匙，打开了通往古老时光的大门，让祖先之灵与诗歌之美溢出来。整篇文章如一幅悠远的画卷，诗意盎然，童趣盎然。

　　这是我在接到备赛天心区"创新杯"通知后脑海中浮现的想法。

　　备赛天心区"创新杯"是一个艰巨的任务，但我喜欢挑战，这样的重任让我动力无限，激情满满。对于学校和欧欧老师的信任，我心怀感激，决心不辜负他们的期望，要准备一堂完美的课！欧欧老师——我们的校长，她告诉我要选有"语文味"的文章，要选美的文章。我结合自身课堂活泼的特点，迅速确定了部编版教材二年级下册第八单元的课文《祖先的摇篮》。

　　前期准备进行得非常顺利，我稳稳地踩上了第一阶台阶，还得到了欧欧老师的认可，这一切都让我对接下来的备课无比自信，心中充斥着骄傲。

沾沾自喜，当头棒喝

我精心挑选了诗歌的第二、三小节作为教学片段，依托课后题，引导学生展开想象的翅膀，仿照诗歌的韵律与意境，描述人们在祖先的摇篮中还可能演绎的种种活动。我利用有趣的图片和视频设置了各种情境，如：在不同场景里祖先们会做什么（山洞里、小溪旁等）、在不同时间祖先们会做什么（晴天、雨天、晚上等）、不同的人物会做些什么（爸爸、妈妈、孩子）……初次尝试，课堂氛围热烈，学生踊跃参与，语言表达流畅而富有创意。课堂最后，我以"祖先们做的事情，我们现在还能做吗"一个提问，引导学生体会保护环境的重要性，鼓励学生热爱大自然，多进行户外活动并做力所能及的环保事务。整堂课丝滑顺畅，无一处不在我的意料之中。

然而，正当我沉浸在这份喜悦之中时，欧欧老师的一句评价如当头棒喝："你太不信任你的学生了，你给学生设限过多。"我恍然大悟，课堂的顺畅并不等同于优秀，我在无意中给学生搭建的"梯子"过多，虽然保证了学生发言的顺利，却也束缚了他们的思维与想象。

沾沾自喜的我为了完美的课堂而忽视了语文真正的美，忽视了教育的灵魂，这是一堂好的"公开课"，但这还是一堂课吗？孩子们从中有何收获？觅完美者不真，觅美者才实，我决定把一切推翻重来。

动词为钥，深度耕耘

在欧欧老师的悉心指导下，我重新审视了这一课程的设计，我开始关注教材中的每一个细节，特别是那些生动传神的动词——"摘、掏、逗、采、捉、逮"等，它们不仅准确地描绘了动作，更充满了儿童特有的情趣。欧欧老师说："语文就是语言和文字，我们每节课都应该对学生进行语言和文字的训练，教材只是学生学习的蓝本。"我从中意识到，以这些动词为起点，引导学生从"字"到"短语""句子""段"的逐步拓展，才能真正实现语言与文字的深度训练。

于是，我删掉了冗长的导入环节，开门见山，在课堂的一开始就请学生读诗歌，引导学生关注诗歌中的问句句式，学生迅速进入了学习状态，他们不仅发现了问句的特点，还主动提出了读好问句的方法。然后，我引导学生关注短语的规律——动词＋名词，并鼓励他们发挥想象，用相同的结构说出祖先在原始森林中还可能做的其他事情。之后，我进一步引导学生将短语带入儿歌中，仿照第二、三小节进行创作。学生在轻松愉快的氛围中高效解决了本课的课后题。

蓝本引领，佳句织网

紧接着，我充分发挥教材的蓝本作用。我选取了"捉蝴蝶"这一短语作为范例，引导学生进行从短语到长句子，再到段落的拓展训练。我提问："你们捉过蝴蝶吗？在什么时候？什么地方？"学生纷纷举手发言，分享自己的捉蝴蝶经历。随后，我进一步提问："我们当时会怎样捉蝴蝶？想象一下，捉蝴蝶时还会发生什么事情？"学生在思考中展开想象的翅膀，生成了许多生动有趣的句子和段落。

课堂最后，我引导学生总结规律：通过给一个动词加上一个名词形成一个短语，再加上时间、地点、人物、天气、形容词、心情等元素将如何做的说清楚，就能完成短语到长句子的转变。如果再加上情节的描述，就能让长句子变成一段话，形成一个完整的故事。整个创作过程都是学生以自身生活为基础，发挥想象，自主生成的，这是学生通过生活来学习的生动体现。当我关注语文本身时，美自然就来了。学生真正进入了课堂，体会到了语文和自己生活的关联，我们一起在学习中爬上了新的台阶，更靠近真正的语文之美。

生活启迪，落脚生活

在课堂的总结升华部分，我原本打算将课文的主旨落脚于爱护环境，但欧欧老师提醒我应避免让学生产生认知偏差。她指出：课文描绘的远古时期的生活虽美好，但我们如今舒适、便利的现代生活同样自由快乐，我们应该珍惜并满足于自己的生活。我深以为然，并将这一观点融入了课堂总结中，让学生能更加全面地认识历史与现实的关系。本次课后，我鼓励学生学以致用，用所学的从字扩充到一段话的方式去写日记，记录自己的美好生活，在生活中学习！

此次教学经历，虽未让我斩获佳绩，但我意识到以教材为蓝本进行语言文字训练的重要性，也体会到了语文教师应该引导学生在课堂上锤炼语言文字，感受语文真实的魅力与力量。感谢欧欧老师专业且耐心的教导，感谢各位同行的陪伴与提点！孩子们将以教材为基石，拾级而上，品味语言文字之美；我将以每次课堂为基石，拾级而上，体会教育之美。

觅完美者虚，觅美者实。美就在灯火阑珊处，触手可及。

文章后记，真实的美

之后，承蒙欧欧老师的厚爱与提携，我有幸踏足宁乡老粮仓名师工作站，进行送教之旅。在这片淳朴的土地上，一群身着斑斓衣裳的农村孩子，宛如田野里最耀眼的野花，簇拥在讲台前。他们运用新掌握的"字词句成段"的魔法，生动叙述着自己在山林间采摘蘑菇时不慎滑落小坡的惊险、在瓢泼大雨中奔跑回家时泥点嬉戏于裙摆的童趣，以及在食堂里因高效清洗餐具而赢得老师赞许的自豪。此番，我摒弃了往日或许带有的自以为是的引导，亦未曾画蛇添足地加以补充，只是遵循欧欧老师的教诲，以一抹温暖而鼓励的微笑，静静守候，任由孩子们自由翱翔于表达的天地。

我目光转向欧欧老师，只见她时而温柔地注视着孩子们，时而又将视线轻轻落在我身上，含蓄的微笑一直挂在她的脸上，真实而美。

🌀 教学案例

祖先的摇篮（片段课）

教学目标

1. 正确、流利、有感情地朗读课文，能读好第二、三小节中的问句。

2. 能展开想象，仿照第二、三小节说出人们还会在祖先的摇篮里做些什么。

3. 能认读含有"摘、采"等动词的词语，并体会动词的恰当使用，并能够尝试从动词出发，依次扩充至短语、句子、长句子、一段话。

教学过程

一、创设情境，导入课程

同学们，我们今天将继续走进原始森林，学习课文——《祖先的摇篮》。

二、发挥想象，仿说诗歌

1. 请两位同学来读一读第二、三小节。

学生读，教师及时评价：读得真好。

2. 观察这四句话，你们有什么发现？

预设：里面有很多问号。

追问：如何读好问句？

预设：用句尾上扬的方式。

3. 你真是个有方法的小孩，那如何读得更有趣呢？

预设：加上动作读。

4. 谢谢你的好建议，我们一起带着动作，用句尾上扬的方式读好问句吧！
全体学生起立，跟伴奏读。

5. 小小朗诵家们，你们读得真好！在祖先的摇篮里，人们做了哪些事情？谁来带着动作说一说。

预设：摘野果　掏鹊蛋　和野兔赛跑　看蘑菇打伞

　　　逗小松鼠　采野蔷薇　捉红蜻蜓　逮绿蝈蝈

6. 观察这几个短语，你们有什么发现吗？

预设：都是动词加名词。（你的观察能力真好）

追问：你能发挥想象，用这样的结构说一说我们的祖先在原始森林中还会做些什么吗？请你把刚才说的短语带入儿歌中仿照第二、三小节说一说吧！

总结：你们都是充满想象力的小诗人，在刚刚的创作中，我们发现：给动词找到合适的名词朋友，就能让一个词变成——短语。（板书）

三、阶梯训练，字词成句

过渡句：我们给"捉"这个字加上名词"蝴蝶"，它就会变成"捉蝴蝶"这个短语。

1. 你们捉过蝴蝶吗？在什么时候？什么地方？

预设：周末，我在公园里捉蝴蝶。

如无回应，教师提问：或者你看到过别人捉蝴蝶吗？

预设：一年级的时候，姐姐在花丛里捉蝴蝶。

教师：老师也捉过蝴蝶。看这句话："春天来了，我在公园里捉蝴蝶。"同学们，我们在这句话中给短语加上了什么？

预设：时间、地点、人物。

教师：你真是个善于观察的小朋友。就这样，我们将它从一个短语变成了一个——句子。

2. 请根据这个句子想象一下，我们当时会怎样捉蝴蝶？

预设：春天来了，我在公园里开心地捉蝴蝶。

教师引导：把一件事情是如何做的说清楚，就把这个句子变得更长了。

教师：那如何让句子更饱满、更长呢？

预设：加上形容词、天气、心情……（学生说一个就让他们尝试一次）

教师总结：看啊，加上这些词后，句子变成了——长句子。

3. 想象一下，捉蝴蝶时还会发生什么事情吗？

预设：春天来了，我在公园里开心地捉蝴蝶，我拿着网子去捕捉蝴蝶，捉到了很多，但是爸爸告诉我，应该让小蝴蝶在花丛中快乐地舞蹈，不能让网子束缚了它们，所以我放了它们，我和小蝴蝶都很开心。

4. 掌声送给他。同学们，他说的还是一个长句子吗？有了情节，这是一段话，是一个小故事。你真是一个小小文字魔法师。

5. 给一个动词加上一个名词，使它变成一个短语，再加上时间、地点、人物、天气、形容词、心情……将如何做的说清楚，就能完成从短语到长句子的转变。最后加上情节，就让长句子变成了一段话，成为一个故事。

牛刀小试：谁能利用"摘"，再现一下这个过程？（学生根据提示，一步步将"摘"扩充成一段话。）

预设：傍晚，爸爸带着孩子在大树下摘又大又红的苹果，爸爸的手长，他摘了很多苹果，孩子的手短，就站在椅子上摘，也摘到了很多苹果。他们都开心极了。

教师评价语：学以致用，在你们身上体现得淋漓尽致。

四、小组合作，巩固练习

1. 现在难度升级，请你们小组合作，共同完成从一个字到一段话的创作！

请拿到卡片的同学在卡片上写一个动词，然后将卡片递给组内的一个小伙伴，小伙伴说出一个短语，依次传递卡片，由另外两个同学说出长句子和一段话。计时两分钟，开始……（过程中，教师巡查指导）

2. 这个小组已经跃跃欲试了，请你们展示一下！

教师总结：通过这个小组的展示，老师看到了你们超强的学习能力，相信你们已经掌握了从字到短语，到长句子，再到一段话的方法了。（回扣板书）

五、主题升华，利用情境，布置课后任务

1. 我们的祖先在原始森林中自由自在地快乐生活着。我们也自由自在地生活在繁荣稳定的现代化社会，我们与祖先有着不同的体验，却有着相同的快乐。我们和祖先同样——自由快乐！

2. 噔——（拿着原始人图片）祖先们也对我们的生活很好奇呢，所以请同学们课后尝试用"从字出发依次扩充至短语、长句子、一段话"的方式去写日记,记录自己自由快乐的生活吧!另外,也请同学们阅读《祖先的摇篮》,多多了解祖先们在原始森林中的快乐生活吧!

板书设计

祖先的摇篮
字——短语——长句子——一段话

柳下之思

——《咏柳》教学故事

李佩

◆◆ **教师简介**

　　李佩，长沙市长郡天心实验学校语文教师，小学语文一级教师，长郡天心实验学校三年级年级组长，曾荣获长沙市天心区"优秀班主任"称号。始终秉承"千教万教，教人求真；千学万学，学做真人"的初心，努力做知识的传授者，追求做学生心灵成长的引路人。

　　窗外，春雨淅沥，柳枝轻摆，一条讯息激起心中的涟漪——要上公开课了。是许久不曾上公开课的原因吧，因而更加害怕会从别人眼中捕捉到失望。但不管怎样，心态总归要调整，课也还是要上，既然这样，那就潜心备课，利用有限的时间，尽力打磨更好的课堂。

　　很快，我选定了上课内容——《咏柳》。想着，《咏柳》是孩子们很熟悉的诗了，很多孩子都会背，上起来应该不会太难。于是，收拾好内心的忐忑，怀着对未知的憧憬，我早早就备好了这堂课。接下来，我满怀信心地去隔壁班试课。我安慰自己：春天，万物都欣欣向荣，校园里一片勃勃生机，我的课堂亦会如此。

　　想象的课堂很美好，而现实的课堂却不如人意。出乎我意料的是，这堂课上得很慢，很辛苦，学生很久进入不了状态，我上课前的那种盲目自信也在一点一点土崩瓦解。这堂试课下来，挫败感很强。

　　"语文教学一半是科学，一半是艺术。"在教学中，我也时常听有经验的教师说，课堂不要太满，在教学过程中要学会删繁就简，让学生自由地呼吸，让他们在这种自由的空间里自主思考、探索和创造。

我重新审视我的课堂。回想试课，一首古诗，40分钟，我用10分钟读古诗、讲解生字词，用10分钟解读文本、感知诗意，又用10分钟让学生体会自然的美景，感知诗人对春天的赞美，最后余下10分钟用于发散、拓展，让学生举一反三。语文的听说读写、古诗的基础与研读一应俱全，可谓是满满当当的一堂课，容不得一点出错的时间。表面上看起来，学生收获满满，但是在有些问题上，学生并没有深入思考，重点字词的书写掌握不扎实，分析不深入。而出现这种情况的根源就在于，我想讲的内容太多，未考虑学生的接受程度、思考能力，没有删繁就简，没有以留白的方式给学生留下充裕的时间对文本深入挖掘、对问题深入研讨。

对于《咏柳》这首诗，学生熟练到会背，惯有的认知让他们产生错觉——会背等同于学会。面对熟悉的东西，相似的教学流程，学生没有兴趣，也无法投入多余的激情，所以，课堂中他们久久进入不了状态，我也不能达到想要的预期效果。

有了前面试课失败的经历，我做的第一件事就是简化课件。其实很多时候，精致的课件反而让人囿于固有的流程，课堂少了灵动的变化，当有所舍弃的时候，课堂就会更加纯粹，孩子们听课的注意力也会更加集中。于是，再次上课时，我把屏幕停在古诗这一页，锁定页面，边讲边批注。

上课伊始，我请学生读古诗，第一个学生站起来就开始昂首看天，背起来了。

"碧绿妆成一树高……"

"错了，错了，是碧玉。"

其他学生听得认真，一下子将自认为背得好极了的学生的错误指出来了。见此情景，我赶紧向他们强调："读书读书，读比背要难哦！背只靠记忆，但是读需要我们的眼睛、嘴巴和大脑一起协作，很不容易，所以我们要更重视读的方法。"此刻，我只想教他们"读好古诗"，目标纯粹、简单。在我的引导下，学生似乎对"读"又有了新的感悟，昂首看天、闭眼背诵者明显减少。接下来指名第二个、第三个学生起来读，他们一个比一个读得仔细，一个比一个读得好。名篇就有这样的魅力，强调了读，孩子们就能读得有模有样。瞬间，课堂氛围发生了微妙的变化，孩子们更加乐读、善读，古诗也被他们读得更有味道。

"一课一得，得得相连。"目标不应太多，补充不应太多，老师说得不应太多，删去非重点的要素，删去与教学目标关联不紧密的内容，以简驭繁，在课堂上反复、递进式训练一两个核心知识，才能让学生真正掌握知识。胡子眉毛一把抓，就很可能会捡了芝麻丢了西瓜，看似面面俱到，而学生却学得一地鸡毛，看似什么都教给了学生，而学生则是什么都没有学会。

思考过后，我最终抓住一个核心主题"理解诗歌内容，体会诗人对春天的赞美"，又围绕诗歌中描写的景物、表达手法两个部分展开课堂活动，课堂线索清晰，目标程度高。

我从学生的角度出发，以更开放的心态提出一些有意思的问题。在一个个启发式问题的引导下，学生的思维在课堂上自由驰骋。如：

诗里明明一个"柳"字都没有，题目为什么叫"咏柳"呢？作者贺知章到底把柳藏在哪里了？

"碧玉妆成一树高，万条垂下绿丝绦。"诗人为什么把柳条说成丝绦，而不是绳子呢？

有人说诗人笔下的柳是一位美丽的女子，但有人却认为柳更像一个小姑娘，你赞同哪种说法呢？

一问激起千层浪，孩子们拿笔圈、小声读、托腮思考，千姿百态。教室里读诗的声音渐渐弱下去，渐渐没有声音，渐渐有了低低的讨论声，又渐渐热闹起来。孩子们的答案千奇百怪，我深深地被孩子们丰富的想象力和敏锐的感受力震惊到了！都说孩子是天生的诗人，对美有着自己独特的感受。的确如此！

学情是无法准确预料的，有孩子在的地方，光与美同在……孩子的心思似乎总比大人细腻，他们对世界的感悟更加敏锐，在多重体验中，他们有着自己的理解与感受。弹性的预设、删繁就简的教学内容、适当的课堂留白，让学生在自由争辩中达成共识，这种古诗教学方式彰显了自由、灵活的特性，孩子们也能从中真正获益。

课堂是学生生命成长的场所，理应顺应学生的生长规律。作为教育工作者，我们不应只顾着给学生传授"一桶水"，更应让课堂充满思维的激荡与生命的张扬，还生命以自然生长。上完这节课，我无比轻松，是完成了公开课任务的轻松，也是对自己、对学生有了更深层次认知的轻松。

删繁就简，通过课堂留白，学生能够在自主探索中发现学习的乐趣，从而实现真正的学习。正如朱光潜在阿尔卑斯山山路上发现的那句标语："慢慢走，欣赏啊！"课堂的学习不要只图快、只图多，要"慢慢走，欣赏啊"！

🌀 教学案例

咏柳

教学目标

1. 会认"咏、妆、丝、绦、裁、剪"6个生字，会写"碧、妆、绿、丝、剪"5个生字。

2. 正确、流利、有感情地朗读古诗《咏柳》，背诵古诗《咏柳》。

3. 理解诗歌内容，体会诗歌意境，用自己的话说出诗句描述的春天美景。

4. 领略春天自然景物的美，体会诗人对春天的赞美之情。

教学重难点

重点：学会生字，朗读并背诵古诗。

难点：理解诗歌内容，体会诗人对春天的赞美之情。

教学过程

一、借助图片，激趣导入

1. 复习旧知，导入新课。

（1）出示《咏鹅》相关图片，提问：看到眼前的这幅图，你想到了哪首诗？

预设1：鹅，鹅，鹅，曲项向天歌。白毛浮绿水，红掌拨清波。

预设2：这是《咏鹅》，是唐代诗人骆宾王的作品。

（2）板书课题，追问"咏"是什么意思？谁来说说"咏柳"的意思？

预设：歌颂，赞美柳树。

2. 借助图片，感知特点。

（1）说说你眼中的柳树是什么样子的？

预设1：柳树的枝条是垂下来的。

预设2：柳树的枝条像春姑娘的头发。

（2）配乐播放柳树图片，感受柳树之美。

二、初读古诗，感受诗韵

1. 借助注释，理解字义。

绦：就是用丝编成的带子。

2. 趣解生字，指导书写。

"妆"的右边是"女"字。右边的"女"字先写撇点，再写撇，两个笔画的大小要匀称，最后再写长长的一横。

上面是"王"和"白"，下面是"石"，组合起来就是"碧"。"碧"字，左上的"王"的最后一笔一定要写成提，下面"石"字的"口"要宽一点儿，这样写，整个字才稳当。

3. 对比朗读，感悟诗韵。

三、品读赏析，体悟诗情

1. 换词比较，感受"碧"字的精准。

（1）观察一下这棵柳树，关注它的颜色、样子，看看它有哪些特点。

预设1：柳树是绿色的，充满生机。

预设2：柳枝很柔软，垂了下来。

（2）无论是古人写诗，还是我们写文章，都要抓住事物的特点来写，贺知章在写柳树时也不例外。再读古诗，哪几行诗写出了柳树的特点。

预设1：碧玉妆成一树高，万条垂下绿丝绦。

预设2："碧"写出了颜色是绿的。

2. 借助图画，理解"万"字的含义。

（1）出示图画，画中的柳树只有八条枝条。

预设1：这样画不对，"万条垂下绿丝绦"说明有很多条柳枝，而画上只有八条枝条。

预设2：数量不重要，应该把枝条画得多一些，密集一些。

（2）补充表示数量多的词语、诗句。

万水千山　万家灯火　千军万马

千言万语　百里挑一　百花争艳

千山鸟飞绝，万径人踪灭。——［唐］柳宗元

千门万户曈曈日，总把新桃换旧符。——［宋］王安石

等闲识得东风面，万紫千红总是春。——［宋］朱熹

3. 品析比较，体会比喻的妥帖。

（1）再读诗的后两行，这两行诗中哪两个字表达的意思是相同的?

预设："裁"和"剪"。

总结："剪"是一个形声字，下面的"刀"是形旁，表示意义类属。

（2）为什么不能说"二月春风似菜刀"或者"二月春风似大刀"呢?

预设1：因为春天有很多燕子，燕子的尾巴像剪刀，所以作者写"二月春风似剪刀"。

预设2：因为诗句中说的是"细叶"，只有剪刀才能剪出细叶，所以说"似剪刀"。

预设3：如果是菜刀或者大刀，估计柳树枝就直接被砍断了，那柳树姑娘就没有长发，直接变成光头了，只有用剪刀裁剪出来的细叶才刚刚好。

四、拓展诗句，布置作业

1. 补充学习宋代诗人王安石的咏物诗《梅花》："墙角数枝梅，凌寒独自开。遥知不是雪，为有暗香来。"

2. 课后找一找其他咏物诗，并读一读。

板书设计

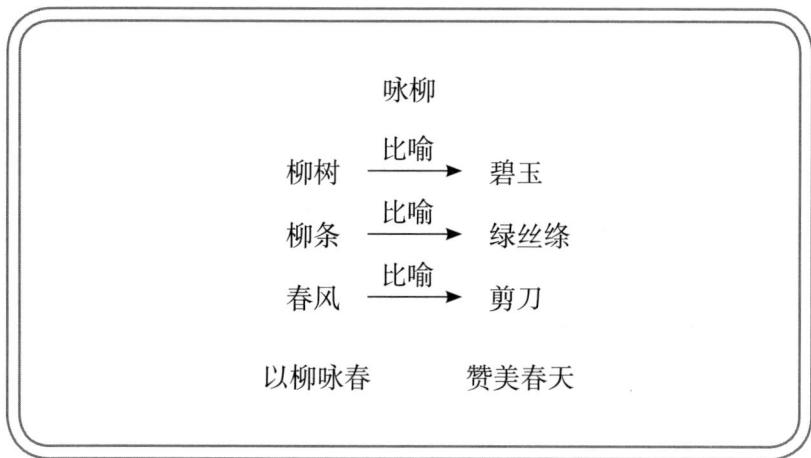

第二学段（3—4年级）

从寻觅到共鸣的旅程

——《灰雀》教学故事

欧阳瑾霓

教师简介

欧阳瑾霓,长沙市长郡天心实验学校语文教师。坚持"每个孩子都是一粒种子,只是花期不同,浇花浇根,育人育心,耐心、爱和尊重,永远是最好的滋养"的教育理念。

在教育的浩瀚星空中,每一篇课文都是一颗独特的星辰,而《灰雀》这篇课文,则是我教学旅程中一颗璀璨而引人深思的星。它不仅仅讲述了一个关于灰雀与孩子、信任与诚实的简单故事,更是一次心灵深处的教学探索与自我成长的历程。

那是一个阳光明媚的午后,我接到了即将进行公开课展示的通知。心中既有对未知挑战的忐忑,也有对新知的渴望。我迅速浏览了活动的主题和要求,关键词"情境教学""深度阅读""价值观引导"跃然纸上,这些要素如同灯塔,照亮了我准备这节课的方向。选课环节,我面临着诸多选择。新课即将结束,剩下的篇目中,《灰雀》以其独特的叙事风格和深刻的寓意吸引了我的注意。这是一篇关于列宁、小男孩和灰雀之间温情而又富含哲理的故事,我坚信它能触动学生的心灵,引导他们思考诚实与信任的价值。于是,在与磨课团队的讨论中,我满怀信心地选定了《灰雀》作为我的公开课课题。然而,这份选择很快便让我体会到了理想与现实之间的差距。当我开始深入研究这篇课文时,发现相关的公开课资源和教学设计并不多见,这让我有些措手不及。但我深知,挑战往往伴随着机遇,我决定迎难而上,用自己的方式去诠释这篇经典课文。

　　选定《灰雀》后，我开始了紧锣密鼓的准备工作。首先，我深入解读教材，反复阅读课文，试图从字里行间捕捉作者的情感与意图。同时，我查阅了大量背景资料，了解列宁的生平事迹和时代背景，以便更好地把握课文的历史和文化内涵。在解读文本的基础上，我开始构思教学设计。我意识到，《灰雀》不仅仅是一个简单的故事，它更是一次对学生价值观的引导和培养。因此，我决定将"诚实与信任"作为本课的情感主线，通过情境教学的方式，让学生在故事中体验、在体验中成长。为了寻找讲课的灵感，我广泛搜集名师课例，观看教学视频，翻阅优秀教案。然而，正如我最初所预料的那样，《灰雀》的公开课资源相对较少，这让我感到既焦虑又兴奋。焦虑的是如何在有限的资源中创造出独特的教学设计；兴奋的是，这给了我更多自由发挥的空间，让我能够根据自己的理解和感悟去设计这节课。经过几天的反复推敲和修改，我初步确定了这节课的教学目标和教学流程。我计划通过创设生动的情境，引导学生走进课文的世界，感受人物的情感变化；通过小组合作和角色扮演等活动，让学生在参与中体验，在体验中领悟诚实与信任的重要性。

　　教案初成，我满怀期待地迎来了第一次试讲。然而，现实却给了我当头一棒。课堂上，学生的反应远不如我预期那般热烈，甚至有些环节显得冷清而尴尬。我精心设计的情境活动和角色扮演并没有达到预期的效果，学生的参与度不高，课堂氛围沉闷。更让我感到沮丧的是，我在教学过程中的表现也大打折扣。由于紧张和对教学流程的不熟悉，我频繁出现口误和思维断片的情况。教学时间把控不当，导致部分重要内容没有充分展开；教学机智缺失，面对学生的突发提问和意外情况显得手足无措。试讲结束后，我的心情跌入了谷底。我原本以为自己的设计能够吸引学生的注意力，激发他们的学习兴趣，没想到却遭遇了如此大的挫败。我开始质疑自己的教学能力，甚至产生了放弃的念头。然而，在磨课团队的鼓励和支持下，我逐渐恢复了信心。他们耐心地指出我在教学过程中的不足和需要改进的地方，并给出了宝贵的建议。我意识到，一次试讲的失败并不能代表什么，重要的是要从失败中吸取教训，不断完善自己的教学设计。

　　在磨课团队的帮助下，我开始对教学设计进行大刀阔斧的调整。我重新审视了教学目标和教学流程，发现其中存在不少问题。我意识到，仅仅依靠情境创设和角色扮演是不够的，还需要通过深入的文本解读和有效的师生互动来引导学生理解课文的主旨和内涵。于是，我对教案进行了全面的修改。我简化了部分冗杂的导入环节和过渡语言，使教学流程更加紧凑和清晰；增加了对课文关键句段的解读和分析环节，通过提问、讨论等方式引导学生深入思考；同时，我也更加注重与学生的互动和交流，通过倾听他们的想法和感受来调整自己的教学策略。在准备第二次试讲的过程中，我更加注重细节的处理和语言的锤炼。我反复练习每一句过渡语和讲解语，确保它们既准确又生动；仔细挑选了与课文相关的图片和视频资源，以便更好地创设情境和激发学生兴趣；还特别关注了学生的心理状态和情绪变化，努力营造一个温馨、和谐、积极向上的课堂氛围。第二次试讲虽然仍有不尽如人意之处，但相比第一次已经有了很大的进步。学生的参与度提高了，课堂氛围也更加活跃了。我开始感受到教学的乐趣和成就感，也更加坚定了自己继续努力的决心。

经过多次试讲和反复打磨，我的教学设计终于逐渐完善。在最后一次试讲中，我看到了学生眼中的光芒和脸上的笑容。他们不仅被课文中的故事所吸引，更被其中蕴含的诚实与信任的价值所打动。那一刻，我知道自己已经成功地将学生带入了《灰雀》的世界，与他们共同经历了一次心灵的洗礼。在这次磨课的过程中，我深刻体会到了"磨课犹如磨剑"的道理。每一次的推敲和积累都是对智慧和精华的凝聚；每一次的失败和挫折都是对自我的磨砺。我逐渐学会了如何更好地解读文本、设计教案、引导学生，我也更加明白了"让学真正发生"的重要性——只有让学生真正地参与到学习中，成为学习的主人，才能实现教育的目的和价值。

回顾这次《灰雀》的教学之旅，我收获良多。我深知自己还有很长的路要走，还有很多的知识和技能需要学习和掌握，但我相信，只要我保持对教育的热爱和执着，就一定能够在教学的道路上越走越远，越走越坚定。

最后，我要感谢在这次磨课过程中给予我帮助和支持的人。感谢我的师父和教研组长，他们的悉心指导和无私奉献让我在教学上少走了很多弯路；感谢磨课团队的伙伴们，他们的智慧和才华让我受益匪浅；感谢语文组的小伙伴们，他们的支持和配合让我能够顺利完成这次公开课的任务；还要感谢听课的每一位老师，你们的耐心聆听和宝贵建议让我更加坚定了自己的教育信念和追求。在未来的日子里，我将继续努力学习，不断探索和实践，努力成为一名更加优秀的教师，为教育事业贡献自己的力量！

教学案例

灰雀

教学目标

1. 认识"宁、胸"等 10 个生字,会写"雀、郊"等 13 个字,会写"郊外、养病"等 12 个词语。

2. 能找出体现列宁和小男孩喜爱灰雀的语句。

3. 能带着问题,边默读边揣摩人物的内心想法。能体会列宁对男孩的尊重与呵护、男孩的诚实与天真。

4. 分角色朗读课文,读出对话的语气。

教学重难点

1. 分角色朗读课文,读出对话的语气。

2. 带着问题,边默读边推敲人物的内心想法,体会列宁对男孩的尊重和呵护、男孩的诚实与天真。

3. 分角色朗读课文,通过朗读对话体会列宁、小男孩心理变化的过程。

教学过程

一、认识灰雀,激趣导入

1. 结合图片和配乐,认识灰雀。

今天老师给大家带来了一位新朋友。请你仔细观察图片,用自己的语言描述一下这位新朋友。

2. 学写生字,了解"雀"字。

这就是课文的主角。(板书课题:灰雀)

教学"雀"字的写法。"雀"这个字,上面是一个变化了的"小"字,下面是一个变形的"隹"字。(出示"雀"的象形字)你们看,甲骨文的"雀"字上面是一个小小的鸟头,下面是小鸟短短的尾巴。"雀"就是指体型比较小的鸟,如麻雀、山雀、灰雀。

3. 齐读课题。

二、默读全文，了解大意

1. 出示学习要求：默读全文，想一想课文围绕着灰雀讲了一件什么事？

2. 检查初读，认读生字。

指名学生范读。提醒学生注意："宁""仰""诚"是后鼻音。

3. 自由交流，梳理课文大意。

说说看，课文围绕着灰雀讲了一件什么事？

4. 自由质疑。

在刚刚的默读中，同学们有什么不明白的、想知道的问题呢？

生自由交流。

预设：小男孩到底对灰雀做了什么？他怎么就知道灰雀一定会飞回来？灰雀到底去了什么地方？它又是怎么飞回来的呢？列宁怎么知道小男孩是诚实的呢？

三、分角色对话，感悟人物心理变化

同学们的问题都非常有价值，要想弄明白这些疑问，我们要好好去课文里侦查一番，尤其是灰雀失踪后列宁和小男孩的对话，藏着不少线索。

1. 出示学习要求：默读课文第3—10自然段，边读边想，你从列宁和小男孩的对话中读明白了什么？你又是从哪里发现的？用波浪线画出来。

2. 同桌合作分角色朗读，交流发现。

3. 指名朗读，全班交流。

从男孩的话中，可以看出灰雀是被小男孩抓走的。

（1）男孩说："没……我没看见。"

从这个"省略号"中可以看出什么？可以看出男孩很紧张，所以说话才支支吾吾，吞吞吐吐。你能把小男孩的这种紧张读出来吗？

（2）那个男孩本来想告诉列宁灰雀没有死，但又不敢讲。

从"本来想告诉""但又不敢讲"这两个地方可以推测出灰雀可能是他或者他的朋友抓的。不然男孩怎么会知道灰雀没有死呢？他"不敢讲"，也就是担心列宁知道是他抓了灰雀，责怪批评他。这种想讲又不敢讲的矛盾心情，谁来读一读？

（3）男孩看看列宁，说："会飞回来的，一定会飞回来的。它还活着。"

列宁问："会飞回来？"

"一定会飞回来！"男孩肯定地说。

小男孩说的这几句话中，连续使用了两个"一定"，后面一个"一定会飞回来"还使用了感叹号。可以发现，小男孩的语气越来越坚定。你能读出这种越来越肯定的语气变化吗?

4. 回归朗读,体会人物心理变化。

同学们非常会读书。大家不仅从这段对话中找到了灰雀失踪的真相,还敏锐地发现了列宁和小男孩心情上的变化。

让我们带着这样的理解和体会,再来读一读列宁和小男孩之间的对话。

四、探究原因

1. 灰雀最后真的飞回来了吗?

出示第11—13自然段,学生默读并思考,你从这个结尾中读明白了什么?

生交流,师总结:课文的结尾再次印证了我们的猜测,灰雀真的是小男孩捉走的。小男孩改正了自己的错误,放回了灰雀。

2. 从这个结尾中,我们也可以看出列宁和小男孩都非常喜欢这只灰雀。再次默读全文,画一画,从哪里可以看出他们喜欢灰雀,想一想,他们喜欢的方式有什么不同呢?

生交流相关语句。

(1)列宁的喜欢:

列宁每次走到白桦树下,都要停下来,仰望这三只欢快的灰雀,还经常给它们带来面包渣和谷粒。

列宁自言自语地说:"多好的灰雀呀,可惜再也不会飞回来了。"

学生朗读,师相机总结:列宁的喜欢体现在他对灰雀的照顾、担心上。

(2)小男孩的喜欢:

男孩看看列宁,说……男孩肯定地说……

学生朗读,师相机总结:小男孩喜欢灰雀所以捉走了它。在听到列宁的话后,又决心放回灰雀。这些都能看出小男孩也很喜欢灰雀。

3. 你觉得这两种爱的方式,灰雀更喜欢哪一种?你更认同哪一种?

生站在灰雀的角度交流。

师总结:真正的喜爱不是占为己有,而应该是从对方的需求出发,给对方自由和尊重。

4. 体会列宁的用心。现在,我好像明白了列宁为什么没有直接批评小男孩,责令他放了灰雀了,你们明白了吗?

生交流看法。

师总结:列宁不直接批评小男孩,而是委婉地提醒小男孩,是对小男孩的呵护与尊重。他担心直接批评会损伤小男孩的自尊心。这说明列宁是个特别有智慧、特别善良的人。

板书设计

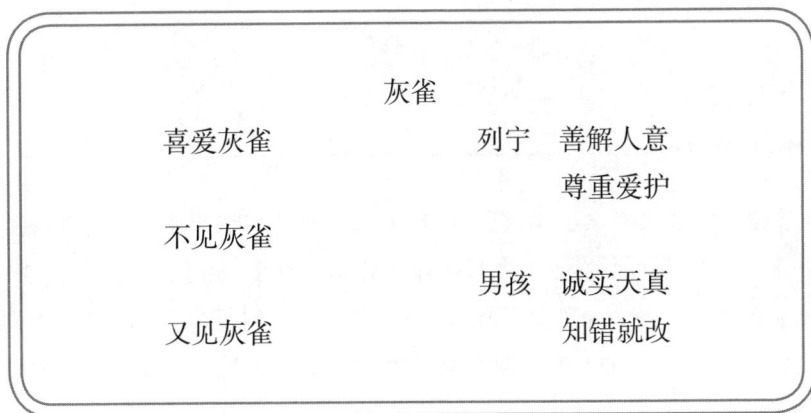

勤志有恒，向光而行

——《海底世界》教学故事

王漩

▶ **教师简介**

　　王漩，宁乡市康宁小学语文教师，小学一级教师，毕业于邢台学院音乐学专业。2023 年，在长沙市农村名师工作站活动中，所执教的《海底世界》获优秀课例。从教以来，爱岗敬业、认真备课、严格要求自己，坚信天道酬勤。在 2023 年—2024 年度期末考试中，所教班级成绩突出。多次被评为"优秀教师"。

　　有人说，教师的热情似星辰，远望像一盏灯，靠近是一团火。也有人说教师如勤劳的蜜蜂，博采百家之粉，酿成一家之蜜。我感叹于人们对教师的赞美，也感受到作为一名教师身上那沉甸甸的责任。还是音乐老师的时候，我觉得语文老师应该是拥有一口流利的普通话、一笔秀丽的粉笔字，说话总能引经据典……我很羡慕，当然，也常常在私下偷偷练习，争取身上能沾点语文老师的书卷气。终于，一次"幸运之神"降临了，我成为三年级的班主任兼语文老师。刚成为语文老师的我，用"手足无措"这个词来形容再合适不过了，"大单元教学""小学语文要素""'教—学—评'一体化课堂教学""学习单"等，让我伤透了脑筋。思索良久，我打算从听网课开始，每新学一篇课文，就会提前学习优秀的课例，把优美的过渡句、有新意的导入以及精彩的教学环节记录下来。慢慢地，我开始将这些优秀的环节加入到课堂中，也学着精炼教学语言。在飘飞的白色粉屑中，我初感教学语文的快乐。

探寻、前行

长沙农村名师工作站的每一次送教总让我收获丰硕、反思良多，看着每一堂优秀的课例，我总是一边充满赞叹，一边充满望尘莫及的无力感。可这次我要走上这原以为遥不可及的舞台了。心有所信，行能致远。接下来的日子，我每天埋头于电脑前钻研、尝试、修改……

随着基于课程标准的教育改革的不断深入，对于教、学、评一致性的相关研究日益成为热点。顾名思义，教、学、评一致性指的是在课堂教学系统中，学生学习、教师教学、学习成果评价这三要素的协调匹配。

在《海底世界》这一课中，第一课时的目标是学习本课"退、铁"等生字，会写"汪洋、后退"等词语。在这一环节，我给孩子们时间记词语，进而会默写词语。但这样的设计让我陷入了思考。第一课时进行默写，在常规课上可行，但在公开课上是否会显得单调，缺乏新颖？学生不会默写怎么办？高山仰止，方知才疏。三人同行，觉左右为师。在一次不经意中，学校的一位老教师刘乐彬老师给了我极大的启发，她说："为什么公开课一定就要和常规课有区别？为什么课堂中一定要有那么多花架子？你的教学目标达到了吗？课堂教学，学生是主体，你把学生的学落到实处了吗？"刘老师的层层追问，激起千层浪……接着，刘老师又指出了相关问题："默写结束应该及时订正，这样，学习才有时效性，默写订正为什么放在课后？孩子们还会积极订正吗？这样的默写是毫无意义的。"听了刘老师的话，我豁然开朗，课堂上的教和学围绕学习生字设计，那么学生能记住、能默写，本身就是对学习过程的一种评价，课堂中应该看到学生的学习过程，学生能够扎实展开学习过程，落实学习目标。于是，我更坚定这样的教学设计，把学生的生字、词语抓实抓牢，多写，多练，注意学习的时效性，学生默写后及时对其进行评价。

《海底世界》是一篇科普类说明文，三年级学生已经初步具备了自主阅读和提取信息的能力。但对大多数学生来说，他们对海底世界还是很陌生的，教学中如果只是让学生借助书本文字和图片，感受景色奇异、物产丰富的海底世界，还是有一定的难度的。于是，我和同事们商量着如何设计任务单，经过一次又一次的修改，一张蔚蓝色的、充满了海洋气息的任务单完成了。任务单是折叠式的，分四个板块，分别是海底世界入场券、词语听写小行家、海底世界游历卡、海底世界报告，把课文重难点呈现在任务单上，通过任务单让学生层层深入课文。在课堂上，看到孩子们看见任务单时那欣喜的表情和惊叹，我顿时感觉一切付出都是值得的。

挑战、成长

第一次磨课不太理想。第一次磨课时，我还停留于熟悉流程的阶段，时不时还会漏掉环节，找不到合适的过渡句，越上越紧张。当我一个人站在空荡荡的教室时，内心充满了失落感。第二次请来同事磨课，我表现依然不佳，上课时面部表情凝重，语言不够精练，时间把握得不够好，越磨越没底。就在我极度灰心时，同事们告诉我，欧欧老师要求非常高，评课十分详细。现实不允许我退缩了，我默默安慰自己，大不了被欧欧老师骂一顿，现在只能迎难而上。于是，我又开始一遍又一遍地试课。终于盼来了 5 月 29 日的工作站活动。当站上讲台时，我手足无措，大脑一片空白，偷偷地瞄了一眼坐在听课席的欧欧老师后，紧张得快要窒息了！没办法思考太多。"孩子们，浩瀚无边的大海……"在深呼吸后，我开始了授课，看着孩子们熟悉的脸庞和闪着光芒的小眼睛，紧张感似乎褪去了许多，我慢慢进入状态，流程好像也没有那么难背，顺着思绪鱼贯而出，欧欧老师也没有想象中那么严肃，孩子们的状态也超乎平常。那一刻，我深刻地体会到了作为教师的幸福感。

感悟、期许

课后，欧欧老师亲切地问我："你教了几年书啦？教了几年的语文？"当我回复她一年半时，她非常惊讶，我看到她的表情，以为自己要挨骂了，她竟说："那完全看不出才教了这么短的时间，真不错。"面对欧欧老师如此高的评价，我不禁湿了眼眶。在从教语文的这些日子里，多少时光都是在迷茫和自我怀疑中度过的。欧欧老师的话语仿佛是一座照亮我前行的灯塔，让我在浩瀚无边的大海中找到了方向，坚定前行。这次执教公开课对于我来说不仅仅是收获了一张荣誉证书，更重要的是收获了自信，收获了勇气，让我在从教语文之路上不再迷茫、不再彷徨。我相信天道酬勤，只要付出了，总会有收获。

欧欧老师的评课是每次活动的重头戏，她的每一次点评，我都牢记于心，在备课时，我会对照欧欧老师的评课要求一一修改。她关注细节，板书、过渡语、一撇一捺的书写都会认真考量，这让我明白了教学中的每个环节，每句话，每个字，每一笔都要深入细致地分析。她这种追求细节、严谨认真的态度是我要学习的。

教育是条很漫长的道路，作为教师的我们始终要有"吾将上下而求索"的决心和胆识。纸上得来终觉浅，绝知此事要躬行。通过这次公开课，我积累了经验，也发现了自身的不足。作为一名教师，只有勇于进取，不断创新，才能跟得上时代的步伐；作为一名教师，只有在实践中磨炼，在求索中提高，才能走得更远。

教学案例

海底世界

教学目标

1. 学习本课生字词，读准多音字"差"，结合语境理解"窃窃私语"的意思。

2. 抓住关键词句，梳理主要内容，了解课文是从哪些方面来介绍海底世界的。

3. 学会抓住重点词语、重点句理解一段话。

教学过程

一、创设情境，走近海底世界

1. 孩子们，浩瀚无边的大海是令人向往的世界，那深不可测的海底又是怎样的呢？让我们一起去探索海底世界的秘密。

2. 听到海底世界，你是否有这样的疑问？请学生齐读第一自然段。（播放视频资料）

3. 在作者石友的笔下，海底世界又是怎样的呢？

二、初读课文，读写生字新词

1. 请学生自由朗读课文，读准字音，读通句子。

2. 同学们读得可真认真，瞧，小浪花给我们带来了几组词语……

请学生自由读一次，难读的字多读几遍。

警报　肌肉　章鱼　差异

"差"是一个多音字，在这里应该读什么，它在其他地方还读什么？

发达　波涛澎湃　储量　金属　细胞　煤炭　窃窃私语

这些词语里有一个多音字，大家发现了吗？我们一起来读一读。

去掉拼音，再试着读一读。

3. 自信的你最耀眼！再读一次！

4. 接下来还有要求会写的字等着我们去挑战！（出示要求会写的词语）

指导书写两个字。

第一个字是"退"。退，"艮"瘦长，"辶"三笔写。（教师示范）

第二个字是"铁"。铁，左窄右宽，撇捺舒展。（教师示范）

看字千遍，不如握笔一遍，完成"字词书写小达人"。

听写：

器官　汪洋　煤炭　海参

攻击　推动　迅速　后退　铁矿

听写完后，同桌两人相互修改。

三、抓住语句，梳理主要内容

1. 文字有温度，需要我们去细细感受。（课件出示第四单元"交流平台"）

本册书第四单元"交流平台"的内容是借助关键语句或根据关键语句的提示进行概括。在我们今天的学习中，也可以像这样通过找准关键词句概括大意。（板书：关键词句找准确）

请孩子们默读课文，画出关键语句，试着完成任务二：课文梳理。（时间3分钟）

2. 小组合作交流，完善任务二，两分钟后进行汇报。

3. 投屏汇报，边汇报边板书。

教师小结：是的，课文就是通过这五个方面把海底世界写清楚的。今后的学习中，我们也可以用这种方法了解课文。（板书：了解课文有方法）

4.（学生完成汇报后）谢谢这位同学的分享，我们一起来读一读。（读课文填空）

四、聚焦段落，感受"窃窃私语"

1. 让我们一起探索自然的奥秘，听一听。（播放音频）

2. 海底的动物们发出了哪些声音？（出示第三自然段）

（听音频）谁帮我们读一读？

3. 在这一段中，我们读到了许多表示声音的词语，那些词语叫拟声词，你找到了吗？请同学说一说。

4. （屏幕出示三个词语）学生齐读。

5. 把这三个词语放到句子中读一读。（出示：有的像蜜蜂一样嗡嗡，有的像小鸟一样啾啾……）

6. 海底只有这些声音吗？（不是）从哪可看出？

7. 海底还会有哪些声音呢？

像小猫一样喵喵，像猫头鹰一样咕咕，像老鼠一样吱吱，像小羊一样咩咩……

8. 这些动物发出的声音响亮吗？（不响亮）

9. 你从哪知道的？（海底的动物常常在窃窃私语）

你是怎么理解"窃窃私语"的？（窃窃私语：声音应该是轻轻的）（出示解释）

将"窃窃私语"换成"海里的动物常常发出很轻的声音"。（对比出示）大家感受一下，这样换可以吗？

10. 拟人手法就是把动物当人来写，读起来更加生动活泼。（厉害）

11. 我们一起读一读这段话。（海底的动物常常在……）

用上"窃窃私语"，海底世界变得更有情趣了，我们通过这一词语看到了更有趣的画面。让我们一起潜入海底看看这奇异的景色吧！（播放视频）

12. 看完视频后，完成海底世界探寻报告。（出示报告）

有两个任务，一是我来续写"窃窃私语"场景，二是画画你心中的海底世界。请学生选择自己喜欢的任务用心完成。（有能力的学生，两个任务可都完成）

五、拓展阅读，揭秘海底世界

今天这节课，我们探索了海底世界的秘密，感受到了海底世界的神奇，还了解了课文是从不同方面介绍海底世界的。课后，我们一起阅读这本《海底两万里》，了解更多的海底奥秘。

由"变"字说开去

——《我变成了一棵树》教学故事

梅坪坪

◀◀ 教师简介

梅坪坪，长沙市长郡天心实验学校语文教师，湖南大学硕士研究生毕业，湖南书法家协会会员，曾获天心区教育系统新时代教师基本技能大赛决赛一等奖、区微课大赛一等奖、湖南省中小学教师书法作品展入选作品奖，指导学生作品《好梦失窃案》在省级刊物《十几岁》发表。

我不知道我曾在学生心里洒下过怎样的种子，但如果有，我希望它是爱、想象与希望。我不知道，教室里的课桌与粉笔、校园里的树木与白云以何模样存在于学生的记忆中，但我只愿这短暂而真挚的课堂留下的是久久不散的回甘，是沁人心脾的芳香，是遨游学海的快乐。如果我可以变成学生童年的一盏灯、一束光、一种温柔又踏实的存在，我会感到如沐春风，人间值得。

——题记

缘起：意外之喜

记得那是 2024 年的上半年，气温已经渐渐升高，人们都脱去了厚重的冬衣，穿着轻便地走在街头。本是一次学校安排的普通培训，却让我有了意外的收获。因为我遇上了我培训生涯中的"本命老师"——"长辫子老师"郭学萍。顾名思义，"长辫子老师"有一头乌黑发亮的秀发，一直垂到腰间，惹人喜爱，让人忍不住想要去摸一摸。她的培训课主题是"第一次写诗"，上课的对象是一群二年级学生。众所周知，二年级的学生活泼好动、调皮可爱，要想在这么多观摩老师面前上好这堂课可真不容易。望着那六十名"小可爱"刚到会场时略显混乱的场面，我在心里微微替郭老师捏了一把汗。可没想到郭老师却带来了一个万分精彩的课堂。她引导学生写诗，启发学生的思维，让学生乘着想象的翅膀，用想象的耳朵去听，用想象的眼睛去看，用想象的鼻子去闻，用想象的舌头去尝。随着课堂缓缓展开，我看到学生在作业单上绘出了想象力十足的图画，写出了诗一般的语言。接着，郭老师将学生的作业集合在一起，加上封面和封底，就变成了一本书。我内心直呼"神奇"！学生的积极性被极大地激发了，观摩的老师也兴致盎然。

郭老师的课堂让我知道，原来课还可以这样上，可以是天马行空的，可以是奇特无比的，还可以是别具一格的。当思维被打开，我与郭老师也就结下了不解之缘。这堂课开始，郭老师成了我的偶像。有了追随的偶像，我前进的脚步也变得更有力，更轻盈。

缘结：萤烛之光

上学校公开课的日子临近，我在教材中反复翻找，寻找适合的课文。最终，我想到了想象类的课文：《我变成了一棵树》。被光照亮过，我也希望能带给学生一些微弱的萤烛之光。在上课的前几天，我就开始搜集素材，想着如何才能把学到的本领和自己的课堂结合起来，让我的学生也能学有所获。郭老师不是编了一本书吗？那我也在课堂上让学生一起来编一本书，让我的学生也能成为小作者。于是，我设计了情境式开头：《特奇妙》杂志社要出一期主题为"想象天地"的杂志，特面向我们班同学征稿。正式上课时，有了这个吸引人的开头和任务，学生都打起了十二万分的精神，小眼睛齐刷刷地望向我。对于一名教师来说，上课时学生整齐划一追随的目光是很有能量的。尽管教室后排坐了不少听课的老师，但由于提前备好了课，做好了准备，所以我并没有乱了阵脚。

为了启发学生的好奇心和想象力，我以自己作为例子，从课文延展开来，对他们说："看到英英的变化这么奇妙，梅老师也想变。我时常看着窗外，想变成一朵飘来飘去的云。我心里想着，就觉得四肢正在退化，身体在逐渐收缩，低头一看，我的手和脚消失了。我的身体又开始逐渐膨胀，变得轻飘飘、软绵绵的。一阵风吹来，我就离开了地面，慢慢地飘上了天空。呀！我真的变成了一朵云。同学们，你们想变成什么呢？你的身体部位又会发生怎样的变化呢？"果然，一番讨论之后，学生给了我很多意想不到的答案。有的想变成一条鱼，有的想变成一朵花，有的想变成一条蛇，还有的想变成一个奥特曼……学生不仅能说出想变成什么，还能具体详细地描述自己身体的变化。课堂瞬间变成了一个调色盘，绚丽多彩，一切开始变得有趣。

光完成"奇变身"还不够，这堂课还得插上想象的翅膀。而要想象得新奇有趣，就离不开"妙"字。怎么让学生的想象妙起来呢？需要打破常规。看！乌云来了，下的不是雨，而是糖果，是果冻，是各种各样好吃的……想象一旦被激发，学生带给我的惊喜简直无法想象。学生积极举手发言，让我感受到了课堂中在教师引导下的自然生成，更感受到了这种自然生成的快乐。原来教书是一件如此享受、如此愉悦的事情。

课堂接近尾声，我留了更多的时间给学生去创造他们想象的世界。8分钟在指尖很快溜走，沙沙声中每位学生都完成了一幅画、一段想象小练笔。把这些宝贵的作业收上来之后，我学着郭老师的样子，从讲台里面拿出提前准备好的封面和封底，告诉学生它的名字，并用一个夹子将作业按顺序夹在一起，看起来像一本真的杂志。当看到自己课上的成果在眼前真的"变成"了一本杂志，学生的眼神一瞬间闪亮了。我知道，他们心里也喜欢这份创造的快乐。

为了分享课堂的成果，也为了科学地对学生的作品做出评价，我随意翻开刚编成的杂志朗读，并请大家侧耳倾听，让这些刚当完作家的学生又来当评委。如果大家觉得老师念的段落写得好，就送出自己的掌声，有掌声的给作者一颗星；如果大家的掌声特别热烈，就给作者两颗星；如果连教室后面听课的老师都鼓掌的话，就给作者三颗星。最后课堂结束于绵绵不断的掌声之中，为我的这堂公开课画上了完美的句号。

缘续：求索之梯

课后，同组的老师给了我很多的鼓励和好评，让我从这堂课中汲取了很多力量，获得了自信。这堂课虽然称不上完美，但我对这堂课的呈现是相对满意的。因为它使我知道了上出一堂好课的老师在课堂上是什么样的状态，也让我明白了自己的能力所在。评完课，欧老师的一句话又在我耳边响起："有多少课可以重来？"是啊，时间转瞬即逝，课堂匆匆转换，那些错过的还有重来的机会吗？没有了，那些常规课，上完它就过去了，就算再上一次，也没了想要的效果，弥补不了原先课堂的缺失。所以，把握住每一堂课，尽量不让课堂留遗憾，成了我心中的目标。可以说，这堂公开课成了我教学之路上的"中转站"，也是我求索之路的重要"补给点"。这堂课的重难点在于一个"变"字，而求变在语文教学中又是那么重要。郭老师、欧老师、何老师、陈老师……我曾站在无数巨人的肩上眺望远方，未来我还将向更多的名师学习，汲取养分，我将力求"变"得"面目一新"，"变"得更臻于完善。路漫漫其修远兮，吾将上下而求索。千百年前屈原在湘楚大地上求索不停，而我辈，作为和屈原成长在同一片土地上的后人，作为母语教学的实践者，也将不断攀登面前的无数座语文教学的高峰。

教学案例

我变成了一棵树

教学目标

1. 理清课文脉络，整体感知课文内容。

2. 正确、流利、有感情地朗读课文并想象画面，体会想象和描写的有趣。

3. 学会想象的五感观察法。借助课后的初试身手，大胆想象，尝试表达。

教学过程

一、课前谈话，激趣导入

1.（课件出示"变"字）同学们，看见这个字，你想到了读过的哪个故事或哪本书中的人物？如果你也有这样的本领，你希望自己变成什么？

2. 同学们的想象力可真丰富。这不，《特奇妙》杂志社就向同学们递来了橄榄枝。他们要出版一期主题为"想象天地"的杂志，特面向我们班同学进行征稿。我们一起来看看征稿启事。

3. 让我们进入投稿进修班，从童话故事——第 17 课《我变成了一棵树》中来寻找灵感吧！

二、整体感知，疏通字词

1. 请大家自由地朗读课文，注意读准字音、读通句子，难读的地方多读几遍。边读边思考，课文主要讲了一件什么事情？（学生答）

2. 字词检查。

3. 课堂活动。

活动一:"奇"变身。

想一想:"我"为什么想变成一棵树?

(因为"我"在树下玩得好好的,一点都不想吃饭)

在想象的世界里,一点儿都不想吃饭的英英想要变成什么?(一棵树)看,她变身了。"我心里想着……"我们一起读。你看,从人变成树,英英的身体发生了什么样的变化?(学生答)请你演一演,许多小树枝会从你身上哪些地方长出来、冒出来?(学生表演)谢谢,请坐。你们看,这么多小树枝都从身上冒出来了,英英的身体会有什么感觉?(痒痒的)那我们一起做一个浑身痒痒的动作。同学们,带上这种感觉,我们一起来变身。(读课文)看来,只要我们让身体发生变化,并且想象变化时的感觉,就能实现"奇"变身。

看到英英的变化这么奇妙,梅老师也想变。我也有一颗向往自由的心,我时常看着窗外,想变成一朵飘来飘去的云。我心里想着,就觉得四肢正在退化,身体在逐渐收缩,低头一看,我的手和脚消失了。我的身体又开始逐渐膨胀,变得轻飘飘、软绵绵的。一阵风吹来,我就离开了地面,慢慢地飘上了天空。呀!我真的变成了一朵云。

同学们,你们又想变成什么呢?你的身体部位又会发生怎样的变化呀?(学生答)你看,你关注到了身体的变化,就能实现变化。你们通过想象让自己完成了"奇"变身。

活动二:"特"有趣。

这些变化是如此的奇妙,下面请大家回到课文,赶紧找找课文中变身后的英英还经历了哪些有趣的事情?找完后请大家来进行分享。(学生答)

请问,现实当中我们树上是长什么?(果子)现在,在奇妙的童话世界里,在课文中,英英这棵树上长的是?(鸟窝)鸟窝在平常生活中是什么形状?(半圆形,也可以叫半球形)英英这棵树上长的鸟窝是什么形状呀?(有三角形、正方形、长方形、圆形、椭圆形、菱形)在这些形状后面,还有一个省略号。那你们再想想,还可能有什么形状呢?(爱心形、水滴形、五角星形、平行四边形等)

这么多形状的鸟窝,你会用什么词语形容英英这棵树?(各种各样、形态各异、千姿百态等)千姿百态的鸟窝里,都住了哪些小动物呀?(小白兔、小刺猬、小松鼠、小鸭子、小鳄鱼、小狐狸……)你看,天上飞的、地上爬的、水里游的,甚至后来呀,妈妈都住进来了。所以英英这棵树一直在打破常规,打破常规就会让我们的想象变得有趣,"特"有趣。

活动三："妙"想象。

现在大家打破常规，想一想，梅老师变的这朵云会是什么颜色？（学生答）我变成了一朵乌云。梅老师变的这朵云呀，飘到了长沙的上空。我越飘越低，变得越来越重。你们猜猜接下来会发生什么？

（1）看，天上下的不是雨，是什么？（学生答）

（2）听，天上下了这么多各种各样好玩的东西。你听到了什么？（学生答）

（3）我飘呀飘，到教室外面的小花园来歇一会。可是我闻到的不是花的香味，而是什么？猜一猜？（臭豆腐的味道）原来，在这个想象的世界里，植物不长花，而是长臭豆腐呀，这可真是"吃货"的天堂。

（4）那么尝一尝吧，这些臭豆腐有什么样的味道？试着打破常规。（草莓味、巧克力味、哈密瓜味……）

（5）用你想象的双手摸一摸我这朵云，你摸到了什么？大胆打破常规。（学生答）

（6）视觉、听觉、嗅觉、味觉、触觉，组合在一起，还记得叫什么观察法吗？（五感观察法）所以呀，我们发现，借助五感观察法能帮助我们打破常规去想象。如果还能加入自己的感受，想象就更加奇妙了。

三、大胆想象，完成投稿

1. 接下来就话不多说，让我们借助今天学习的想象方法，动笔写一写。让我们一起大胆想象，创造自己的想象世界吧！8分钟时间，开始。

2. 看到你们写得这么认真，《特奇妙》杂志社又发来了新邮件。请同学们把稿件交上来，我们一起来评一评，看看评价的标准。

3. 接下来梅老师读，读完请大家根据标准来鼓掌。有同学鼓掌的获得一颗星，一些同学鼓掌得二星，掌声特别热烈的得三颗星。

（投屏读稿件，根据评价打星）

四、结束语

今天我们来到想象的王国，不仅当了撰稿人，还当了评稿人。看，这是封面，这是封底，里面是大家写作的成果。我们一起用聪明才智"变"出了一本书。这节课我们就上到这里。

一路风景，一路故事

——《在牛肚子里旅行》教学故事

杨雨晴

◀◀ 教师简介

　　杨雨晴，长沙市长郡天心实验学校语文教师，毕业于湖南师范大学。徜徉在语文的世界里多年，对语言文字有着深深的热爱与执着。语文是一门充满魅力的学科，如同一把钥匙，可以打开无数知识的大门，引领学生走进丰富多彩的文学殿堂，领略博大精深的中华文化。

　　语文课堂是一趟旅行，一趟与学生探索奥秘的旅行，一趟与自我较量的旅行。站在讲台上的我，每天都能观赏到不同的风景。那一个个灵动的文字，仿佛是跳跃的音符，组合成一曲曲美妙的乐章。我怀揣着对教育的热忱和对学生的关爱，踏上这条充满挑战与惊喜的教学之路。

　　看到学校发通知要举行青年教师教学比赛时，我初生牛犊不怕虎，毫不犹豫地报名参加了。当时初登讲台的我心中既兴奋又紧张。学生那一双双充满期待的眼睛，让我深感自己肩负的责任重大。我希望自己能把语文的魅力充分展现给学生。然而，理想很丰满，现实却很骨感。第一次试课并不顺利，学生对语文的兴趣似乎不高，课堂气氛也比较沉闷。这让我感到有些沮丧，但我并没有放弃。我开始反思自己的教学方法。比如，在学习古诗词时，组织一场诗词大会，让学生以小组为单位进行比赛，学生的积极性会不会一下子被调动起来呢？在学习小说时，让学生分角色朗读，更好地体会人物的性格和情感，学生对语文的兴趣会不会更浓厚呢？就这样，我根据自己想法开始实操。

　　我给学生布置了一项实践作业：画旅行路线图。当我批改作业时，被一个平时不太起眼的学生的作业深深打动。他在作业中写道，自己的梦想是环游世界。他讲述了自己对大自然的热爱，在生活中遭遇困难时，观赏旅途中的美景能给他勇气和希望。这让我想到了课堂应该要交给学生，倾听学生内心深处最真实的想法。

学习古诗词时，为了让学生更好地理解诗词的意境，我带领他们来到学校的花园里，感受大自然的美丽。我们一起朗诵古诗，品味其中的韵味。学生的眼神中充满了好奇和兴奋，他们仿佛穿越时空，与古代的诗人对话。那一刻，我看到了语文的魅力，它不仅仅是书本上的知识，更是一种能够触动心灵的力量。这让我想到了课堂应该结合实际，与学生的真实情感和生活连接起来，把真实情境搬进课堂。

《在牛肚子里旅行》讲述了两只小蟋蟀青头和红头在玩捉迷藏时，红头不小心被牛吃进了肚子里。在牛肚子里，红头经历了一场惊心动魄的旅行。青头沉着冷静，一边鼓励红头不要害怕，一边运用自己所掌握的科学知识帮助红头寻找逃出来的办法。最后，红头在青头的鼓励和指导下，随着牛的反刍，从牛嘴里逃了出来。我抓住了课文当中的关键词"旅行"。何不让学生把这堂课当作一次旅行呢？于是在课堂中我让学生代入情境，化身课文中的红头、青头，围绕"我是怎样在牛肚子里旅行的"开展教学。

但是，简简单单地提问题、角色扮演还不足以引起学生的学习兴趣。那时的我急于将自己所学的知识一股脑地传授给学生，精心准备每一堂课，从字词讲解到文章分析，从写作指导到文学鉴赏，力求做到尽善尽美。然而，现实还是给了我当头一棒。课堂上，学生的反应并不如我预期的热烈，有的眼神迷茫，有的心不在焉。我开始反思自己的教学方法，意识到不能只是知识的灌输，而要让学生真真切切地感受到课堂的乐趣。一筹莫展时，我打开了手机，想向朋友圈的老师们"求救"，突然灵光一现，现在的我不就是遇险的红头吗？正是这样的契机，让我在教学中加入了"朋友圈"的情境，把课堂交给学生。

我尝试改变教学策略。讲述红头遇险时，我不再是单调地让学生将故事按照课文内容复述出来，而是结合实际问学生：当你遇险时你是什么心情？有没有类似的经验？让学生身临其境，与青头对话。我生动地描绘着青头是如何做到理智、冷静的。讲到精彩处，我看到有学生微微扬起了头，眼神中闪烁着好奇的光芒。我便顺势提问："同学们，你们觉得青头在营救红头时，心情是怎样的呢？作为青头的好朋友，你能不能发朋友圈感谢一下青头呢？"学生纷纷举手发言，有的说青头很贴心，有的说青头是个大英雄。课堂气氛一下子活跃起来。

回顾我的语文教学之路，有欢笑，有泪水，有成功，也有失败。但我始终坚信，只要用心去教，用爱去呵护，每一个学生都能在语文的世界里绽放出属于自己的光彩。而我，也在不断地学习和成长。有些学生对语文学习缺乏兴趣，觉得语文枯燥无味。为了激发他们的学习热情，我尝试了各种方法。我组织了诗歌朗诵比赛、作文展览、课本剧表演等活动，让学生感受到语文的乐趣。同时，我也注重与学生的互动，倾听他们的想法和建议，让他们在课堂上有更多的发言权。

语文教学就像一场漫长的旅程，我和我的学生一起在文字的世界里探索、成长。我相信，只要我们用心去感受语文的魅力，用爱去浇灌学生的心灵，就一定能够在这个旅程中收获更多的美好。

教学案例

在牛肚子里旅行

教学目标

1. 在品读中了解青头和红头的心情变化、红头在牛肚子里旅行的惊险，并体会青头和红头对话时的心情。

2. 默读课文，在文中找到证明青头、红头是好朋友的语句，体会青头、红头之间的真挚友情。

教学重难点

通过多种阅读方式，激发学生的阅读兴趣。

教学准备

多媒体。

教学过程

一、情境支架，开启童话之旅

1. 同学们，老师手里有一个打火机，来看（打火），你看到了什么？（指名

回答）

2. 看到火的同学请举手。这么多呀！但是在童话的世界里可不只是火。

3. 在童话的世界里，你可以看到一切想看到的事物。那是通过什么看到的呢？（想象）那今天就让我们再次走进第三单元童话王国，看花儿跳舞，听星星歌唱。

二、初读课文，补充朋友圈

1. 同学们，今天老师我是一只蟋蟀，我的名字叫？（红头）我想把这个旅行故事发成一条朋友圈，但我需要大家的帮助，请大家帮我补充朋友圈。现在请同学们默读课文，边读边思考：

（1）今天真是一场"怎么样"的旅行？

（2）我是怎样在牛肚子里旅行的？（默读要求：不出声，不指读）

2. 请大家一起来认一认：我去过牛肚子里的哪些地方？我是怎样在牛肚子里旅行的？请同学们翻开课本到第35页，默读第7—19自然段，然后拿出你们的学习任务单，在牛的肚子里画一画，我是怎样在牛肚子里旅行的，用箭头按顺序标好旅行线路图。

三、播放视频，理解反刍

1. 同学们，老师还给大家带来了一个小视频，请一边看视频一边思考：牛消化的过程叫什么？（播放反刍视频）

2. 同学们，事实上，我在牛肚子里旅行的过程就是牛消化的过程，也是反刍的过程，充满想象的童话世界是建立在科学基础之上的。感谢科学，也感谢我懂科学的好朋友青头。

四、细读课文，感悟友情

我把这条朋友圈发到了网上，收到了很多好朋友的评论，其中有一条评论特别有意思："从哪里能看得出青头和你是非常要好的朋友呢？"老师想请大家帮我回复这个问题。

1. 自由朗读课文，一边读，一边用横线画出红头说的话，用波浪线画出青头说的话。然后与同桌分角色朗读，体会青头和红头对话时的心情，读出相应的语气。

2. 现在就请男生化身为青头，女生化身为红头，我们一起来读一读，看一看。

（1）当我玩捉迷藏的时候，我对青头说："我先藏，你来找。"青头一下子就答应了，他说……（出示板书：捉迷藏、相互陪伴）（学生齐：相互陪伴）

（2）当我被卷进牛嘴时,我拼命地叫起来,请问你此时的心情是怎样的?（用着急的语气朗读）

当我被卷进牛嘴的时候,青头怎么样?（急忙问）（学生:"你在哪儿?"）

（3）青头此时在为我做什么呢?（出示板书:想方设法）很好,这就是非常要好的朋友。

（4）同学们,现在你们能不能说一说,什么样的朋友才是非常要好的朋友?

五、创编故事,补充青头朋友圈《青头营救记》

1. 我的好朋友青头看了我的朋友圈后,也想发一条朋友圈,他发了一幅图,名字叫《青头营救记》,是一张思维导图。现在请同学们也来帮他补充朋友圈。

开头:我先蹦到牛身上。学生分组接龙:再摔到地上,接着一骨碌爬起来,然后跳到牛身上,最后爬到牛鼻子,终于和红头相见了!幸好我懂得许多科学知识,了解牛的反刍,不然,我就失去我非常要好的朋友——红头了。

2. 站在不同的角度创编故事。你想站在谁的角度?

六、课堂总结,布置作业

同学们,今天我们见证了红头和青头的友谊,分别帮青头和红头补充了他们的朋友圈,也明白了什么样的朋友才是真正的朋友。最后一起来看看我们的作业超市。

"金笔童话"诞生记

——指向写作的阅读课

戴君为

◆ **教师简介**

　　戴君为，宁乡市唐市小学语文教师、语文教研组组长。曾撰写《围绕目标　激趣练精》，在湖南省小学语文学科作业设计评选活动中获得三等奖。秉持"爱就是教育，没有爱便没有教育"的教育理念。

　　窗外的知了"知知"叫个不停，我看着层层叠叠的作文本烦恼不已，知了声让我更加焦躁。

　　这学期我接手的是三年级语文，刚接手我就发现了问题，学生的写作能力十分薄弱。更头疼的是，学生不喜欢作文，称写作课为"磨石头课"。

　　为了改变这一状况，我想尽办法。比如：达到规定字数可以提前下课休息、作文字迹工整可以减少当天的作业、作文内容优秀可以免去当天的作业……可谓是绞尽脑汁。只可惜，学生并不很买账，新鲜劲一过，作文该怎么糊弄，仍旧怎么糊弄。现在摆在我面前的这些，就是学完三年级上学期第三单元"我来编童话"这一主题之后，他们交上来的"糊弄"之作。

　　眼前这些字迹马虎、内容雷同且毫无新意的"童话"，每一个字都在赤裸裸地嘲讽我，它们表明上节课的童话教学是彻底失败的。

　　到底怎样才能唤起学生的写作热情呢？

　　我看向窗外，知了仍旧在高高的大树上不倦地鸣叫，天空蔚蓝，几朵白云点缀其中——多么美好的天气！

　　我突然有了想法！对，就这么办！

我走进教室，热情招呼："同学们，请到图书柜选择一本你最爱的童话书，我们去楼下读书吧！"欢呼声顿时响彻教室，几乎掀翻了楼顶，学生个个兴高采烈，揣着自己最喜欢的童话书奔到操场，抱着书本认真地"啃"起来。我看着一张张沉浸在书海中的稚嫩脸蛋，心中十分欣慰。

半小时一晃而过，我组织学生对刚刚的阅读内容进行讨论，大家讨论得热火朝天。喻紫寒说："我喜欢《莴苣姑娘》，她利用长长的头发逃出了高塔，她很聪明，很勇敢。"陈天乐提出了疑问："我不明白，画眉嘴国王为什么非要娶那个自命不凡、不讲道理的公主？他明明帅气又聪慧，他应该娶一个知书达理的公主！"……

这节课结束了，学生却意犹未尽，纷纷询问下次什么时候还能进行这样的阅读课。我笑眯眯地看着他们，说："接下来的比这堂阅读课更有意思！因为老师想'出版'一本童话书，而你们则是我聘请的大作家！大家想不想试一试呀？""当大作家？我也可以吗？""真的吗？真的吗？老师我们会有稿费吗？""老师！老师……"学生把我围得水泄不通，一个个问题像连珠炮弹似的扑面砸来，看着学生因为兴奋而涨得通红的脸，我表面平静，实则内心比任何人都兴奋——学生的写作热情终于被点燃了！这步"棋"走对了！

接下来的一切顺理成章。学生都认真构思自己的童话，遇到不确定的地方，会很认真地跑来问我的意见，并且将意见仔仔细细地写在草稿本上。有的将大纲改了一遍又一遍，力求自己的故事有新意；有的将写好的故事读了一遍又一遍，不会写的字逐个查字典，生怕因为写错一个字而无法登上"作家榜"；有的甚至偷偷打听对手的习作，生怕撞了类型而被刷下去……总之，八仙过海——各显神通。

为了让学生有最真实的投稿体验，我设置了投稿箱，并且回信告知每一位投稿的学生，稿件被采用或需要修改。学生看着"编辑"的回信，如获至宝。稿件得到采用的学生更是神采飞扬，仿佛手中拿的是诺贝尔文学奖。而拿到修改意见的学生，立马掏出纸笔开始"刷刷刷"修改。当然，也有学生得到了无情的"退稿"两字。看着他们垂头丧气的样子，我安慰道："不要急，你们的任务可重呢！被采用的稿件需要你们投票选出前三名！"他们这才抬起耷拉着的脑袋，眼睛重新放出光芒。我继续引导："你们呀，一定要每一篇都认认真真地看，毕竟，想要评选出最精彩的童话故事就靠大家手里的选票啦！"于是，那些平时不爱看作文的学生，都仔仔细细地阅读每一篇被采用的稿件，然后每人三票，投给自己最喜欢的三个作品。评选完成后，有学生主动跟我说："老师，我终于知道为什么他们能被选上啦！我服气了！我保证，以后一定会认真写好作文，争取当上'大作家'！""好小子，有志气！老师在'编辑部'等着你的大作！""嗯！那说好了！"

我把学生的佳作以得票多少为序编成一本小册子，取名《金笔童话》。这本小册子成了班里最流行的书籍，学生有事没事总爱拿着翻一翻。从那之后，学生再也不把写作文喊成"磨石头"了。每次作文课，他们会笑意盈盈地互相提醒："大作家，赶快拿出你的'金笔'，新的挑战开始啦！"

谨以此文感谢欧欧老师。如果说我曾经唤醒了部分学生对写作的热爱，那么欧欧老师则是唤醒了我对语文的热爱，延续了我对语文教学的坚持。我与欧欧老师相遇于老粮仓镇中心小学，彼时，我正考虑是否要转去教英语。我在教学成长之路上迷失了方向，甚至犹豫是否要参加那次语文教研课，毕竟，我半只脚就要踏出语文圈了。幸好，我去了！我一直想起欧欧老师在教研中对我的肯定以及鼓励的眼神，让我重新燃起了对语文教学的兴趣与信心。连夜写出这篇文章，感谢欧欧老师满满的鼓励以及无条件的信任与支持！

教学案例

指向写作的阅读课
——"我来编童话"写作课

教学目标

1. 能借助教材提示的内容，发挥想象，编写童话故事。

2. 能尝试运用改正、增补、删除的修改符号自主修改习作，初步形成修改习作的意识。

教学重难点

掌握童话故事的基本结构及其构成要素；理解童话故事特有的想象性、夸张性、教育性特点；能够根据给定的词语创编童话，并将词语合理地融合在童话中；能够体现童话故事的特点，将故事编得具体、完整，能做到生动、有趣更好。

教学准备

移动白板、白板笔、经典童话书籍、操场、计时器。

教学过程

一、旧知引入，走进童话王国

（教室里）开场白：同学们，在童话的世界里，我们听到了卖火柴的小女孩的渴望，和红头蟋蟀一起到牛肚子里旅行，还同蚂蚁队长一起搬运了香甜的奶酪，童话故事是多么的奇妙呀！

同学们，我们不仅在课堂上学习了童话，还在课后读了很多的童话，在你们眼里童话故事有什么特点？（板书：特点）

（预设：故事趣味性强、动物植物也能说话、充满奇思妙想、情节离奇等）

是啊，同学们，童话中的一切事物都很神奇。不管是动物还是植物，甚至是纸筒或蛋糕，他们都像人一样会说话、思考、开心、难过。由此我们可以知道：童话是一种具有浓厚幻想色彩的虚构故事，（板书：幻想、虚构）幻想是童话故事最大的特点。童话故事多采用拟人、夸张、象征等修辞手法来编织奇异的情节。（板书：修辞手法——拟人、夸张、象征）

同学们，请以《那一定会很好》这篇文章为例，讨论到底有哪些元素使这篇故事变得神奇。（板书：元素）

（预设：种子拥有愿望、树木会思考、树木站久了会难受等）（教师相机板书）

是啊，正是这些元素的存在使这篇童话故事变得新奇有趣。那么，课外的童话故事是不是也因为有这样的元素存在而变得奇幻呢？让我们一起去读一读，找一找！

二、转移环境，燃起兴趣之火

同学们，今天阳光明媚。如此宜人的天气，正是阅读童话故事的好时机。请同学们带上自己最喜欢的童话书籍，我们一起去操场进行一次"草坪读书会"吧！（教师提出具体书籍要求）

（操场上）同学们，请自行阅读你最喜欢的童话故事，找一找使这篇故事变得神奇有趣的元素吧！（教师提出具体的阅读要求）（学生自行阅读，计时12分钟）

时间到了，请停止阅读。谁想分享一下你阅读的童话以及你发现的元素呢？

（预设：《青蛙王子》——王子变成青蛙、帮公主去水井捞金球、与公主结婚变回王子。《睡美人》——公主不能碰尖锐的东西、15岁的公主在塔楼碰到纺锤陷入千年沉睡、王子出现救醒公主。《拇指姑娘》——拇指姑娘从花里长出来、拇指姑娘睡在玫瑰花里、被癞蛤蟆掳走、花世界也有国王)

以上的元素确实是故事的关键呀! 我们也可以把元素再次提取简化,请大家看白板。

(白板出示:王子、公主、拇指姑娘;水井、塔楼、玫瑰花)

请看这两组词语,它们是同学们刚刚读的故事里的元素。请说一说,这些词语有什么共同特点? (点一位学生回答)

(预设:主人公、故事发生的地点)

没错,同学们真是火眼金睛! 一下子就发现了第一组词语是故事的主人公,第二组词语是故事发生的地点。(板书:主角、地点)那么,我们可以由此得到什么启示呢?

(预设:确定故事的主人公和地点可以编出童话)

原来呀,神奇的童话故事就是由这些元素编织而成。那么,还有没有其他的元素呢? 请与小组成员进行讨论。(教师相机指导)

(学生自行讨论,计时 3 分钟)

谁来说说你发现了什么新的元素?

(预设:很多年以前、黄昏、一天晚上、夏天)

没错,即便是奇之又奇的童话故事也存在时间的概念。(板书:时间)其实,除了主角、地点与时间,还有一些元素也是故事中不可或缺的。我们以大家熟知的《丑小鸭》为例做了一次梳理,请看白板。

白板出示:(1)丑小鸭出生了,因为丑而被所有人嫌弃。

(2)被欺负的丑小鸭只能离家出走,一路上它遇到了很多危险。

(3)冬天过去了,春天来了,丑小鸭变成了白天鹅。

有同学知道白板上出示的三个部分分别是故事的什么吗?

(预设:起因、经过、结果)(教师相机板书)

同学们,一篇精彩的故事少不了需要交代故事的起因、经过与结果。现在请再看看你刚刚阅读的故事,找一找它的起因、经过、结果。

三、自由讨论,激起灵感之源

经过刚才的阅读与讨论,我们已经明确了组成童话故事的必要元素。接下来,让我们化身为“大作家”,一起来创编童话故事,感受创作带给我们的快乐。

(白板出示:国王、啄木鸟、玫瑰花;黄昏、冬天、星期天;厨房、森林、超市、

小河边）

请一位同学上来写一写这些元素的类型。

（预设：主角、地点、时间）

你们真是一点就通！请看老师发下来的习作要求。首先请仔细读一读习作要求与提示，然后自行填写右边的空白。（计时 8 分钟）

习作要求与提示	
（1）你选的是什么角色？（可以从上面任选一个或几个。如果有需要，也可以添加你喜欢的其他角色，如"小金鱼""太阳"等）	
（2）事情发生在什么时间？是在哪里发生的？	
（3）故事里，大家在做什么？它们之间发生了什么故事？	
（4）你打算通过这个故事表达怎样的思想感情，或者说明一个什么道理？（可以有，也可以没有）	
（5）故事的起因是什么？	
（6）故事的经过有哪些？（可以写写具体分几个部分）	
（7）故事的结局是什么？	

请小组内讨论，对你的组员完成的内容提出意见或帮助。（计时 8 分钟，教师相机指导）

经过刚刚的"草坪读书会"，我想各位"大作家"已经确定了自己的写作思路，那么回到教室后请你们尽情书写你脑海中的奇妙故事。我们比一比，看谁写得精彩、写得有趣！

四、落实表达，绽放文字之花

布置作业：

"金笔童话"大赛征稿启事

（一）大赛宗旨

为了激发同学们的想象力和创造力，培养文学素养，特举办"金笔童话"大赛。希望这次大赛能为你们提供一个展示自己才华的平台，让你们在童话的世界里自由翱翔。

（二）参赛对象

1902 班的同学。

（三）参赛内容

童话创作：从三年级上学期第三单元"我来编童话"中出示的元素里选择并创作，题目自拟，字数不限。

（四）参赛要求

参赛作品需为原创，未经发表。抄袭、剽窃者一经发现，立即取消参赛资格。

作品内容积极向上，寓意深远，如具有教育意义更好。

参赛者须在作品末尾注明姓名、年龄、班级。

（五）投稿方式

参赛者将作品用信封装好，投至班级前门的投稿箱，信封请注明"金笔童话大赛＋姓名"。

（六）评选标准

创意性：作品具有独特的想象力和创新性。

文学性：作品语言优美，情节丰富，结构严谨。

（七）奖项设置

金奖 1 名，奖励"金笔"一支；

银奖 2 名，奖励积分 100 分；

铜奖 3 名，奖励积分 50 分；

优秀奖若干，奖励积分 20 分。

（八）截稿时间

即日起至 2022 年 10 月 20 日。

（九）活动说明

十分期待你们在"金笔童话"大赛中的精彩表现！愿大家在童话的世界里收获成长与快乐！

以爱为名，双向奔赴

——《芙蓉楼送辛渐》教学故事

肖雅菲

◆ **教师简介**

肖雅菲，长沙市长郡天心实验学校语文教师、二年级年级组长，小学语文一级教师。曾获全国青少年儿童作文大赛"特等指导老师"、天心区"优秀教育工作者"、雨花区"优秀班主任"等荣誉称号。热爱教育教学，热爱学生，秉承"一切为了学生，为了学生的一切"这一教育理念。

2023 年，我参加了创新杯校赛，有幸入选片赛，进入了一个新的阶段。一路走来，在欧校长的指导下，在语文组老师的陪伴下，我成长迅速，经历了一场场和学生双向奔赴的教学旅程，收获颇丰。

从"心"出发才是真

送别是世人心中一个永恒的话题。年后和朋友小聚，恰好聊到了这一话题，心中不免感触。"孤帆远影碧空尽，唯见长江天际流"，李白在黄鹤楼送孟浩然时依依不舍的样子如在目前，让人动容；"桃花潭水深千尺，不及汪伦送我情"，桃花潭水再深，也比不过汪伦和李白的深厚情谊；"春草明年绿，王孙归不归"，道不尽王维的离愁别绪……这些送别诗曾让多少人为之感动，但是让我最有感触的却是这两句——"洛阳亲友如相问，一片冰心在玉壶。"

回顾自己成长的经历，作为一个沉默寡言的人，很多时候被误解都不会去做过多解释，只求心安。但是，总有一些朋友无论在什么情况下都会选择无条件相信我、支持我。为什么？我想，是因为他们了解我的为人，知道我的原则与底线，所以，哪怕别人质疑甚至是诽谤，都不能动摇这些朋友对我的信任。成年后，更是经历了无数次送别，生活中也曾被人误解，委屈、忧伤，难以平复。每当这时，我的耳边便会响起这句话——"洛阳亲友如相问，一片冰心在玉壶"，让我深感慰藉。是啊，无论外界出现怎么的声音，无论遭受怎样的困难，只要我心纯洁，问心无愧，便是晴天。

准备创新杯青年教师片段课片赛时，在欧校长的鼓励下，我决定挑战古诗教学，于是毫不犹豫确定了《芙蓉楼送辛渐》这一课。我想，对学生而言，学习这首古诗，不仅可以学到知识，而且可以进行一次心灵的洗礼。四年级学生大多10岁，有自己的独立意识，在成长过程中也会遭受不少挫折，和别人相处的时候也会遇到不被理解、独自委屈忧伤的情况。如果他们也能像我一样，从这首古诗中汲取力量，不就是一次蜕变成长吗？

砥志研思方致远

选了课题，接下来就是要确定片段课的切入点。本课重难点为后两句"洛阳亲友如相问，一片冰心在玉壶"。古诗语言凝练，内涵深远，要想教好，绝不能只读懂表面意思。我开始专攻后两句，深入挖掘"冰心"和"玉壶"的内涵，搜索诗人说这句话的背景，了解诗人的生平，拓展送别诗等，设计初稿后便开始磨课，可是试了课之后发现感觉总是不太对。我自认为已经挖掘了很多内容，学生应该能体会诗人此时的心境，可是在实际教学过程中，我看到了学生似懂非懂的眼神。他们朗读的声音虽然响亮，但情感显然不够；回答问题虽然积极，但只是顺着老师的思路配合老师，并没有真正发自内心地去表达自己的真情实感。我知道，他们并没有真正理解诗人说这两句话的深刻含义，一切都只是浮在表面。

该怎么突破呢？我绞尽脑汁，继续到处搜索资料，想着如何引发学生的共情，几经修改，依然改变不大。这时，教研主任说欧校长第二天要来帮我们磨课，我一听，心中立刻紧张起来：怎么办？这个状态，该如何交差？但是转念一想，这样岂不更好？欧校长是语文方面的专家，专业指导，美哉。第二天，欧校长如约而至。我打开课件，喊了句"上课"后，脑袋顿时一片空白。我赶紧深吸一口气，缓过神来，开始按照教学设计上课。学生比较配合，整堂课下来还比较流畅。走下讲台，欧校长笑着对我说："我们现在是学术交流，接下来我说什么你都不要生气。""怎么会？"我笑着回应。果然，欧校长一语中的："学生情感不对，你的情感感觉也不对！"我望着欧校长，等待她继续点评。"王昌龄说这两句话的时候是在送别好友而自己即将继续孤身一人的时候，而且当时他被贬谪在这偏远的地方，还被别人质疑诽谤，他说这两句话的语气虽然坚定，但不至于如此高昂。你太亢奋了，感觉像演讲，这是不对的，你要试着沉下来。"回想一下，刚才的自己确实更像一位演员，和学生配合着演了一场戏。我点点头，在心里告诉自己：要让学生走进诗人的内心，老师自己首先要真正走进去。

我提出了之前的困惑后继续注视着欧校长，倾听她接下来的指导。针对我的困惑，欧校长接着提出了三个指导意见：第一，虽然前两句不是这节课的重点，"孤"看似只写了诗人送别友人时内心的孤独，但这何尝不是诗人被贬时孤独心寒的体现呢？这是诗人当时的心境背景，应该适当加入设计中；第二，拓展的送别诗建议在讲解后两句诗时出示，进行对比，让学生在拓展积累送别诗的同时，更好地理解这两句诗，了解诗人的品格；第三，这个单元的语文要素是通过人物的语言动作等体会人物的品格，王昌龄的高尚品格不只在这一首诗中体现，究其一生，他的很多诗都彰显着个人人格魅力，应该挖掘。根据欧校长的意见，我马上修改了教学设计，并约了第二天的磨课。这一次，我也调整了自己的状态，让自己也沉浸在这首诗中，一堂课下来，学生和我都被诗人的高尚品格给感染了。课堂上，学生化身为王昌龄，想象着诗人和亲友所说的话："虽然我现在被贬，但是我的志向不会改变，我依然是忠于朝廷，立志报效祖国的。""你们不要相信别人的流言蜚语，我的内心依然是纯洁的，就像这冰心装在玉壶里一样，我绝对不会和小人同流合污。"……听到这些铿锵有力的回答，我知道，学生真正走进了诗人的内心。

细微之处见真情

创新杯片赛历时一个多月，在此期间，欧校长一直陪伴着我们。也是在这一次次的磨课中，我发现欧校长真是一个目光如炬、对教育教学精益求精的人。磨课时，小到一个动作、教师的一个用词、学生的一句回答，她都能敏锐捕捉并给出教学修改意见，而且她尤为关注学生的回答。在欧校长眼中，课堂生成很重要，学生是课堂的主体，他们学会、学懂才是最重要的。因此，她提醒我们在教学中一定要注意倾听学生的发言，关注课堂生成。学生表达不够精准时要引导其精准表达，多关注学生学到了什么，这才是真正对学生的爱。我根据欧校长的建议不断调整，教学效果果然大不相同。

片赛终于开始了。我坐在选手区候场，临近上场，紧张感袭来，我不由得搓手，脸也跟着灼烧了起来。没想到远在观众席的欧校长发现了我的异常，她突然穿过一排观众向我走来，温柔地说："雅菲，你是不是很紧张？你要有信心，你都试了那么多次，只要正常发挥，没问题的！什么都不要想，不要管结果。好好享受课堂！"接着，她拍了拍我的肩膀给我加油鼓劲。我深吸一口气，想着欧校长的话，暗示自己："没问题，我可以的！"然后，踏上讲台。我将底下的观众都抛到脑后，安心享受着课堂，将自己和诗人、学生紧密联系在一起，上课状态渐入佳境。还剩一分钟，我准备总结，欧校长也在底下给我打手势示意，我心中一阵暖意。结束后下场，欧校长眉开眼笑，赶来给了我一个大大的拥抱，她说这是我上得最好的一次，我备受鼓舞。

宣布结果时听到自己名字的那一刻，我很激动，但是同时也感到压力巨大——接下来迎接的是区赛，赛场更是高手如云，要想脱颖而出可不是易事。不过，我想，只要坚持教育教学初心——一切为了学生，砥砺前行，不断钻研，以爱为名，和学生双向奔赴，不管结果如何，都是自己教学路上的一道美丽风景。

❧ 教学案例

芙蓉楼送辛渐（片段课）

教学目标

通过品读诗人的语言——"洛阳亲友如相问，一片冰心在玉壶"，体会其高洁的品格。

教学过程

一、直接导入

1. 引读：让我们再来读一读王昌龄的这首送别诗。

2. 学生齐读。

二、体会诗人孤独凄凉的心境

1. 你读出了诗人怎样的心情？

（预设：孤独、忧伤、悲凉……）

2. 你从哪个字读出来的？

（预设：寒、孤）（引导：读出你的感受）

3. 寒的真的是雨，孤的真的是楚山吗？

（预设：不是，是诗人自己）

4. 引导齐读：原来诗人是在借景抒情。让我们一起读出诗人的心寒与孤独。

5. 诗人为何会有这样的感受呢？

（1）出示背景资料并讲读：

王昌龄为人豪爽直率，不拘小节，刚正不阿，为官清廉。40岁左右，遭小人诬陷，获罪被贬地处偏僻的岭南。三年后，朝廷大赦天下，他回到长安。不久后，被贬到江宁当县丞（这首诗就写于此时）。不明缘由的人都对他议论纷纷，关于他的谣言和诽谤不绝于耳。

（2）这种处境下，王昌龄会有怎样的感受？

（预设：忧伤、难过、悲愤、无奈……）

（3）王昌龄就是在这样的际遇下送别辛渐。

三、创设情境，体会"一片冰心在玉壶"的高洁情操

1. 送君千里，终须一别。好友分别该有多少知心话啊！自古以来，别的诗人送别时一般是这样说的：

劝君更尽一杯酒，西出阳关无故人。——王维《送元二使安西》（关心）

海内存知己，天涯若比邻。——王勃《送杜少府之任蜀州》（劝慰）

莫愁前路无知己，天下谁人不识君。——高适《别董大》（鼓励）

2. 王昌龄不去关心，不去劝慰，他却说——洛阳亲友如相问，一片冰心在玉壶。

3. 这是为什么呢？让我们再次走进他的内心。

根据背景资料想象体会：

（1）当时，王昌龄被一贬再贬，不明缘由的人可能会怎样议论他？

（2）远在洛阳的亲友是否会担忧，他们又会怎么问王昌龄呢？

（3）面对别人的质疑，想到亲友的担忧，王昌龄始终都只用一句话来回应，那就是——"一片冰心在玉壶"。

（4）引读：

① 当白发苍苍的父母问："孩子，你如今不被重用，处境艰难，你会放弃心中的志向吗？"王昌龄说："一片冰心在玉壶。"

② 当结发妻子问："昌龄，你如今屡屡被贬，你会心灰意冷从此一蹶不振吗？"王昌龄说："一片冰心在玉壶。"

③ 当昔日好友问："昌龄兄，你被如此质疑，如此诋毁，你会害怕退缩，改变初心吗？"王昌龄依然说："一片冰心在玉壶。"

4．为什么诗人要用这句话回应？"冰心"是什么？"玉壶"带给你怎样的感受？

（预设：冰心，像冰一样晶莹、纯洁的心；玉壶，洁白无瑕）

（1）拓展：冰和玉在古人眼中是高洁品格的象征。

鲍照曾说："直如朱丝绳，清如玉壶冰。"

李白也写道："白玉壶冰水，壶中见底清。"

（2）小组讨论交流：王昌龄是想借这"冰心""玉壶"告诉洛阳亲友什么呢？想一想，然后在四人小组内说一说。

（3）读到这，你读到了一个怎样的王昌龄？用一个词概况。

（预设：高尚、纯洁、高洁……）（板书：高洁）

（4）小结：原来王昌龄写玉壶冰心就是为了表明自己内心的高洁。

5. 拓展，再次感悟人物品格。

王昌龄是这样说的，也是这样做的。纵观他的一生：

27 岁，他奔赴战场，高喊着——"但使龙城飞将在，不教胡马度阴山。"（《出塞》）

43 岁，饱受非议，却初心不改——"洛阳亲友如相问，一片冰心在玉壶。"（《芙蓉楼送辛渐》）

51 岁，被贬到更为偏远的龙标，可他依然做到了洞悉民情，爱民如子，为官清廉，生活简朴，宽待百姓，因此，人民都赞颂他。（《黔（qián）阳县志》）

他表里如一，自始至终都是如此高尚！

四、总结升华

单元导语中有这样一句话，（指名读）"没有伟大的品格，就没有伟大的人"。没有王昌龄的高洁品格就没这首流传千古的诗篇。

王昌龄被一贬再贬，处于人生低谷，但他却从未放弃自我，依然对未来抱有希望。他乐观豁达的人生态度值得我们学习。同学们，希望你们以后遇到挫折时，也能用"一片冰心在玉壶"来激励自己，保持一颗积极阳光的心。

板书设计

芙蓉楼送辛渐
冰 心
高 洁

打开教学的天窗

——《天窗》教学故事

蒋宇

◀◀ 教师简介

　　蒋宇，长沙市长郡天心实验学校语文教师，中小学二级教师。曾参与中国教育学会课题"'互联网+'背景下儿童阅读'1+X'课程实践的研究"，获湖南省中小学教师在线集体备课大赛一等奖、湖南省教育学会论文评选一等奖、长沙市校本课程设计方案评选特等奖、长沙市创新作业设计一等奖、天心区"创新杯"课堂教学竞赛一等奖。坚信"教育不是灌输，而是把火点燃"。

　　"当命运为你关上一扇门时，还会为你打开一扇窗。"我不知道有没有人关了我的门，但是我知道欧欧老师为我打开了一扇窗，一扇让我初窥语文教学的"天窗"。

　　2021年4月，在欧欧老师的指导下，我执教的片段课《天窗》获得了长沙市天心区"创新杯"小学语文课堂教学竞赛一等奖。《天窗》是文学大师茅盾以自己20世纪30年代的童年生活为题材写的一篇散文，关键句是"小小的天窗是你唯一的慰藉"。文中，孩子们透过小小的天窗看到窗外一角，由此打开想象，见识了一个无限的想象世界并从中获得慰藉、收获快乐。

　　三月轻盈的脚步在柔软的雨丝中穿行。在备赛过程中，欧欧老师总是能看出我各方面的不足，并毫不留情地指出来，然后鼓励我继续埋头钻研、尝试。在她的引导下，这堂课已初具雏形。

1. 找关键句，直入主题。

借助"天窗对于文中的孩子们有着怎样的意义？"这一问题，引导学生在文中找相关语句，即"小小的天窗是你唯一的慰藉"。由此，奠定整节课的教学基调——作者想表达的就是对窗外世界的好奇、向往。

2. 对比内外，感悟心情。

紧接着，围绕关键句所出现的文段（第4—7自然段），进行深度阅读。找出孩子们被困在天窗内时的情景描写，体会人物心情，并由此展开想象——当孩子们在天窗外时，会做些什么？通过这种对比，不仅能更好地体会人物心情，还能让学生理解为何小小的天窗会成为孩子们唯一的慰藉。

3. 打开想象，仿写训练。

那小小的天窗是如何成为孩子们唯一的慰藉的？窗外到底有些什么呢？引导学生在文中找一找：透过天窗，孩子们看到了什么？结合课件，展示和课文描写相符合的窗外情景。除了看到的，课文还描述了孩子们由看到的景象想象到的画面。这时，进行一个仿写训练，让学生想想，还有可能看到什么、想到什么，结合课文中的比喻句、排比句等句式，进行仿写。

到此，欧欧老师和我一致认为这堂课的教学设计环环相扣、层层递进，学生也能学有所获，但是总觉得少了什么。直到赛前一天的下午，我们在报告厅磨课时，猛然发觉在这节课的教学中，情感高度没有升华。彼时，我们已经就这堂片段课反复打磨数十遍了。

4. 升华主旨，师生共勉。

"天窗到底意味着什么？作者为什么要围绕天窗来写这么一篇文章？这是我们需要去思考的问题。这个问题不理清楚，这堂课就没有深度、没有品质。"欧欧老师在我再一次试教完后抛出了一连串的问题。我们霎时间沉默了，能容纳五百多人的报告厅瞬间变得针落可闻……

"孩子们在天窗内受到限制，只能通过天窗来展开无限的想象。对应的，天窗就应该是自由的象征，其实作者想表达的就是，真正的快乐是拥有一颗自由的内心！"半晌，欧欧老师说出了这么一段话。话音刚落，我和欧欧老师对视一眼，都看到了对方眼里的欣喜。是的，在这一瞬间，我们找到了问题的答案，欧欧老师也真正意义上打开了我的那扇"天窗"。

语文教学是人文性与工具性的高度结合。在教会学生听说读写的同时，我们还要在潜移默化中助力学生塑造自己的三观，规范自己的言行，锤炼自己的品质。

时间来到比赛当天。主持人报完幕，我终于走上台，按照我的设想打开课件，放好提前准备好的教具。拿起话筒的那一刻，我小腿微微有些发抖，抬头看向观众席，终于看到了欧欧老师。此时的欧欧老师面带微笑，背挺得笔直，身体微微前倾，双手握在一起放在桌上，紧紧地盯着我，发现我看过去，她微微地点了点头。

"同学们，对于文中……"我深呼吸后开始了授课。正当我觉得渐入佳境时，回头贴教具的我猛然发现竟然没写课题。好在我练习得够多，准备得够充分。慌而不乱的我一边继续授课，一边看向欧欧老师，她依然面带微笑，却不禁皱起了眉头，注意到我的目光时，赶忙将紧紧皱起的眉头舒展开来，再次朝我点了点头。那一刻，我心中大定，一边授课一边想，我后面有多个环节会提到课题，可以适时补上去。于是，我抛开这件事情带来的影响，按照我的设计与想法，继续将这堂课上下去，时而转身板书，时而深情朗读，时而提出问题……但不论何时，我都能看到正襟危坐、面带微笑的欧欧老师，那一刻，我不会有任何犹豫和迟疑，发自内心地坚信——我绝对能上好这堂课！

我成长路上的那扇"天窗"由欧欧老师为我打开，让我一点一点地看见教学的光亮、思考的光亮、突破自我的光亮，带我领略教学路上的无限美好，指引我塑造更优秀的自己！

教学案例

天窗（片段课）

教学目标

1. 联系上下文，找出关键语句，并通过关键句体会作者表达的情感。

2. 通过本文的学习，体会作者如何由天窗生发出对孩子们想象力的思考与赞美，发挥想象力，进行相应的仿写训练。

教学过程

一、直入主题，明确意义

1. 同学们，对于文中活泼会想的孩子们而言，"天窗"有着怎样的意义？在文中找出相关语句。

2.（PPT 出示："小小的天窗是你唯一的慰藉。"）这句话在文中出现了两次，我们来读一读这两句话。

3. 在什么情况下，天窗成了孩子们"唯一的慰藉"？（板书：唯一的慰藉）请同学们在文中第4—7自然段找一找。

二、内外对比，感悟心情

同学们找到了夏天阵雨时和夜晚休息时两个时间点。为什么孩子们此时需要慰藉？请同学们继续读课文，找出相关语句。（PPT 出示："孩子们也就被关在地洞似的屋里了。""当你被逼着上床去'休息'的时候，也许你还忘不了月光下的草地河滩。"）

同学们找到了这两句，一起读一读。此时，天窗内的孩子们心情是怎样的？（预设：感到无趣、害怕。因为夏天阵雨时，孩子们被关在地洞似的屋里，你读懂了孩子们的处境；心里很郁闷，非常失落，因为孩子们还忘不了月光下的草地河滩，你感受到了孩子们的心情）总而言之，孩子们受到了限制。（PPT 出示：受到限制，板书：受限）

请同学们想象一下，孩子们在天窗外自由玩耍时，会做什么？（阳光明媚，春风徐徐，孩子们可能会去踏青，和小伙伴们玩各种各样的游戏，充满童趣。你想到了"儿童散学归来早，忙趁东风放纸鸢"，令人欣喜的画面）（PPT 出示：天窗外的孩子们自由自在、欣喜万分）

与天窗外自由自在、欣喜万分的孩子们相比，天窗内的孩子们迫切地需要慰藉，这份慰藉就来自于天窗。

三、打开想象，仿写训练

请同学们在课文中找一找，透过天窗，孩子们看到了什么？

夏天阵雨时，孩子们看见雨脚在那里卜落卜落跳，看见带子似的闪电一瞥。夜晚休息时，看到了一粒星、一朵云、一条黑影。（边说边播放 PPT）

还有可能看见什么？（让人迫不及待许下心愿的流星、皎洁美丽的月亮、随风起舞的树叶……）

孩子们又想到了什么呢？请同学们结合课文内容，完成表格。

你会从那小小的玻璃上看到……	你会想象到……

我们一起来看同学们的答案。对比孩子们看到的景物和想到的画面，思考孩子们从哪些角度展开了想象。（你发现雨、风、雷、电的威力变大了；你认为孩子们由一粒星想到无数的星，围绕数量展开了想象；你观察到一朵云进而想到了各种形状的云彩，对形状进行了想象；你想到了蝙蝠、夜莺、猫头鹰都会出现在夜空中，有可能成为那一道黑影，你找到了它们的共性）为什么孩子们会想到这么多奇幻的画面呢？（因为天窗给孩子们带来了一个无限的想象世界）（板书：无限）

我们一起来欣赏孩子们想象到的画面。夏天阵雨时，"你想象到这雨，这风，这雷，这电，怎样猛厉地扫荡了这世界"。夜晚休息时，夜的美丽神奇，在孩子们脑海中呈现。作者是如何表达的呢？请同学们仔细研读这段文字。（用了比喻和排比的修辞手法。PPT 出示：比喻、排比）我们再来读一读。

孩子们通过合理的想象，见识了美丽神奇的夜，作者运用比喻和排比的修辞手法，将其展示了出来，我们也来仿照课文写一写。（出示句子训练）（一起来读读学生写得精彩的句子）

四、课堂小结，升华主旨

现在，我们再来读一读这两句话，天窗给孩子们带来了什么？（带来了快乐）

是的，天窗内的孩子们自由的活动受限，那无限的是自由的什么？（自由的想象、自由的思想、自由的内心）是啊，真正的快乐是拥有一颗自由的内心！所以，作者才会在文章的最后这样写。（PPT 出示最后一段，齐读）

作者笔下的孩子们通过天窗寻找乐趣。当我们身处困境、情绪低落时，也要学会从生活中寻找乐趣、制造快乐、创造幸福。

叩响情境教学之门

——《西门豹治邺》教学故事

朱旺

◆ **教师简介** ——————————

　　朱旺，长沙市长郡天心实验学校语文教师，担任语文教师七年，曾荣获天心区"优秀班主任"、天心区2024年微课制作大赛一等奖等。坚持"教育就是用爱心滋养心灵，用耐心守护花开，用细心引领成长，用恒心点亮未来"的教育理念。

　　《义务教育语文课程标准（2022年版）》（以下简称"新课标"）对于"情境"这个词语特别钟爱，纵观整本新课标，"情境"一词的出镜有40余次，作为一线教师，在充分解读新课标之后，我萌生了探寻情境教学的想法。说巧不巧，正好遇上了湖南省集体备课大赛，我是执教人。但具体从哪篇课文入手，怎样才能将情境教学贯穿于课堂的始终呢？

　　翻开四年级的课本，我一眼就确定了《西门豹治邺》。四年级学生正是爱读故事的年纪，而民间故事如同一幅幅浓墨重彩、爱憎分明的民间生活画卷，故事性强，既能激发学生的阅读兴趣，又方便了整个大情境的设置。在了解教材的整体编排后，我们磨课团队围坐在一起，设置了这样的大情境：由教师出演皇帝，学生分组饰演百姓、官绅和钦差。整个情境模拟的是皇帝在上朝时，需要对西门豹治邺的事情进行全面的了解，引导学生复述西门豹治理邺县时发生的三个小故事。

　　上课的思路逐渐清晰，我胸有成竹，迫不及待地开展了第一次磨课。第一次穿上皇帝的服装，戴上皇帝的发饰走上讲台的情形记忆犹新。虽然内心觉得有些夸张，但我还是想为实践自己的情境教学"豁出去"一次。

　　清晨的阳光洒向沉睡中的屋顶，洒向挂着露珠的草坪，洒向美丽可爱的校园。带着新鲜感和满腔热忱，我们开启了团队的第一次磨课。这堂课我印象最深，我把大部分时间花在了生字教学上，以求真尚美为自己的课堂标杆，力求把课堂做到真实完美。虽然生字教学在情境中实践得淋漓尽致，但完全偏离了整堂课设计的教学目标。在陈秋燕老师和刘敏敏老师的帮助下，我对大方向做了调整，进行又一次磨课。这一次我结合情境设置，把主要精力放在引导学生进行简要复述上。在我的全情投入之下，学生很顺利地进入了大情境"朝堂"，也能说出一两句设定人物的台词，但距离简要复述课文的目标还很远，显然是前期梳理故事情节不到位。教师是皇帝这一角色的设定会导致学生出现情境性的脱节，情境的连贯性很容易被打破。没法实现将整堂课置于"朝堂"的情境下，距离情境教学实践的目标还很远。

　　怎么办呢？我想要的整堂课的情境设置无法实现，学生在情境中自由表达无法实现，在自由表达中实现简要复述无法实现，在简要复述中了解人物形象也无法实现！这时刘敏敏老师的一句话点醒了我："'相马须相骨，探水须探源。'你想要在这堂课实现什么？我们从那儿出发！"正所谓："水本无华，相荡乃成涟漪；石本无火，相击而发灵光。"历经了三次研讨后，我们将情境置换为："西门豹治邺的成就显示了他的智慧。他巧妙地惩治了恶人，把邺县治理得井井有条。但有一些经历了之前混乱的百姓已经逃走了，请把西门豹如何惩治恶人的故事讲给他们听，让他们回来一起建设邺城。"这样就能让教师从情境中抽身出来，有时间和余力来组织课堂。学生只需扮演好老百姓的角色，从百姓的视角去领略西门豹的风采，不容易造成角色混淆。这样的情境设置能够贯穿整堂课，真正做到不脱离课本，不出现课堂上的情境性脱节，能很好地在情境中实现简要复述的目标。

　　"山重水复疑无路，柳暗花明又一村。"磨课团队的伙伴们针对任务和情境的创设反复进行了研讨，以新课标理念为依托，再次将学习目标分解：在情境中分清主要内容和次要内容；借助支架，还原故事内容；借助情境，练习简要复述。层层递进，入情入境，有效避免了学生记不住台词的尴尬。

　　"君子务本，本立而道生。"我们充分意识到，学生只有四年级，没有办法做到脱离课本简要复述课文。于是我们为学生搭起了丰富多样的支架。学生在情境复述中掌握了课文的主要内容和次要内容，水到渠成地对文章进行简要复述。

　　"境由需生，境由用生。文本内，境由文生。文本外，境由情生。"本堂课贯穿始终的情境设置，在前期花费了大量的心血。这堂课给学生留下了深刻的印象，西门豹惩恶扬善的形象在学生心中生根发芽，真正做到了由情境到生活的完美过渡。课后，让学生作为民间故事传讲人，简要讲述西门豹的故事。反馈上来的视频中，学生仿佛是置身其中的百姓，充满了对西门豹的崇拜和感激。在达到简要复述的目标之余，还顺利地让学生对人物形象有所认知。这给整个团队带来了莫大的成就感，让我们也尝到了情境教学的甜头。

"千淘万漉虽辛苦，吹尽黄沙始到金。"后来我将这堂课做成微课投稿，荣获区级一等奖。种子钻出泥土、萌发新芽，新芽舒展枝叶，花朵结出果实……从萌芽到绽放，从绽放到怒放，我们整个团队在情境教学的实践上还有很长的路要走。"冀以尘雾之微补益山海，荧烛末光增辉日月。"希望我们整个团队能在"尝到甜头、吃尽苦头"后，坚定情境教学的信念，助力学生的全面发展。

☁ 教学案例

西门豹治邺

教学目标

1. 理清故事顺序，在情境中分清主次内容。

2. 借助支架，还原故事内容；借助情境，练习简要复述。

3. 通过品悟西门豹言行，感受西门豹智慧与才干。

教学重难点

1. 借助支架，学会简要复述课文。

2. 通过品悟西门豹的言行，感受西门豹的智慧与才干。

教学准备

PPT、分组表格、相关表演道具。

教学过程

一、明确任务，创设情境

1. 利用单元页人文主题谈话导入。

2. 简单回顾西门豹来到邺县之前的状况。（田地荒芜、人烟稀少）

3. 创设情境：西门豹治邺的成就显示了他的智慧。他巧妙地惩治了恶人，把邺县治理得井井有条。但有一些经历了之前混乱的百姓已经逃走了，请把西门豹如何惩治恶人的故事讲给他们听，让他们回来一起建设邺城。

4. 梳理故事主要情节，完成对应的课后第一题。

二、梳理情节，分清主次

1. 这篇课文你读懂了吗？检查汇报预习时完成的课后第一题。

2. 引导学生分清主次。

（1）三个情节当中，你认为哪个是最主要的？为什么呢？

（2）总结板书：哪个部分是主要情节？（相机板贴：主）其他两个部分就是次要内容（板贴：次）

三、指导复述"摸清底细"和"惩治恶人"

1. 出示学习任务一：默读课文第1—9自然段，用波浪线画出西门豹的话，用小括号括出老大爷的话。

2. 学习"提取关键词"的方法，提取关键词，概括西门豹的问话。

3. 学生圈画问答，提取段落中的关键字词。（娶、逼、逃、旱）

4. 出示第一部分思维导图，学生利用思维导图进行复述。

四、举一反三，运用简要复述

（一）由扶到放：学习第二部分并简要复述

1. 出示学习任务二：小声读课文第10—15自然段并圈出惩治的对象，用横线画出惩治的理由，用波浪线画出惩治的结果。

2. 出示表格，请学生汇报。

3. 结合表格，说说西门豹怎样惩治官绅头子以及其他官绅。

4. 创设情境，借助表格及思维导图，学生复述本部分。

（二）自主复述第三部分：兴修水利

1. 出示第16自然段，学生简要圈画兴修水利的关键词语。

2. 师生评议"兴修水利"的功绩。

（三）创设情境，完整复述整篇

1. 出示评价量表，提供整篇的思维导图来全文复述。

2. 同桌相互交流，自由复述。

3. 交流后，请学生汇报。

4. 汇报结束，请学生对照评价量表进行评价。

五、品人物言行，悟人物品质

1. 师生交流，感悟西门豹的品质。

2. 利用司马迁对西门豹的评价来小结：西门豹不愧为真正的贤大夫。

板书设计

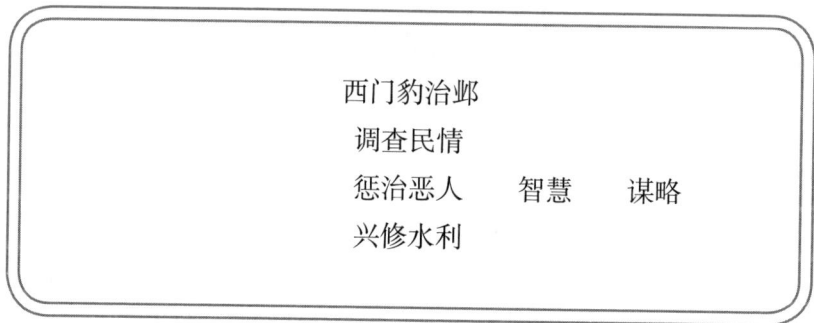

西门豹治邺
调查民情
惩治恶人　　智慧　　谋略
兴修水利

翱翔想象之穹，深耕心灵之壤

——《精卫填海》教学故事

王璞彬

◆ **教师简介**

王璞彬，长沙市长郡天心实验学校语文教师，曾获天心区"优秀中队辅导员"称号，所带中队获天心区优秀少先队中队，多次参与送教下乡活动。坚持"深耕课堂，提灯引路；潜心育人，聚梦成光"的教育理念。

在教育的星空中，每一次探索都如同璀璨星辰，既照亮了学生的求知之路，也点亮了教师自我挑战与成长的灯塔。

亚里士多德说过："教育的根是苦的，但其果实是甜的。"当我接到下乡送教《精卫填海》这一文言文篇目的任务时，心中交织着对未知的忐忑与对挑战的憧憬。正当我踟蹰不前时，师父欧校长的话语如同春风化雨，温柔而坚定："勿惧压力，视此为磨砺与展现自我的舞台。"这句话，如同一股暖流，让我坚定了信心。

为了送教下乡的公开课，我遵循师父的教诲，深入文本，细细研磨，如同探险家挖掘宝藏般，探寻《精卫填海》背后的深邃意蕴。我翻阅古籍，领略其文化底蕴；品味故事，感悟其精神内核。我深知，这简短的篇章，蕴含着中华民族宝贵的精神品质，若能进行璀璨的想象，精卫便能挣脱文字跃然纸上。然而，在试讲过程中，学生的反应却如平静的湖面，毫无波澜，让我倍感挫败。正当我心灰意冷之际，师父的另一番话点醒了我："你作为老师，是孩子们的榜样，你自己都做不到坚持不懈，怎么能激励孩子们去做到？"她的话令我深受感触，重新选定了努力的方向。

我调整了教学策略，更加注重与学生的互动与共鸣，通过引导学生思考，激发他们的求知欲与想象力。我将教学目标设定为"传承神话，启迪想象"，旨在通过这篇课文的学习，激发学生的想象力，并锻炼他们的口语表达能力。我设计了讨论式的小组合作，鼓励学生畅所欲言，积极参与，让课堂成为他们探索知识、感悟文化的乐园。经过无数次的精心筹备与细致调整，终于迎来了期盼已久的公开课。那一刻，我满怀信心，准备与学生共同开启这场知识的奇妙之旅。

晨曦徐徐拉开新一天的帷幕，我带着满心的期待走进了教室。我用"看图猜神话"的游戏引出《精卫填海》的主题，瞬间激发了学生的兴趣，兴致勃勃地猜测图片背后的神话故事。当他们得知这些故事都出自《山海经》时，脸上露出了兴奋和好奇。我顺势介绍了这部充满奇幻色彩的著作，进一步调动学生对《精卫填海》的求知欲。

在学习课文的过程中，我引导学生自由朗读，感受文言文的韵律和节奏，亲自范读并指导学生读准字音、读通文句、读准节奏。通过反复朗读，学生逐渐掌握了文言文的语感。紧接着，我又引导他们结合注释用自己的话讲述精卫填海的故事，明晰故事的起因、经过、结果，更加深刻理解课文。学生一边阅读一边思考，努力将文言文的精炼语言转化为生动的叙述。我鼓励他们发挥想象力，为故事细节添砖加瓦，使其更加生动饱满。

一开始，学生对如何让故事变饱满还有疑惑，于是我先开展"说形象"的游戏，让学生想象精卫"女娃"的形象。有的学生形容女娃圆圆的眼睛好似两颗明珠、弯弯的眉毛似细长的柳叶、红红的小嘴似樱桃；有的学生想象女娃活泼、善良，在海边玩的时候会把小海龟送回大海。在学生的想象中，精卫的形象各不相同。学生渐渐对课文学习有了兴趣，并明白了要把故事说好需要发挥想象，补充心理、动作、语言、环境、外貌等细节。顺着他们的思考我又问："精卫因何而溺？溺后如何？她在填海的过程中，又会遇到怎样的艰难险阻？"学生纷纷踊跃发言，每一个学生的答案都不尽相同，奇思妙想、天马行空，他们的想象力如同璀璨的烟花在教室上空绽放，这正是我所期待的课堂氛围。我通过视频展示西山与东海的距离，让学生真切地感受精卫填海的艰辛与不易。他们仿佛看到了精卫眼神坚定，执着地在波涛汹涌的大海上不断前行。

接下来，我引领学生想象这个古老传说的后续。有学生构想，当精卫化为尘土，她的后代子孙承其遗志，矢志不渝地接续填海伟业，这份坚持最终触动了天界众神，以无上神力让精卫鸟以女娃之姿重返人间。我向学生阐述，神话故事之所以引人入胜，往往在于巧妙地以小博大，这故事背后深藏着精卫之魂——即便面对不可能之挑战，亦要毅然决然，勇往直前。试想那浩瀚无垠的大海，与精卫鸟那看似微不足道的身躯相较，无疑是天壤之别；但正是这渺小的身躯，却欲以纤弱之翼，撼动那汹涌澎湃的巨浪。这样的构想，其情节之衔接不仅浑然天成，更蕴含着深刻寓意，值得我们细细品味，从中汲取力量与智慧。

在小组讨论环节，学生积极展开想象，共同完善故事，不仅为故事添加了丰富的环境描写，还为精卫设计了外貌细节和生动的动作，以及有趣的对话和情节。从小组代表的讲述中我感受到学生对精卫精神的深刻理解和热烈喜爱。

印象最深刻的是，有个小男孩睁着大大的眼睛，满怀期待地问我："老师，我和我的组员们想一边讲故事，一边表演，可以吗？"我欣喜极了，这是我没想到的。我将他们请上了讲台，他们有的挥动手臂，扮演在茫茫大海中飞翔的精卫鸟，有的眉飞色舞讲着生动的故事，现场气氛极佳，掌声不断。我不禁感慨，孩子果然是天生的创作家、表演家，他们比我厉害！

最后，到了提炼主旨、深化感情的环节。我问道："精卫鸟给你们留下了怎样的印象？"学生纷纷表示敬佩精卫的坚韧与执着。我进一步引导他们将精卫的精神与盘古开天辟地、夸父逐日等伟大精神相联系，体会中华民族坚韧不拔、持之以恒的民族精神。他们被这股精神力量所感染，在心中埋下了坚韧与执着的种子。文，乃载道之舟，化育人心之钥。在不经意间，中华优秀文化的涓涓细流悄然滋养着学子的心田，他们的精神世界仿佛一扇扇窗扉被轻轻推开，迎来了前所未有的光明与广阔。

公开课在学生热烈的掌声中落下帷幕，但教育的旅程仍在继续。恩师是我的灯塔，我是学生的灯塔，我们在教学的过程中触动着彼此的心灵，传递着精卫精神。这次教学经历如同一颗璀璨的明珠镶嵌在我教育生涯的星空中，永远闪耀着智慧与启迪的光芒。我将继续在教育之路上探索前行，用智慧与爱心点亮更多学生的心灵之路。

教学案例

精卫填海

教学目标

1. 能结合注释，用自己的话讲述精卫填海的故事。

2. 运用合理想象、添加细节的方法把故事说生动, 说饱满。

3. 感受精卫的坚韧与执着。

教学重难点

1. 能结合注释, 用自己的话把精卫填海的起因、经过、结果讲清楚。

2. 运用合理想象、添加细节的方法把故事说生动, 说饱满。

教学过程

一、谈话导入, 明确文体

1. 看图猜神话。

同学们, 老师这里有几幅图, 你能猜猜讲的是哪几个神话故事吗?

2. 明确出处。

大家知道吗? 其实这些故事都是出自同一本书——《山海经》。《山海经》与《易经》《黄帝内经》并称为上古三大奇书。这是一部地理知识方面的"百科全书", 也记载了许多有意思的远古神话传说, 如虎齿豹尾的西山王母、三脚的鸟、人面的兽等。今天我们要学习的课文, 就出自《山海经》。(学生齐读课题)

二、对比不同, 初读文言

《精卫填海》这篇课文在文体上有什么不同? (学生: 文言文)

学生自由读课文, 读准字音, 读通文句, 读准节奏。

回顾文言文学习方法。(结合注释、借助插图、联系上下文、扩词法)

教师范读课文, 引导学生借助停顿符号, 读准节奏。

学生自由读课文, 读准字音, 读通文句, 读准节奏。

指名读、女生读、男生读、全班齐读。

过关字词。(多音字: 少;"曰"指导书写, 请一位书写最美观同学上来写, 相机指导)

三、结合注释, 读懂故事

1. 引导学生回顾文言文翻译方法。

(结合注释、借助插图、联系上下文、猜读法)

2. 齐读注释, 用自己的话讲讲精卫填海的故事。

3. 引导学生梳理故事的起因、经过和结果。

四、加入想象，填充故事

提供把故事说精彩的方法：合理想象，添加细节。（心理、动作、语言、环境、外貌）

1. 引导学生铺垫开头：（1）拓展"女儿"一词；（2）加时间，加形容词。

师提问：女娃为什么会溺水？引导学生渲染故事发生的环境。

2. 读注释中描写精卫外貌的句子，引导学生在故事中加入主人公的外貌描写。

师提问：这只鸟为什么叫精卫鸟呢？引导学生模仿精卫鸟的叫声，个别模仿，全班模仿。

3. 再次尝试把"女娃游于东海，溺而不返，故为精卫"说生动。

学生读：常衔西山之木石，以堙于东海。

师提问：精卫填海的过程中可能会遇到哪些问题？

4. 看西山和东海距离对比图，感受距离遥远，体会精卫精神。

播放视频，帮助学生想象精卫在填海过程中可能遇到的困难。

5. 补充句式：

当<u>狂风大作</u>时，它常衔西山之木石，以堙于东海。

当_____时，它常衔西山之木石，以堙于东海。

6. 添加语言。会有谁来劝阻精卫？他们会说些什么？精卫又会怎样说？

7. 补充结局。

五、神话故事传讲人

1. 明确要求。学生读评价表的内容。（语言表达流畅，情节完整，合理想象添加细节）

2. 小组合作讨论，展开想象，把故事讲精彩，教师巡视指导。

3. 请小组上来讲，一人讲，其他人补充。教师相机指导。

六、提炼主旨，深化感情

1. 引导学生理解"常衔西山之木石，以堙于东海"。

2. 引导学生说说精卫鸟给自己留下了怎样的印象。

3. 通过盘古、夸父、雷锋等人的精神感受精卫的坚韧与执着，体会中华民族坚持不懈的精神。

4. 教师寄语：锲而舍之，朽木不折。锲而不舍，金石可镂。

板书设计

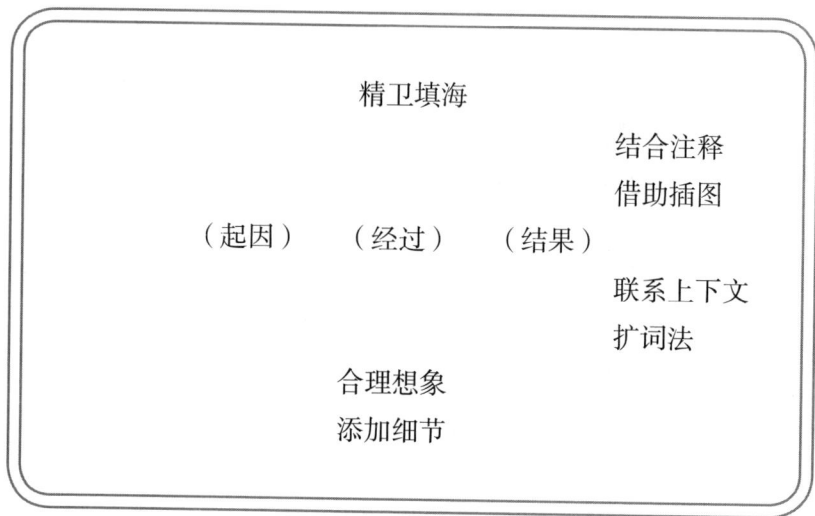

精卫填海

结合注释
借助插图

（起因）　　（经过）　　（结果）

联系上下文
扩词法

合理想象
添加细节

让课堂生出花来

——《巨人的花园》教学故事

陈楚洋

教师简介

陈楚洋，宁乡市老粮仓镇中心小学教务主任，语文教师。曾获宁乡市小学语文"教学评"课堂竞赛一等奖、湖南省集体备课大赛二等奖。项目式学习案例《探秘师古寨》入选北京师范大学出版社专著《项目式学习实践指导丛书》。坚持"用爱养育，用心教育"的教育理念。

课堂，就如同五彩缤纷的花园，孕育着知识与智慧的种子。在这片繁花似锦的土地上，教师如同园丁般精心耕耘，播种着希望的种子。学生则在这片花园里自由翱翔，汲取着阳光雨露的滋养，茁壮成长。

回顾磨课备赛的时光，恰似一段精心造园的过程：从最初的开垦荒地，播撒希望的种子，到不断试错，探寻正确的路径，再到总结经验，推翻重建。每一步都凝聚着汗水与智慧。在这个过程中，我用心呵护着每一朵课堂之花，最终欣喜地看到它们绽放出绚烂的光彩。

准点切入，明确目标

第一次试课时，我将课堂重点设置为：品花园的可爱、品花园的凄凉、品花园的奇特。一整套流程下来，课堂索然无味，学生情绪毫无波澜。

课后，欧老师的分析可谓一针见血，她指出："一堂好课并非仅仅堆砌内容，贪多嚼不烂，反而容易失去重点。应当有的放矢、精心培育，将花园的变化作为探究的核心，同时敏锐捕捉巨人与孩子们的成长轨迹。紧密围绕单元语文要素，回归教育本真,我们会发现,在纷繁复杂的变化之中,唯一恒久不变的是孩子们身上闪耀的真善美。"

欧老师的话犹如晨曦中的第一缕阳光,照亮了我迷茫的思绪。我对她敏锐的课堂洞察力和精准的指导能力由衷敬佩。她总能准确地把握课堂的核心,给出最诚挚的建议。聆听了欧老师的宝贵建议后,我如梦初醒,立刻决定对教学设计进行彻底的修改和完善。在新的教学设计中,我巧妙地将课文结尾巨人所言"我有许多美丽的花,但孩子们却是最美丽的花"作为切入点。这一引用不但为课堂奠定了温馨而富有哲理的基调,而且能引领学生深入感受花园的变迁、巨人的成长以及孩子们的纯真与美好。通过这一设计,我着重强调了一个主题:在纷繁复杂的世界中,孩子们身上所散发出的真善美之光始终不变。经过修改后的教学设计,呈现出清晰的教学流程、明确的教学目标以及深邃的内涵。这样的设计确保了课堂教学的高效性和深刻性,使学生在探索知识的同时,也能感悟到人性中最美好的品质。

设身处地,启发想象

在接下来的教学设计当中,为了更加有效地落实教学目标,我精心设计了几个问题,以期点燃学生的思想火花。在带领学生品读花园之奇时,我向学生提问:假如你是花园中的一员,你会如何向大家介绍花园?

这个问题旨在通过角色扮演的方式激发学生的想象力和创造力,并鼓励他们从不同的角度观察和描述花园。学生的回答精彩纷呈:蜜蜂说这是一个甜蜜的花园,这里有五颜六色各式各样的花朵;小鸟说这是一个热闹的花园,鱼儿、毛毛虫、蝴蝶等小动物每天都在花园里嬉戏打闹,其乐融融……

调动所学,深入探讨

在带领学生入情入境地朗读描写风霜雨雪的语句后,我问:"王尔德先生是怎样把风、霜、冰雹这些简单的自然现象写得这么奇妙呢?"

这个问题旨在引导学生深入探讨王尔德的文学创作手法,理解他如何通过独特的视角和表达方式,将普通的自然现象用富有诗意和哲理的方式描绘出来。学生能够自然而然地联想到拟人就是把事物人格化,将本来不具备人动作和感情的事物变成和人一样具有动作和感情的样子。文中的风、霜、冰雹就是因运用了拟人的修辞手法而变得生动具体。通过分析王尔德的作品,学生可以学习到如何运用修辞手法来提升自己的写作水平，同时培养欣赏文学作品的能力。

自由辩论，思维碰撞

前面已经带领学生深入感受了花园和巨人的变化，他们应当可以顺理成章地推测出发生在孩子们身上的变化。这时我突然发问："花园和巨人都发生了变化，孩子们变化了吗？什么东西一直没变？"

问题一抛出，学生便展开了激烈的辩论，有的说没变，有的却说变了。我不急于肯定或否定学生的回答，而是等他们把自己独特的见解娓娓道来。花园和巨人发生了显著的变化，孩子们的变化可能不是那么直接明显，但他们也在无形中经历了成长和转变。尽管如此，有些东西确实是始终不变的。比如，孩子们对美好事物的追求和对生活的热爱，这种纯真的心灵和对生活的态度是不受外界环境影响的，它始终保持纯净和真挚。此外，故事中关于友谊、爱和温暖的主题也是永恒不变的，在任何时代、任何环境下都具有普适性。通过分析，学生可以更深入地理解故事的主题和寓意，同时也锻炼了他们的观察力和批判性思维能力。

在这片五彩缤纷的课堂花园里，每一个生命都在努力生长，期待着绽放出最美丽的花朵。课堂上，学生时而聚精会神地聆听，时而畅所欲言地讨论，时而奋笔疾书地记录。他们的思维在这里碰撞出火花，创造力在这里得到激发。随着时间的推移，这片花园里的花朵逐渐绽放，散发出迷人的芬芳，那是自我挑战和专业提升的见证。

衷心感谢欧老师在磨课过程中给予我的悉心指导和无私帮助。欧老师专业的见解、严谨的教学态度和独到的教学方法对我产生了深远的影响。

这段经历让我倍感荣幸。因为我不仅收获了美丽的课堂之花，而且在"栽花"和"护花"的过程中积累了宝贵的经验和教训。我深刻体会到了"育花者"的艰辛与不易，同时也感受到了那份源自内心的幸福和快乐。这种成就感和满足感，将成为我未来教育生涯中最为宝贵的财富。

🌀 教学案例

巨人的花园（第一课时）

教学目标

1. 会认"允、砌"等 8 个生字，会写"牌、啸"等 11 个生字，写正确"啸"的笔顺。

2. 流利朗读课文，运用"巨人、孩子、花园"概括故事的主要内容，初步感知童话的奇妙。

3. 借助学习任务单，通过小组探讨、同桌演练、置身体验等语文实践活动，体会童话语言的优美、想象的丰富，以及巧妙运用多处对比使情节跌宕起伏、主题鲜明隽永的表达方式，感受王尔德塑造的真善美的人物形象。

教学重难点

借助学习任务单，通过小组探讨、同桌演练、置身体验等语文实践活动，体会童话语言的优美、想象的丰富，以及巧妙运用多处对比使情节跌宕起伏、主题鲜明隽永的表达方式，感受王尔德塑造的真善美的人物形象。

教学过程

一、情境导入，走进"童话花园"

童话是一把开启想象之门的钥匙，让我们在现实与幻想的国度里自由穿梭。奇妙的童话，点燃缤纷的焰火，照亮我们五彩的梦。这节课，让我们继续走进第八单元，去感受童话的奇妙，体会人物真善美的形象。请同学们拿出课前完成的预学单，我们进行学前检测。

二、读读讲讲，徜徉"故事花园"

1. 字词我会认。

允许　重惩　布告牌　砌墙　拆除

柔嫩的青草　丰硕的果子　冰雪覆盖　呼啸　凄凉

搂住巨人　亲吻脸颊　尽情玩耍

现在我们来检测，每人读一个词语，声音干脆、响亮。

你能否发现每一行词语与童话中的什么有关？

完成了认字关，请同学们根据完成情况进行自主评分。

2. 生字我会写。

请一组同学汇报，你书写了哪几个难写字。（出示预学单：会写字）

"啸"是一个会意字，左边从口，表嘴形，右边从肃，表严整不乱。

学生练习，请同桌之间交互评分。

3. 内容我了解。

花园、巨人和孩子之间究竟发生了怎样的故事？下面请你借助学习单把这个故事复述给同桌听。

巨人喜欢孩子们吗？文章有一句话直白地告诉我们巨人对孩子们的喜欢。（板贴："我有许多美丽的花……"）齐读。

三、想想说说，浸润"想象花园"

读《巨人的花园》，你会发现花园在变，巨人在变，孩子也在变。请同学们自主朗读课文，将这些变化填写在表格中。

时间	花园	巨人	小孩
巨人外出时			
巨人回家时			
拆除围墙后			

完成表格后，小组内讨论交流，在文章中找到变化的依据，写好批注。

1. 感受花园的变化。

我们先来看到花园，它发生了怎样的变化？

假想你是花园中的一景，你会怎样介绍花园？

随机采访：小鸟哇小鸟，你为什么不肯在巨人的花园里唱歌？桃树呀桃树，春天到了你怎么会忘了开花？美丽的花朵，你为什么要缩回地里继续睡觉？

原本可爱的花园变得凄凉。在对比中我们感受到了花园的变化，童话的奇妙。

风霜雨雪做了什么呢？

王尔德是怎样把这些简单的自然现象写得这么奇妙呢？

这样看来我们的童话确实经常在拟人。因为在童话中，一切皆是人，一切皆可爱，一切皆有个性。树可以跟你说话，鸟儿可以是你的朋友，花儿可以为你开放，这就是拟人的魅力，这就是奇妙的童话。

这样凄凉的花园也太可怕了，可爱的花园还会回来吗？会变成什么样子？

2. 感受巨人的变化。

其实不仅花园在不断变化，巨人也在不断变化，谁来说一说？

从花园和巨人的不断变化中，我们感受到了童话是一个五彩斑斓的世界，充满了神奇的色彩和无尽的想象。

四、拓展深思，陶醉"心灵花园"

1. 花园和巨人都发生了变化，孩子们变化了吗？什么东西一直没变？

童话最大的魅力就是奇妙的想象。本堂课，从花园和巨人的变化中我们感受到了童话的奇妙，从孩子们身上我们感受到了童话中的真善美。

下节课，我们将继续从巨人的动作、神态等方面，体会他的内心世界。

2. 请同学们给自己进行最后的打分，看看今天的学习可以获得几朵花。

3. 布置作业。

必做：课后把《巨人的花园》这个故事用自己的话复述给家人听。

选做：王尔德的童话向人们展示了一个天真坦荡的心灵世界。这些充满童趣的故事里，往往蕴含着深刻的人生哲理。课后阅读另一篇童话故事《快乐王子》，和家人交流读后感受。

板书设计

```
                巨人的花园
      花园  巨人        感受奇妙
            孩子        探究对比变化
      真  善  美        领悟拟人魅力
```

道旁苦李，洞见本真

——《王戎不取道旁李》教学故事

刘菁菁

教师简介

刘菁菁，长沙市长郡天心实验学校语文教师，小学语文一级教师。曾荣获湖南省集体备课大赛一等奖、三等奖，天心区微课大赛二等奖，天心区骨干教师，天心区优秀班主任。曾多次送教下乡，助力乡村教育。所带班级曾获天心区优秀中队，辅导教师获得天心区微队会比赛一等奖，辅导学生参与"爱阅读，善表达"活动并获得区级一等奖。坚持"教育就是一棵树摇动另一棵树，一朵云推动另一朵云，一个灵魂唤醒另一个灵魂"的教育理念。

十载杏坛春秋，我以语文为舟，航行于知识瀚海，这不仅是一场职业航行，更是心灵的交会。每翻一页书，字里行间潺潺流动着知识的溪流，更有智慧之泉，直击心灵深处。在这漫长的旅程中，《王戎不取道旁李》这一课，如同一颗璀璨的星辰，照亮了我探索教学真谛的道路，让我深刻体会到"道旁苦李，洞见本真"的意蕴。

教育之路，理念为基。备赛征途中，幸遇同行者，更蒙欧欧老师悉心点拨，犹如明灯照亮前行之路，引领我们深入新课标的海洋，开拓语文教学新视野。从迷惘初探至"语文学习任务群"的深刻领悟，我们历经心智蜕变，知识丰盈，思维碰撞，共赴高远之境。我学会了以广阔视野审视教学，融合字词积累、文学浸润与创意激发，为学生搭建起一座通往知识与想象的桥梁。

理论深植于心，课堂设计自然流畅。我们以"历史人物故事传讲人"为舞台，以学习任务群为航标，精心雕琢课堂蓝图，力求尽善尽美。历经多次试讲与精修，每一步都闪耀着团队的智慧火花。我们不断地调整教学策略，优化教学流程，力求让学生在轻松愉快的氛围中，既能掌握基础知识，又能激发创新思维。特别是在学生传讲故事、互评互议的环节，我看到了学生眼中的光芒，那是渴望知识的火花，也是对自我表达的自信。那一刻，我深刻感受到，教学不仅是传授知识的过程，更是点燃学生内心火焰的艺术。

在追求教学卓越的征途中，试讲之路无疑是布满荆棘却又充满希望的。我曾在这条路上踽踽独行，经历了无数次挑战与自我超越的循环，每一步都凝聚着汗水与泪水，也铸就了我对教育更深刻的理解与感悟。起初，面对学生生成的真实评价，我显得手足无措，甚至陷入了深深的焦虑与迷茫。每当请学生回答问题时，我的内心便如同被巨石压顶，既无法专注于学生的回答，又难以给出恰当而真实的反馈。这种无力感让我倍感挫败，课堂似乎也失去了往日的活力与真实。

然而，正是在这段艰难的日子里，欧欧老师如同一束温暖的光芒，照亮了我前行的道路。她以无私的鼓励和悉心的指导引领我走出迷雾，重新找回了教学的信心与方向。在她的带领下，我鼓起勇气，踏上了前往宁乡中心学校送教的征程。在那堂课上，我摒弃了所有的杂念与束缚，全身心地投入与学生的互动。我认真倾听每一个学生的回答，无论是对是错，都给予他们最真诚的反馈与鼓励。

在那堂充满活力与智慧的课堂上，我仿佛成了一位引路人，引领着学生穿越历史的长河，共同探索《王戎不取道旁李》的深邃意蕴。我摒弃了所有外在的干扰与内心的束缚，全身心地投入这场故事的盛宴，与学生一同沉浸在那古老而又充满智慧的故事里。

学生围坐一圈，眼中闪烁着对即将展开的故事的期待与好奇。随着我缓缓开启故事的序幕，他们仿佛被一股无形的力量牵引，穿越到了那棵果实累累的李树下。我认真倾听着每一个学生的声音，无论是稚嫩的还是略带羞涩的，都充满了对故事的理解和感悟。

一位学生站起来，开始讲述王戎如何观察路边的李树，眼中闪烁着思考的火花。他的声音时而低沉，仿佛在模仿王戎的沉思；时而高昂，表现出王戎发现真相时的自信与坚定。他的手势随着情节的推进而不断变化，仿佛真的在引导我们一同走进那个充满智慧的瞬间。其他同学聚精会神地听着，偶尔点头表示赞同，或是露出恍然大悟的表情。

随着故事的深入，更多的学生加入了讲述的行列。他们有的补充王戎观察李树的细节，有的则想象其他孩童争相摘取李子的热闹场景。每个人的讲述都充满了个人独特的色彩与情感，让整个故事变得更加生动立体。

最让我难忘的是，当一位学生用充满激情的声音说出"树在道边而多子，此必苦李"时，整个教室仿佛都为之一震。那一刻，我感受到了学生对王戎智慧与勇气的敬佩，也看到了他们眼中闪烁的探索知识的热情。我们共同欢笑，为故事的巧妙转折而惊叹；我们共同惊喜，为王戎的敏锐洞察而赞叹。

在这场故事讲述的盛宴中，学生不仅是在复述一个古老的故事，更是在用自己的方式诠释着对智慧、勇气与观察力的理解。他们的表现如此生动而富有感染力，让我深刻感受到教育的魅力与力量。我恍然大悟：作为一名教师，唯有以真诚之心面对每一位学生，倾听他们的故事，感受他们的情感，才能真正走进他们的内心世界，与他们共同构建起一座信任与理解的桥梁。

接下来的时间里，我们每天都在发挥各自的力量，研讨改进，最终在截止时间前将所有的备赛内容圆满完成，并取得了湖南省集体备课大赛一等奖的好成绩。之后，欧欧老师又带着我将这堂课推广到更多课堂。这次经历让我更加明白，教育的本质不在于灌输，而在于唤醒与激励。它要求我不断反思自己的教学行为、提升自己的专业素养，以更加饱满的热情和更加专业的技能，引领每一位学生探索知识的海洋，追寻生命的意义。

回望过去十年的教学生涯，《王戎不取道旁李》不仅是一堂课的成功案例，更是我教学生涯中一次深刻的心灵洗礼。它让我更加坚信，教育的道路上没有捷径可走，唯有不断学习、不断反思、不断创新，方能洞见教育的本真之美。在未来的日子里，我将继续秉持这份热爱与执着，用心去耕耘教育的沃土，让更多的学生在我的引导下，成长为有思想、有情感、有创造力的时代新人。

教学案例

历史故事《王戎不取道旁李》赏析会

教学目标

1. 正确、流利地朗读课文、背诵课文。

2. 结合注释理解课文内容，解释"树在道边而多子，此必苦李"的原因。

3. 联系"口语交际"，发挥想象，补充人物细节，使用恰当的语气和肢体动作讲述故事。

教学重难点

1. 说说为什么"树在道边而多子,此必苦李"。

2. 联系"口语交际",使用恰当的语气和肢体动作讲述故事。

教学过程

一、谈话导入,单元整合介绍

(一)PPT 出示单元导读页

(二)认识历史人物,走进课文

(三)出示课题,板书课题

1. 学生齐读。

2. 出示:"王戎不取道旁李。"(加上"。"读出讲述故事的感觉)

出示:"王戎不取道旁李?"(加上"?"读出疑问的语气)

出示:"王戎不取道旁李!"(加上"!"读出感叹,赞美的语气)

二、初步感知,读通文言文

1. 学生自由读课文,读准字音,读通句子。

2. 教师示范读。(配乐读)

3. 学习读好文言文的方法。(字断气连)教师示范读好字断气连。

4. 同桌互相读。

5. PPT 呈现课文及停顿线,师生合作读。

三、借助注释,读懂文言文

1. 课文写了一件什么事?

2. 回顾学习文言文的方法。

3. 了解故事,关注细节。"尝",在文中是指:曾经。同一个"尝"字,随着时代的变迁,它的常用意义悄悄发生了变化。这就叫"古今异义"词。(板书:古今异义)拓展古今异义词"走",补充"游""子""信"。

4. 了解一个故事,我们也可以从故事的起因、经过、结果来梳理。

四、对比理解,悟王戎之智

1. 了解了故事,王戎给你留下怎样的印象?

王戎看到这满树的李子,究竟在想些什么?

道路旁人来人往。树上红彤彤的果子，大家都忍不住瞧上两眼，这李子还被留在树上，那必定是苦李子了。要是这李树不长在道边，比如长在果园里，还能这样推理吗？

就是这个重要的"道边"让王戎与其他人的判断不同。这是他通过分析、思考得到的结论。所以，他会带着怎样的语气来说这句话？（课件："树在道边而多子，此必苦李。"）强调"必"字，体会王戎的坚定、自信。

你是王戎，你会怎样来回答？

理解齐读。（树在道边而多子，此必苦李）

2. 王戎与其他人不同的表现。你从文中哪句话发现的？

（板书：诸儿竞走取之，唯戎不动）（课件中课文改掉"诸""唯"二字："小儿竞走取之，戎不动"）

把"诸"和"唯"改掉，好吗？

这篇文章就是用其他人的表现来和王戎对比，衬托出王戎的聪明。（板书：对比）指导朗读，读出这种强烈的对比感来。第一句可以读得急促快速，体现他们的争先恐后；第二句读得坚定慢速，体现王戎的坚定、自信。

王戎真的没"动"吗？（稍顿）（板书：不动？）动了什么呢？（板书：观察、思考）

3. 回到课题，应该用哪种语气来读课题呢？

五、传讲故事，巩固理解

1. 链接口语交际，出示PPT。

2. 讲好故事的方法：（学生读）

（1）按照事情的发展顺序讲一讲。

（2）发挥想象，补充细节。加上语言、动作、心理描写。

（3）使用恰当的语气和肢体语言。

3. 针对上面第（2）条，出示小练习。请发挥想象，补充细节。

请学生说，教师出示。

（1）小组为单位，4人为一个小组。

（2）小组合作练习讲故事。

（3）请学生示范讲故事，小组推荐组员讲，学生小组展示。教师相机点评。

六、拓展故事，阅读推荐

1. 出示王戎观虎的故事，再次体悟王戎的善思。

2. 教师总结。

板书设计

王戒不取道旁李

诸儿竞走　唯戒不动?

观察

思考

第三学段（5—6年级）

故事树下的你和我

——创造性地复述故事《猎人海力布》

赵金琳

◆ **教师简介**

赵金琳，长沙市长郡天心实验学校教师，中小学一级教师。主持撰写的案例曾获长沙市天心区单元教学比赛一等奖。在本文的课例中以主备人和主讲人的身份与团队获得湖南省集体备课大赛二等奖。秉承"在课堂里让学生可以乐学善思，求真尚行"的教学理念。

记得小时候，夏天在姥姥家院子里那棵杏树下纳凉，我总会缠着姥姥给我讲各种故事。姥姥没上过几天学，她讲的故事大多是听别人讲的。这些故事里的主人公有的是让人为他们的爱情叹息的牛郎织女，有的是守卫一方太平的勇士，有的是有奇遇的普通人……

随着成长，我知道了原来这一类在民间口耳相传的故事就叫民间故事。正好，我执教的五年级有一个单元就是民间故事。我从小就喜欢听故事和看故事，精彩纷呈的故事给了我一个七彩的童年，我的思绪常常随着这些故事飞走。民间故事是最能体现人们朴素思想的一种文学形式。它来自民间，是老百姓的创作，更能体现不同地域的不同文化背景。

之前发布的语文新课标提倡大单元教学，因此我设计这堂课的时候就想把本单元的教学放在一个大单元学习的背景之下。本单元的语文要素是："了解课文内容，创造性地复述故事。""提取主要信息，缩写故事。"其中第一个语文要素——创造性地复述故事——是本课的重点。复述故事如果只是单纯地讲故事未免会有些单调，学生学习起来会有些枯燥。但是如果把故事放在一个情境中进行复述,就会有趣一些,学生也更容易进入情境,展开复述。

从本堂课开始我设计了一个情境:带着学生来到大树下参加故事会。在教学过程中,我归纳出要想把故事复述得更加生动的几个方法:改变人称,变换顺序,发挥想象给故事增加合理情节,语言、神态和动作相配合。学生也在课堂上一步步释放自己,运用这些方法把海力布的故事复述了出来。课堂进行到这里,学生被善良的海力布打动了。通过演绎,很多学生眼含泪水,他们不能接受如此善良的海力布就这么变成了石头。在这个时候,我引导学生拿起手中神奇的笔,续写这个故事。可以把自己独特的想法和情感用续写表达出来,给海力布一个不一样的结局。这个时候学生思如泉涌,他们不只是讲故事的人,更是创造故事的人。创设的一个个情境给学生发挥想象的空间,课堂成了一个故事会,学生畅游在七彩故事梦里。

下课铃响了,学生还沉浸在自己创编的故事里,他们互相分享着彼此的故事,我也不禁被他们打动了……也许就是这一堂课会启迪他们未来的文学梦呢。这一堂课也让我学习到了很多。之前看很多教育名家提到在课堂中要有生成,我以前不懂什么是课堂中的生成,通过这一堂课我好像明白了一点,那就是让学生在课堂中有所收获,有所感悟。现在的教育再也不是以前那种填鸭式教育,而是需要教师不断地创新探索。让知识可以自然而然地进入学生的脑海并灵活运用。就像本堂课,学生从听故事的人成为讲故事的人,最后成为创造故事的人,他们在课堂中不断地成长。

小时候杏树下的那些故事让我至今记忆深刻。如今我带着我的学生也来到了课堂的"大树"下,听着讲着这里发生的故事,我想这就是一种传承。愿通过这堂课开启学生七彩的故事梦之旅。

🎕 教学案例

猎人海力布

教学目标

1. 试着以海力布或乡亲的口吻,讲一讲海力布劝说乡亲们赶快搬家的部分。
2. 课文中有些情节写得很简略,发挥想象把这些情节说得更具体,再演一演。

3. 发挥自己的想象对故事进行续编。

教学重难点

1. 熟练掌握复述故事的方法并在此基础上运用学到的方法创造性地复述故事。

2. 充分发挥想象给故事增加一些合理的情节并能续编故事。

教学过程

一、情境式导入

同学们，你们平时都是从哪里听故事呢？（选几个学生回答）今天老师带着大家一起来到大树下，参加这里的故事会。

二、讲述《猎人海力布》

1. 学生回忆故事，练习简要复述，为之后的复述做准备。

学生观察图片，通过图片回忆故事线索。出示猎人海力布故事线索（救小白蛇—得到宝石—使用宝石的禁忌—听到消息—通知乡亲—说出真相—变成石头）。学生按照接龙的方式讲故事。

2. 学生练习改变人称和讲述的顺序进行复述。

今天老师把海力布请到了我们的课堂里，不如我们问问当事人当时是什么情况。（出示海力布是石头的图片）听听他怎么说吧。我们再来看看课文中是怎么讲的。通过对比，你发现了什么？（预设：他改变了叙述的视角，以第一人称的口吻来讲述；改变了讲故事的顺序，先讲结尾部分，再从前面讲起）（归纳并板书：转换人称，调整顺序）提问：这样有什么好处？（预设：更新颖、有趣味性，有让人读下去的意愿……）

3. 学生练习发挥想象给故事增加合理情节。

同学们，我们知道海力布变成石头是因为他听到了小鸟们的议论，但是课文中对这部分的描写比较简单。（出示文中相关内容）我们要想把故事讲得生动，可以展开想象，把当时的场景描绘出来。（课件出示小鸟议论的对话部分）如果你是海力布，这段故事的内容要怎么讲？（再次练习之前学到的复述方法，换第一人称）请大家发挥想象。其他小鸟会说些什么呢？请几个同学扮演小鸟，为故事增加合理的情节对话。

4. 通过海力布劝乡亲们部分，让学生练习语言神态和动作相配合进行复述。

（课件出示海力布听到小鸟对话的部分，分析文中如何运用神态、动作、语言的描写写出了海力布的急）

海力布此时此刻很着急，想赶快把这个消息告诉乡亲们。请同学来当着急的海力布，用语言和动作神态表现出海力布的急。他这么着急劝大家搬走，乡亲们听了吗？（没有）请同学来当不同意搬走的乡亲，演出来。时间在流逝，海力布没有劝动乡亲们，此时的海力布是什么心情。（急哭了）请同学来表现出急哭了的海力布。（相机指导"快哭了"声音是哽咽的）（通过学生的表演体现海力布越来越着急，也为他之后做出的决定作铺垫）

同学们，通过刚才大家绘声绘色的讲述，我们感受到了海力布的急和难过。海力布没能劝说乡亲们搬走，最后迫不得已只好说出了真相，变成了石头。（出示海力布变成石头，乡亲们离去的图片。学生齐读海力布变成石头的部分）

5. 引导学生发挥想象，续编故事。

老师看到很多同学都眉头紧锁，大家沉浸在海力布变成石头的悲伤中。既然我们大家对于这个故事的结局都有遗憾，那请你们拿起手中神奇的笔，来续写这个故事吧。下面请同学们拿出课堂学习单，老师在上面列了我们之前总结出来的几个锦囊，同学们在续编故事的时候可以运用。现在开始你们的创作吧！老师看到很多同学一边思索，一边奋笔疾书。老师拍了几个优秀的作品，我们一起来看一下。（课件出示学生的优秀作品，并做简要分析）善良的海力布最终过上了幸福的生活。

教师总结：民间文学就是这样来的，通过口耳相传，集体创作，表达了人们朴素美好的心愿，蕴含了丰富且奇特的想象。

6. 分小组讲故事，学生做评价。

同学们，大树下故事会现在要评选故事大王啦！这就是故事大王的评选标准。（出示故事大王评选表）现在分小组讨论各自的续写，大家群策群力，选出你们认为最精彩的续写，按照表上的要求，大家合作讲出来。开始讨论吧！（进行小组展示，展示完请学生对每组进行点评打分，最后获得星星最多的小组被评为故事大王）

教师总结：大家的展示都太精彩了。同学们，你们的童年是多姿多彩的，相信在你们的小脑瓜里也装着许多七彩的故事梦吧！希望通过我们今天的学习，你以后给别人讲故事的时候可以运用所学的这四种方法，成为民间故事的小小传讲人。

板书设计

创造性地复述故事《猎人海力布》
转换人称
调整顺序
展开想象
进行创编

石径乡情

——《搭石》教学故事

黄倩

◆◆ 教师简介

　　黄倩，长沙市长郡天心实验学校小学语文教师，担任语文教师七年，曾获县级教育系统征文活动一等奖、《湘潭日报》优秀指导老师。一直秉持"用快乐、率真、激情感染孩子，以笑容带动孩子，让孩子在快乐中收获知识、收获成长"的教育理念。

　　溪中搭石静无言，岁月悠悠映乡颜。

　　有序前行身影绰，互帮互助爱绵延。

　　《搭石》这篇课文，如同一盏明灯，不仅为我们展现了乡村生活的质朴之美，更蕴含着深刻的教育意义。它让我们看到了团结协作、尊老爱幼、默默奉献等美好品质在生活中的生动体现。当我们将目光聚焦于教育的舞台，那些与《搭石》有着相似内核的教育故事也在不断地上演，温暖着每一个人的心灵。让我们一同走进这些充满爱与智慧的教育故事，探寻教育的真谛。

燃梦之火，启教育之旅——领悟教学理念

　　叶芝的那句"教育不是注满一桶水，而是点燃一把火"，始终如熠熠星辰般照亮着我的教育之路，成为我教育理念的坚实支撑。我坚信，教育的核心价值在于激发学生的内在潜能，引领他们勇敢地踏入知识的浩瀚海洋，主动探索未知的世界。在《搭石》的教学过程中，这一理念更是展现得淋漓尽致。它时刻提醒着我，不能机械地将课文知识灌输给学生，而要用心去引导他们深切感受文

中所蕴含的丰富情感与宝贵价值观，从而在学习中点燃他们对生活的热爱和关爱他人的热情之火。

秉持以学生为中心的教育理念，意味着我必须充分尊重学生的主体地位，用心去关注他们的学习需求与情感体验。在每一个教学决策中，我都坚定不移地将学生的发展置于首位，深入思考如何精心设计教学活动才能更好地激发他们的兴趣，活跃他们的思维，让他们在积极踊跃的参与中茁壮成长。

课堂之上，当学生对生字新词的理解遭遇困境时，我并不直接给出答案，而是巧妙地引导他们通过查阅字典、联系上下文等方式进行自主探究。比如，面对"汛"字，我会让学生先仔细观察它的结构，接着启发他们思考在生活中有哪些场景与"汛"紧密相关，以此助力他们理解"汛期"的含义。这样的教学方式使学生不再一味地依赖老师的讲解，而是逐步学会主动思考、独立解决问题。

阅读课文的环节中，倘若学生的阅读速度较为缓慢或者理解不够深入，我也不会急于推进教学进度，而是耐心十足地引导他们掌握提高阅读速度的有效方法，像集中注意力、避免回读等。同时，我积极鼓励他们分享自己在阅读过程中的独特感受与困惑，让课堂真正成为一个充满活力的交流互动平台。我惊喜地发现，当学生真切地感受到自己的想法被尊重和重视时，他们会更加积极主动地参与到课堂讨论之中，思维也会变得愈发活跃。

精琢细节，绽教育之美——探索教学方法

在《搭石》的教学之旅中，我积极探索并采用多种教学方法，情境教学法是重要的方法之一。借助多媒体课件展示搭石的图片与相关视频，让学生直观地领略搭石的存在以及它在乡亲们生活中的关键地位。朗读课文时，引导学生畅想自己走在搭石上的画面，深切感受文中描绘的场景与情感，从而更加深入地理解课文内涵。小组合作学习法亦是此次教学的一大亮点。在理解课文中乡亲们走搭石的场景时，我组织学生分组讨论，剖析人们走搭石时的动作、神态和心理，进而体会其中蕴含的和谐、友爱等珍贵情感。小组合作学习不仅极大地提高了学生的学习积极性，而且培养了他们的团队合作精神与沟通能力。此外，我注重引导学生进行对比分析，比如将课文中乡亲们走搭石时的有序与生活中一些不文明行为相对比，让学生更为深刻地认识到搭石所体现的美好品质及其难能可贵之处，进而引导他们在生活中践行这些优秀品质。

教学过程中,我对细节的把握可谓精益求精。每一个过渡语都经过精心设计,力求自然流畅,引领学生顺利地从一个教学环节迈向另一个环节。例如,从生字词学习过渡到课文阅读时,我会这样说:"同学们,我们已经结识了这些生字朋友,现在就让我们带着它们一同走进《搭石》的世界,瞧瞧那里发生了哪些动人的故事吧。"既复习了生字词,又巧妙地引出了下文的阅读。对于语气和神态的运用,我也格外留意。讲解课文中感人的情节时,采用温柔、深情的语气,搭配适当的表情与动作,让学生更好地体悟其中的情感。比如,在朗读老人摆搭石的段落时,放慢语速,面带微笑,眼神中流露出对老人的敬佩之情,让学生仿佛看到那位善良、勤劳的老人就站在眼前。板书的设计同样是我关注的重点。将黑板划分成几个区域,分别板书生字词、课文主要内容以及重点词句的分析。板书时,注重字迹的工整与布局的合理,运用不同颜色的粉笔标注重点内容,如用红色粉笔书写关键词,用蓝色粉笔书写例句等。这样的板书既美观又清晰,能够助力学生更好地理解并记忆课文内容。课件风格的设计也力求简洁明了、图文并茂。挑选与课文内容相符的图片和简洁的动画效果,避免过于复杂的设计分散学生的注意力。通过对这些细节的用心关注,我欣喜地发现,学生的学习兴趣和参与度有了显著提高。他们更加专注于课堂学习,对课文的理解也更为深入。同时,我也更加深刻地认识到,教学细节虽小,却能对教学效果产生巨大的影响。关注细节,就是关注学生的学习体验,就是在为学生的成长筑牢的基石。

悟育真谛,铸教育之魂——收获成长感悟

透过对《搭石》这篇课文的深度解读,我学会从看似简单的文章里挖掘出丰富的教学资源。无论是修辞手法的巧妙运用,还是情感的细腻表达,抑或是主题的逐步升华,都成为我引导学生进行语文学习的有力工具。在教学技能方面,我的进步同样显著。课堂提问不再局限于简单的"是什么""为什么",而是根据学生的认知水平和教学目标,精心设计具有启发性和层次性的问题,如"你是怎么想的""如果是你,你会怎么做",以此培养学生的思维能力与创新精神。在引导小组合作学习时,我也逐渐摸索出有效的组织和指导方法。合理分组,让不同层次的学生相互学习、携手进步;在小组讨论过程中适时介入和引导,防止学生讨论偏离主题或陷入僵局;掌握评价小组合作学习成果的方法,鼓励学生积极参与,提高团队合作的效率。

我的教育心态也在这个过程中发生了转变。起初，我常常因担忧教学进度而忽略学生的学习状态，有时过于急躁地想让学生掌握知识，却未能给予他们足够的时间思考和探索。然而，在《搭石》的教学中，我渐渐明白，教育是一个需要耐心等待的慢工细活。学生的成长恰似搭石的铺设，需一块一块地积累，一步一步地迈进。我开始更加注重教学过程中的学生成长，而非仅仅盯着教学结果。看到学生在课堂上积极参与讨论，脸上满是对知识的渴望和对学习的热情，那种欣慰与满足难以言表。心态的转变让我在教学中变得更加从容自信，能够更好地应对各种状况。同时，我也学会从学生的角度思考问题，理解他们在学习中遇到的困难与困惑，不再一味指责，而是反思自己的教学方法是否合适，能否满足学生的学习需求。这种换位思考让我与学生的关系更加融洽，教学也愈发顺利。

踏石前行，耀教育之光——展望教育未来

回顾《搭石》的教学旅程，我感慨万千。从教学理念的深刻领悟，到教学方法的不断探索与改进，再到自身的成长与感悟，每一步都凝聚着我对教育的热爱与执着。

展望未来，我满怀信心与期待。我将继续秉持对教育的热情与执着，不断探索创新，用更优质的教学方法和更温暖的教育情怀，为学生搭建通向知识殿堂和美好未来的桥梁。我会在教育的征程中，不忘初心，砥砺前行，努力为培养更多优秀人才而奋斗。让每一个学生都能在我的课堂上找到属于自己的"搭石"，迈向更加美好的人生。

教学案例

搭石

教学目标

1. 引导学生正确、流利、有感情地朗读课文中描写搭石和人们走搭石的段落，体会其中的画面美和情感美。

2. 通过对重点词句的理解，感受乡亲们默默无闻、无私奉献的精神，以及互

敬互爱、尊老爱幼的传统美德。

3. 学习作者通过平凡事物表达深刻情感的写作方法，培养学生观察生活、发现美的能力。

教学重难点

1. 重点：体会课文中描写搭石和人们走搭石的画面，理解其中蕴含的情感；理解"搭石，构成了家乡的一道风景"的深刻含义。

2. 难点：领悟作者借搭石表现乡亲们美好品质的写作手法，并能进行简单的仿写。

教学准备

多媒体课件。

教学过程

一、导入新课

课件展示搭石的图片，引导学生观察搭石的样子，提问："同学们，你们知道这是什么吗？（搭石）在你们的印象中，搭石是用来做什么的呢？"

请学生自由发言，分享自己对搭石的初步认识。

教师简单介绍搭石在乡村生活中的作用："搭石是人们在小溪中为了方便行走而摆放的石头。它虽然普通，却承载着乡村人们的生活和情感。今天，就让我们一起走进课文《搭石》，去感受搭石带给我们的独特魅力。"

二、初读课文，整体感知

1. 教师范读课文，要求学生认真倾听，注意生字词的读音和句子的停顿。

2. 学生自由朗读课文，圈出生字词，借助工具书或联系上下文理解词语的意思。

3. 检查生字词的学习情况。

4. 课件出示生字词，指名学生认读，正音。

5. 运用多种方式理解词语，如"汛期"可结合图片和生活实际理解；"协调有序"可让学生通过动作演示来体会。

6. 默读课文，思考：课文围绕搭石写了哪些内容？

7. 组织学生交流讨论，教师总结归纳：课文主要写了摆搭石、走搭石等内容，展现了乡亲们美好的品质和乡村生活的画面。

三、精读课文，感悟情感

1. 学习"摆搭石"部分。（第2自然段）

指名学生朗读第2自然段，思考：人们为什么要摆搭石？

引导学生从文中找出相关语句，如"每年汛期，山洪暴发，溪水猛涨。山洪过后，人们出工，收工，赶集，访友，来来去去，必须脱鞋挽裤"，体会搭石在人们生活中的重要性。

提问：从这里可以看出乡亲们怎样的品质？（为他人着想、无私奉献）

再读这一自然段，感受乡亲们的善良和勤劳。

2. 学习"走搭石"部分。（第3—4自然段）

课件出示："每当上工、下工，一行人走搭石的时候，动作是那么协调有序！前面的抬起脚来，后面的紧跟上去。嗒嗒的声音，像轻快的音乐；清波漾漾，人影绰绰，给人画一般的美感。"

引导学生自由朗读这一段，圈出描写人们走搭石动作的词语（抬起、紧跟），体会动作的协调有序。

提问：从这些词语中你感受到了什么？（乡亲们之间的默契和团结）

重点理解"清波漾漾、人影绰绰"这两个词语，通过想象画面、联系生活实际等方式，感受乡村生活的美好和宁静。

指导学生有感情地朗读这一段，读出节奏和美感，体会其中蕴含的情感。

3. 小组合作学习。

让学生分组讨论，除了动作协调有序，从人们走搭石的过程中还能体会到什么？

教师巡视各小组，参与讨论，适时引导。

小组汇报交流，教师引导学生体会到乡亲们之间的互敬互爱、尊老爱幼等美好品质。如"如果有两个人面对面同时走到溪边，总会在第一块搭石前止步，招手示意，让对方先走；等对方过了河，两人再说上几句家常话，才相背而行。假如遇上老人来走搭石，年轻人总要俯下身子背老人过去，人们把这看成理所当然的事"。

让学生分角色朗读这部分内容，进一步感受乡亲们之间的美好情感。

四、深入探究，体会写法

引导学生思考：作者为什么要写搭石？仅仅是为了赞美搭石吗？

组织学生讨论交流。教师总结：作者借搭石这一平凡的事物，赞扬了乡亲们默默无闻、无私奉献、互敬互爱、尊老爱幼的美好品质。搭石不仅是一种物质存在，更是一种精神象征。

教师进一步引导学生体会作者通过平凡事物表达深刻情感的写作方法，让学生举例说说生活中还有哪些平凡的事物也蕴含着美好的情感。

请学生模仿课文的写法，选择一件平凡的事物，写一写它所蕴含的情感，培养学生的写作能力。

五、课堂小结

请学生回顾本节课的学习内容，谈谈自己的收获和体会。

教师对本节课的教学内容进行总结，强调搭石所体现的乡亲们的美好品质，鼓励学生在生活中要像乡亲们一样，做一个善良、有爱心、懂得奉献的人。

再次有感情地朗读课文中自己喜欢的段落，结束本节课的教学。

六、布置作业

抄写课文中自己喜欢的段落，积累优美词句。

观察生活中的平凡事物，仿照《搭石》的写法，写一篇短文，表达自己的感受。

板书设计

搭石
摆搭石　为他人着想
走搭石　协调有序　互敬互爱　尊老爱幼
一道风景（美好品质）

田园牧歌，细品美好

——《乡村四月》教学故事

陈沙

◆ **教师简介** ─────────────

　　陈沙，长沙市长郡天心实验学校语文教师、小学语文教研组组长，中小学一级教师，国家二级心理咨询师，天心区教育科研名师工作室学员，天心区骨干教师。曾荣获天心区"双百优秀教师"、区"优秀教育工作者"、长沙市教师征文比赛一等奖、天心区语文素养大赛一等奖，另有多篇论文和课题获奖。秉持"教育就是看到美并将其无限放大，让每个孩子都用自己的方式发光"的教育理念。

　　乡村，是一个多么让人放松的词，想必每个人内心都有一个恬静安闲、岁月静好的田园梦。磨课，却是一个让人紧张的词，因为需要打破常规、突破自己的舒适区去重塑自我。将这两个词叠加，会发生怎样的故事呢？

　　那一年，作为三年教龄、刚刚入编的初出茅庐者，我充满着斗志和激情，觉得一切机会都是我的，所有大门都向我敞开。2019 年天心区小学语文教师素养大赛正好在选拔比赛选手，我毫不犹豫地报名参加新青组的选拔，并开始选课。我当时执教四年级，几乎没有过多纠结，我便一眼锁定《乡村四月》。这首诗原为统编版四年级下册《古诗三首》第二十一课，为该组文章的第一篇，主题为"走进田园，感受乡村"。教材改版后，这首诗被放到五年级下册第七单元的"日积月累"中。这样一首有声有色、动静结合描写乡村生活的古诗，不管放在哪儿，都值得我们去品读、去研究。

　　乡村田园诗在古诗长河中占据重要地位，尤其是这一首，更让我怀念小时候在农村老家的生活,青山绿水间,到处都是乡亲们劳作的身影。我想培养学生阅读田园古诗的兴趣,引导他们从诗中体会宋代诗人翁卷对农村生活的热爱,对劳动人民的赞美,同时感受优美的田园风光。

从"删繁就简"到"集中突破"

当时为了参加素养大赛需要一个片段课,但是讲古诗没有铺垫、没有背景,就不能让学生了解诗意。大量资料涌来,让我眼花缭乱。各种声音告诉我,不能求多。这时正赶上微课的热潮,我在欧欧老师的指导下,采用录一分钟微课的形式来呈现田园诗的特点,把诗作背景等资料浓缩讲解,通过设置抢答环节让学生理解诗作,同时巧妙融合教学复习,将学生的课堂收获快速输出。

整首诗的结构十分清晰,前两句分别从视觉和听觉写景美,后两句十分写实地突出人忙。板块设计我已了然于胸,具体操作却是难以取舍:第一句的用词凝练可细讲;第二句的典故意象也能拓展,精炼唯美的比喻还能仿写语用;后两句也能结合情境深入挖掘……一堂课容量有限,时间有限,如何突破重点?如何串联,使这些要素成为一个整体?

白天繁忙工作的间隙里,在温馨的办公室,我和欧欧老师拿着课本,一句一句地诵读,将自己置身于诗中描绘的画面里,某一个关键字、某一串词句,都能引起共鸣。我们在设计中抓住这些关键词句来想象画面、撬动课堂、感受美景。

夜深了,在寂静的家里,我脑海中还在思考着这堂课。电话铃声响起,欧欧老师又想到了某个细节,有时关乎设计,有时关乎语言,有时关乎服装……恰似深夜给人安宁的蝉声蛙鸣,又似催人奋进的冲锋号角。我对着镜子一遍一遍地试讲,心中一片笃定。

从"提炼用词"到"入情入境"

首联"绿遍山原白满川",句中一青一白,尽显山野平地之色调,把色彩的美表现出来。诗人用"遍"来形容青色繁多,白色充盈,浓墨重彩,显示了色彩的张力。诗人对"遍"字、"满"字的运用,正体现出文字锤炼的精微之处。我惊叹于诗人的用词,和学生一遍一遍诵读,一遍遍感受画面,脑中不禁浮现出诗中画面,浮现出童年门前大片的翠竹、屋后层叠的小山、水光荡漾的梯田……我巧妙地点拨,潜移默化地让学生觉察到语言的形式美。一个"遍"字,是指远山苍翠,近树青草,有的苍翠幽深,有的苍翠浅淡,浓浓相间,千姿百态。然后我让学生畅想:

这样的绿，哪里还看得到？学生展开丰富的想象，我借助大屏幕展示出满是绿色的山坡、田地、房前屋后等景象，再引导大家齐声诵读，其乐融融。房前屋后绿意盎然，谓之"绿遍山原"；遍绿山腰原野，亦谓之"绿遍山原"。

经过这几个环节之后，我再一次引导学生把这句诗读一遍，加深对"绿遍山原"的认识。"你只读绿了一角""山坡被你读绿了""原野被你读绿了""让绿布满整个乡村吧，一起来读"……通过这样的评语，让学生在深刻体会诗人"遍"字运用的精妙之处的同时，还能读懂古诗文，读出古诗文的美。"满"字把乡村里阡陌田地正待耕耘的情形展现出来，让人联想到"水田漠漠飞白鹭"，也铺垫了乡村四月景美人忙的景象。通过拓展农事资料，可以让学生初步领会到劳动人民的勤劳。讨论这堂课时，欧欧老师口中忽然飘出一句"绿水青山就是金山银山"，顿时让我有一种醍醐灌顶之感，如获至宝。古诗点亮今时路，是如此恰如其分、恰逢其时。这不正是振兴乡村、保护生态，创造欣欣向荣、生机勃勃的美好乡村的体现吗？

从"经典意象"到"多面语用"

教师在解读文本时要时刻保持一种敏感，注意诗词中的古典意象并对这些古典意象所表达的文化深意进行探求和分析。这首诗第二句写子规之声，如烟之雨。诗文连篇，落笔如雨，一笔一画，勾勒出如烟似雾的细雨，仿佛能听到杜鹃的叫声不时传来。诗人描绘的初夏之景，笔法细腻，意境朦胧。声音如此之多，为何作者单单选择了"子规声"这一意象呢？这是我在解读文本时的一处疑惑。查了资料才知道，"子规声"在诗中有一种特别的内涵，抒发的是凄凉与哀伤：或述游子思乡之情，或寄故人别离之情，或诉悲愤之情……李白《蜀道难》云"又闻子规啼夜月，愁空山"，白居易《琵琶行》云"杜鹃啼血猿哀鸣"，都是以杜鹃的叫声来表现人的悲凉之情。小时候每次听到这鸟的啼鸣，就想起大人给我讲的故事："哥哥弟弟种黄豆，黄豆不生哥不回，兄弟二人凄凄啼，布谷声声唱回音。"我一面为兄弟俩的悲惨命运唏嘘不已，一面深深地被这啼叫声感动。"子规声"在烘托四月景色特征的同时，也将细雨中的翁卷所流露出的淡淡哀愁丝丝入扣地展现出来。了解了诗人放弃幕僚生活，为求生存游历四方，以布衣终身的经历，品读了诗人的现实主义作品《东阳路傍蚕妇》后，我更加确信，翁卷在选择吟咏"子规声"这一田园生活意象时，对劳动人民的悲悯之情溢于言表。淡淡残酷的现实，让人心酸。

无奈的是，这是一堂片段课，课堂规定的时间没有办法去拓展。我想如果可以，我一定会别出心裁地设计以下教学环节："春夏之交的田野上，你还听到什么声音？"再献诗如下："竹深树密，虫鸣处，萧萧兮，非风也。萧萧落斜照，穷巷返牛羊。"让学生自己去诗中寻找声音。

我还会不失时机地向学生发问："四月的乡间，还有哪些好听的声音呢？""如烟雨般的声音？"有学生说"蛙声雨如烟"，有学生说"知音雨如烟"，有学生说"牧笛雨如烟"，有学生说"笛声雨如烟"。接着我问："声音那么多，作者为什么单单选择子规声呢？"通过拓展阅读，从另一个角度告诉学生，即使是下雨天，农民伯伯也是一样辛苦忙碌，任劳任怨。

这首诗前半部分可以拓展、改写，可以获取语言运用训练的机会，那后半部分是否也可以尝试？于是我会问："青山碧水，烟雨蒙蒙，毛毛细雨怎么来？""看，像牛毛、像花针、像细丝，密密麻麻地斜织着，一层薄薄的烟尘，把人家的房顶铺得密密麻麻。"学生的思维一旦打开，就会产生对诗的理解和独到感受。

从"诗词田园"到"心灵田园"

有一个疑问萦绕在我的脑海：诗人最重要的目的是描写景美，还是人忙？文字本身就是一种内容，具有弦外之音。"才了蚕桑又插田"中的"才"和"又"，表现紧凑的时间节奏，再现了初夏江南大地农耕繁忙的景象。末两句"乡间四月闲人少，才了蚕桑又插田"，画面感很强，但对学生来说，仿佛相隔甚远。如何才能让他们明了农事的繁忙呢？我的设计是让他们"亲历"农事：想想每年农历四月的农村，不管男女老少，还会发生什么忙碌的事？展开想象的翅膀写一写。

在创作中，学生仿佛亲身经历了劳作；在诵读中，学生领悟了其中的奥妙，读出了亲切，读出了向往与艳羡，心中自然也就记住了这两句经典诗词。但是到此并未结束。我想，诗歌能不能照进我们真实的生活呢？我们自己和周围的人终日在忙些什么？能不能用这样的句式也说一说？于是，热热闹闹的创作热情出现在课堂上。有学生说："校园六月闲人少，才了期中又期末。"师生都笑做一团。也许这答案带有一点抱怨，但更多的是一种写实，一种把诗用在生活里的轻松感。能以闲情之心欣赏田园的人，估计不是农夫吧？真正辛苦劳作、脚不沾地的人，恐怕很难做到静心欣赏美景吧？但是，生活对于大多数人来说都是繁忙而又充实的，无法改变，也无法逃避。我们为何不转换心态，适时放慢脚步，忙中偷闲停下来，静静欣赏周围的风景，做个快乐的"农夫"呢？

在结课的时候，我将课题加框线变为"美"字的上面两笔，再将第一行的"绿原""白川"加框线变为"美"字的第一横，"遍"字和"满"字加框线成为第二横，第三横框住"闲人少"，第四横框住"才……又……"在学生的诵读声中，黑板上出现了一个大大的"美"字，旁边对应写上"景美"和"人忙"。声断笔落，一气呵成。课堂有了呼应之美。

回首我的专业成长之路，从第一次走上讲台时的青涩，到授课时的游刃有余；从一开始的机械理解、照搬照抄的"语文学科学习"，到如今的从容不迫、整体推进、融会贯通的教学——这样的成长，岂不是与这种从物质到精神的转变一脉相承？

我们渴望如陶渊明那样洒脱自在，"结庐在人境，而无车马喧""采菊东篱下，悠然见南山"；也向往如孟浩然那样恬静闲适，心情愉悦地"开轩面场圃，把酒话桑麻"。但是一个人不学习、不成长，又怎能体会和欣赏到生命中的美好？哪怕欣赏到了或许也不能表达出来。正如没有一朵花从一开始就是花。成长，就是不断破局，在磨砺中充实自己的过程。这也是这段磨课带给我的感悟。

教书本是沃土，讲台本是简朴之地，语文本是田园之心！细品磨课之美好，始得田园之牧歌。

教学案例

乡村四月

教学目标

1. 正确、流利、有感情地朗读古诗，读出节奏和诗韵。

2. 结合画面、音乐、想象、情境诵读，理解诗的内容，体会诗人的思想感情。

3. 感受诗中景美和人忙的画面。

教学过程

一、微课导入，感受田园诗味

1. 今天我们学习一首古诗《乡村四月》。为了方便大家快速了解这首诗，我录制了一个微课，请大家仔细看，认真听，待会有题目来测试大家哦。（播放微课）

2. 学生抢答根据微课提示给出的问题。相机评价学生倾听、理解、记忆的能力和方法。

3. 指生朗读, 字正腔圆、节奏分明地读出古诗的音韵之美。

二、抓住景物, 欣赏画面之美

1. 读第一句诗。

你们觉得乡村四月的景美吗? 美在哪里?

(预设: 山原绿了, 绿遍山原白满川!)

一个"绿"、一个"白"写出了乡村四月的颜色之美。其实四月的乡村一定还有很多其他的颜色, 诗人选取这两个颜色做代表是什么原因呢?

(预设: 因为这两种颜色最多, 或者提示学生直接找出"遍""满"。)

你很会抓关键词! 一个"遍"、一个"满"写出了乡村四月的开阔之美。谁来读第一句, 读出这种颜色之美, 开阔之美?

(学生朗读)

从你的朗读中我仿佛看到了漫山遍野的绿原和满目耀眼的白川。乡村欣欣向荣、生机勃勃。让我们一起再来读这句。感受这旺盛的生命力!

是啊! 绿水青山就是金山银山, 这么好的生态环境, 谁不想生活在这里呢? 乡村四月的美除了颜色, 还有声音呢! 你听!

2. 你听到了什么?

杜鹃鸟的叫声有什么特点?

(生答: 清脆悦耳。动听婉转)

你很会总结! 这声音好听吗? 听了后你有什么样的感觉?

(生答: 愉悦、快乐、梦幻、温柔……)

你很会感受! 这声音仿佛在诉说什么?

(根据回答内容)你是个温暖的、有爱的、勤劳的、会欣赏、会感悟的孩子! 是啊。乡村生活有声有色, 第一句让人开阔, 第二句给人朦胧感。作者用了一个比喻句写出了这种朦胧感, 那就是"雨如烟"。雨的形态很多, 想象一下我们还可以怎么形容?

雨如丝(溪风如扇雨如丝)、雨如珠(雨如珠兮山如屏)……我们还能试着在很多事物上寻找诗意, 谁来试试?

(生答)

真会观察! 真会想象! 真有创意! 生动、形象、贴切! 这样的创作是不是既有比喻, 又有诗意? 希望我们多思多写多练。通过前两行诗, 乡村四月的画卷徐徐展开, 有静有动, 有声有色。让我们用朗读再次感受景美。

三、结合生活，抒发情感

古诗不仅写景，还要写人，诗就有了生活气息。这是哪两句诗呢？我们齐读。这句诗哪里最能体现出农民的勤劳和忙碌？

（预设：板书"闲人少"）

闲人少的意思，换句话说就是——忙人多！

（预设：板书"才……又……"）

乡村四月的人们从早到晚要做哪些农活？

（教师相机用句式连接农活。引导学生用句式总结。）

我们每天都在为了美好生活而辛勤忙碌着，做了很多有意义的事。借用这个关联词句式，谁愿意来说说？

（预设：教师抛砖引玉："老师才了备课又阅卷。"）

（生答）

思维很敏捷，生活很丰富。你很勤劳，你很会安排。同学们，山原上、原野中、稻田里，到处都是农民忙碌的身影，他们在努力奋斗追求梦想。劳动就能创造美好生活。让我们再次用朗读来感受这优美的乡村四月。（边说这段话边板书：美）乡村四月的景美人更美。（板书：景、人）

四、布置作业

学了这首诗，有兴趣的同学可以把诗里的画面画出来，在旁边写上诗句，完成你的诗配画作品。

板书设计（亮点：给字打上框线就是一个"美"字。）

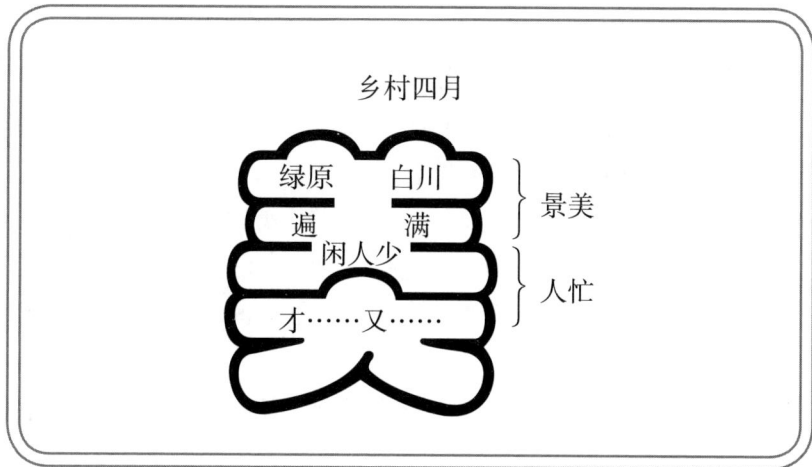

天堂，在孩子们纯净的眼眸里

——《鸟的天堂》教学故事

唐丽

◆ **教师简介** ─────────────

　　唐丽，长沙市长郡天心实验学校语文教师、五年级年级组长，小学语文高级教师，璩艳霞生命语文名师工作室学员。曾荣获天心区"优秀教育工作者"、省级说课二等奖等。坚持"爱学生，爱语文，力求打造温润诗意的课堂，不断完善个人修养，感悟会爱和被爱的幸福"的教育理念。

　　在广东新会的天马村，有一座真正的鸟的天堂，那是一棵树龄 500 多年的大榕树，枝繁叶茂，成千上万只水鸟栖息于此，快乐鸣叫，繁衍生息。我多次神游于鸟的天堂，在课本里领略"天堂"的美景。也曾到清远去交流上课，后来得知清远其实距新会不远，咫尺之间，却一直未能亲临那个榕树岛，感受大自然的蓬勃生机，还是不免遗憾。

一字一语，神游天堂

　　2016 年 3 月，我接到一个教学任务：参加一年一度的语文阅读课堂教学比武。当时我翻阅了四、五、六年级的所有语文课本，想找一篇合适的课文。翻到巴金先生写的《鸟的天堂》，我不禁眼前一亮：那优美的文字，那独特的美景，那棵神奇的榕树，那振翅高飞的群鸟，让我心驰神往。我想：虽然我没有真正去过鸟的天堂，但如果能在课堂上带着学生去领略这番美景，不也是一件幸福快乐的事吗？

　　于是我开始积极准备：预习、查资料、找背景、写教案初稿……学校语文组认真听课，共策共划，给我提出了很多宝贵的建设性意见。从最开始的课题解析，由"鸟""天堂""鸟的天堂"展开丰富的想象，说一说想到的画面，让学生说心中的鸟的天堂的样子；再在课文中找出描写静态的"鸟的天堂"的语句段，朗读品味，过渡到品读描写榕树的段落；最后用自己的话评价"鸟的天堂"。整个过程步骤清晰，"读"课文一直贯穿始终，可总觉得少了点什么。

一雕一琢，触发灵感

我不停地思考，不停地琢磨，心想按常规去上，课堂的效果一定一般，无法激发学生的灵感，更无法触动学生的心弦，这并不是我想要的课堂。真正的美的课堂，应该积极调动学生的感官，让学生跟着作者去饱览湖光山色，陶醉其中。我一遍遍观看名家的教学视频，突然在王崧舟的教学视频《去年的树》中找到了灵感。从来没有想过，如此浅近的童话故事，可以解读出如此深厚的感情，可以解读出如此丰富的语言运用技巧。在解析句子"一棵树和一只鸟儿是好朋友，鸟儿坐在树枝上，天天给树唱歌。树呢，天天听着鸟儿唱"时，王老师紧扣"天天"一词，让学生发挥充分的想象，"看！当太阳升起的时候，鸟儿坐在树枝上，天天给树唱歌；当夕阳西照的时候，鸟儿坐在树枝上，天天给树唱歌；当月亮升起的时候，鸟儿坐在树枝上，天天给树唱歌"。让学生想象鸟儿给树唱歌的时间，多么诗意盎然！

王老师的课堂，打开了学生想象的大门，充分调动了他们的感情，整个课堂让人沉浸、回味、震撼！我想，我如果也能创设恰当的情境，鼓励学生大胆想象，将"想象"贯穿其中，应该能激发学生的热情，让他们真正遨游在"鸟的天堂"中。

一耕一收，完美呈现

于是，我将我的课堂定位为"诗意课堂"，以"激发学生丰富的想象"贯穿始终。由课题展开想象，想象"心中的鸟的天堂"的样子；由"我有机会看清它的真面目，真是一株大树，枝干的数目不可计数"想象作者初见"鸟的天堂"的心情；由"那翠绿的颜色，明亮地照耀着我们的眼睛，似乎每一片绿叶上都有一个新的生命在颤动"想象绿叶亮眼的绿和蓬勃的生命力；由"一部分树枝垂到水面，从远处看，就像一株大树卧在水面上"想象水鸟们在岛上自由自在栖息玩耍的快乐情景。学生有的说鸟儿们在唱歌，有的说鸟儿们在谈心，有的说鸟儿们在商量国家大事，还有的说鸟儿们在玩闯关游戏……这些童趣盎然的回答，真让人忍俊不禁！也让在场的听课老师发出愉快的笑声。最精彩的是以文带文环节，我设计由巴金先生的《鸟的天堂》的"绿"拓展到朱自清先生的《梅雨潭》的"绿"，让学生去感受，去想象，那是一种怎样的美。学生的回答让人惊喜：温婉的美、神秘的美、柔和的美、静谧的美、深沉的美，真是各美其美，美美与共！

　　整个课堂，学生动了起来，"活"了起来，过程轻松灵动，令人回味无穷，比赛的结果也令人愉快。的确，语文课堂是一个深耕的过程，也是一个不断雕琢的过程，每一次心灵的碰撞，每一次绝妙的回响，每一次意想不到的生成，每一次蓦然回首的惊喜，都要我们用心地设计、磨合、尝试、历练……

　　语文老师，不能只追求"坐看云起时"的淡然悠远、闲情漫步的闲散，更要拥有"玉不琢不成器"的精益求精和尽善尽美的工匠精神，把每一堂课当成艺术品，用心雕琢打磨。因为用心付出，会换来学生给你的无尽的惊喜！

　　因为喜欢，遇见"天堂"！因为语文，遇见美好！

教学案例

鸟的天堂

教学目标

　　1. 整体感知课文内容。正确认读文中生字词，联系上下文理解不懂的词语的意思。

　　2. 抓重点词句，自读自悟课文中描写大榕树的部分，感受大榕树的特点，积累语言。

　　3. 学习作者抓住景物特点进行静态描写和寄情于景的表达方法。

　　4. 在读中感受榕树的美丽景象，体会作者热爱大自然的思想感情。

教学重难点

　　1. 抓重点词句，自读自悟课文中描写大榕树的部分，感受大榕树的特点。

　　2. 通过朗读，理解体会作者描写大榕树的句子，领悟静态描写的写作方法。

教学准备

课件。

教学过程

一、结合课题谈话导入，激发阅读兴趣

1. 先后出示"天堂""鸟"和"的"，"美美地"读课题，并结合日常积累，展开想象，理解"鸟的天堂"的含义。（板书：天堂）

（1）问：同学们，一起来读。你觉得什么样的地方才是天堂？（快乐、幸福、美好、美丽的地方）"上有天堂，下有苏杭"。（某些宗教指正直善良的人死后灵魂居住的地方；比喻幸福美好的生活环境；或指额头。）

（2）教师出示"鸟"（一起读）：看到这个字，你的脑海中出现了哪些词语？

（预设：鸟语花香、小鸟依人、笨鸟先飞、一石二鸟、惊弓之鸟；一鸟入林，百鸟压音；人为财死，鸟为食亡；在天愿为比翼鸟，在地愿为连理枝）

（3）教师出示"的"字（红色粉笔书写），一起读课文。问：你能描述一下你心中的"鸟的天堂"是什么样的吗？

（预设1：有茂密的树林，清清的湖水；

预设2：没有人伤害，很安全，鸟生活得美好、快乐的地方；

预设3：景色优美，舒适、依山傍水、丰衣足食）

2. 简介"鸟的天堂"和文章作者及写作背景。

在我国广东省江门市新会区南部天马河上的一座小岛上，有一个真正的鸟的"天堂"，岛上有一株500多年历史的奇特的大榕树，枝叶繁茂，独木成林，林中栖息着成千上万只各种各样的鸟雀。1933年，巴金到新会访友，路过此处，写下这篇脍炙人口的《鸟的天堂》。这篇文章语言生动优美，是一篇美文。

【设计意图】紧扣文题，层层分析探讨，从幻想中的"鸟的天堂"自然引出现实生活中真正的"鸟的天堂"，有效地激发学生阅读文章的兴趣。

二、初读课文，读通读顺，读准生字，理解新词

自由地大声朗读课文，借助拼音读准字音，读通句子，把不理解的词语圈出来，联系上下文理解它的意思。

教师检查学生的初读效果，出示8个含生字的词语，指导写"暇"字，引导学生通过换偏旁变新字这种常用的识记生字方法记住"暇"的结构，并推荐形近字"霞"，扩大学生的识字面。生字没有逐个范写分析，只是"以点带面"，告诉学生

方法。再出示带"应接不暇"和"不可计数"的句子,联系上下文理解这两个词语的意思。

学生质疑,找出不懂的词语,一起交流,解决问题。

【设计意图】读准生字字音、掌握字形、读通文本,既是为学生进一步理解分析课文扫除障碍,也是学生进行深层次阅读分析活动的基础。通过学生质疑和教师点拨,一起交流,共同解决词语理解问题,体现了自主、合作、探究的学习方式。

三、再读课文,整体把握内容,体会作者感情

1. 了解文章体裁,根据体裁特点进行相应的阅读方法指引,并出示默读要求。

2. 学生边快速默读边思考,按要求回答问题。

【设计意图】根据语文课程标准的精神,高年段的阅读教学应引导学生快速默读,把握文章的主要内容。

四、品读描写大榕树的段落,感受榕树的特点

(一)快速浏览文章,找出描写榕树的段落

(二)教师范读具体描写榕树的文段(第7—8段),学生边听边思考

这是一株怎样的榕树?你是从哪个句子中感受到这个特点的?

学生根据自己的阅读体会自由回答。教师相机指导以下重点句子:

1. "我有机会看清它的真面目,真是一株大树,枝干的数目不可计数。枝上又生根,有许多根直垂到地上,伸进泥土里。"

(通过分析枝干不可计数的原因,感受榕树的奇特,体会作者初见榕树的心情,读出相应的语气)

2. "一部分树枝垂到水面,从远处看,就像一株大树卧在水面上。"

(先进行换字游戏,体会"卧"字的妙处。联系生活经验,读出"卧"字自由舒展、静谧安详的感觉)

(1)"大"还表现在哪里?句子中的"卧"可以换成什么字?(睡、躺、倒)

(2)作者在形容榕树姿态的时候为什么没有选择"睡、躺、倒",而是选择了"卧"字呢?"卧"字给你什么感觉?(舒适、慵懒、自由)

(3)夜深人静的时候,你静静地卧在床上,是什么感觉?(舒适、慵懒、自由)"卧"字写出了小岛的静谧,树的自由舒展、无拘无束。(教师相机板书)

(4)读时慢一点,轻一点,谁来试试?(远望大榕树,像浮在水面上的绿洲;近看大榕树,像原始森林。这株大榕树静卧在水的中央,独立成一个小岛,是那

么的安详、优雅、自然，宛若一个隔离尘世的人间天堂）

3."那么多的绿叶，一簇堆在另一簇上面，不留一点儿缝隙。"

（边听边体会叶子的"多"。在句子中找出表现叶子多的词语，教师范读，体会"堆"的感觉。进行写法指导，并学以致用）

4."那翠绿的颜色，明亮地照耀着我们的眼睛，似乎每一片绿叶上都有一个新的生命在颤动。"

（同桌互读，想象画面，边读边思考：句子中哪些是作者眼睛看到的，哪些是作者想象到的？分析"新的生命"，体会另一种"绿"）

5. 请一个学生读，其他学生边听边思考：这句话作者看到了什么？联想到了什么？

（预设：看到了"那翠绿的颜色，明亮地照耀着我们的眼睛"，想象"每一片绿叶上都有一个新的生命在颤动"）

6. 你的眼前仿佛出现了怎样的画面？

（出示：我仿佛看到了什么？听到了什么？阳光照在绿叶上，金光闪闪。微风吹来，绿叶在跳舞，在歌唱。无数新的绿叶争先恐后地钻出来，惊奇地打量这个美好的世界）

五、以文带文，拓展阅读

这是不可抗拒的生命力！巴金爷爷用他神奇的笔写出了一株静卧在黄昏中的树孕育的无限生机与活力！难怪巴金爷爷说："南国的风物含有一种迷人的力量，在我的眼里，一切都显出一种梦境般的美丽。"

1. 四时景物皆成趣。今天老师给大家带来另一种绿，它就是散文大家朱自清笔下的梅雨潭潭水的绿。请同学们听老师读，边听边想：这又是一种怎样的绿呢？

"她又不杂些儿尘滓，宛然一块温润的碧玉，只清清的一色——但你却看不透她！"

（预设：温润、柔和、无瑕、神秘）

2. 那巴金笔下的绿呢？生机勃勃。（"那翠绿的颜色，明亮地照耀着我们的眼睛，似乎每一片绿叶上都有一个新的生命在颤动"）一起读，读出这份活力！

【设计意图】语文阅读教学应逐步培养学生创造性阅读的能力，边读边想象，通过多种方法拓展思维空间，让学生有创意地阅读，从而提高阅读质量。

3. 总结榕树的特点，引读"这美丽的南国的树"。

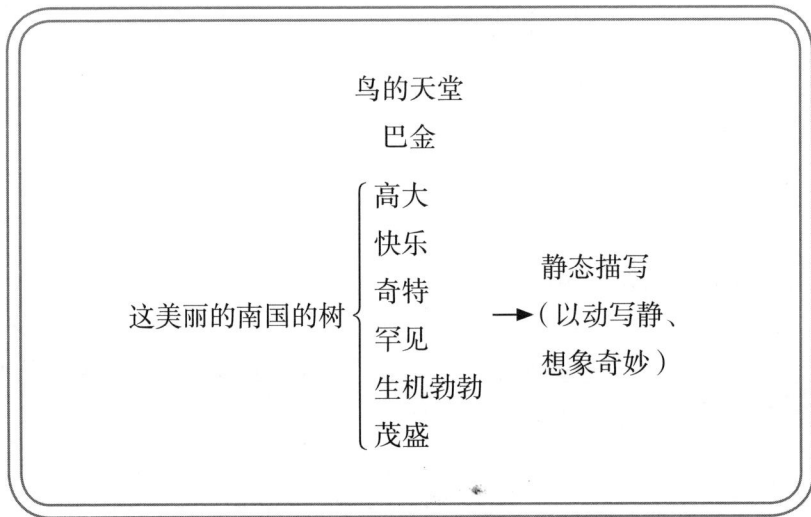

六、用自己的话赞美榕树

根据课文内容，让学生用自己的话赞美榕树。

七、小结内容，激发阅读期待

今天，我们虽然没看到一只鸟，但这株神奇的榕树给我们留下了深刻的印象。第二天，我们又随着巴金爷爷来到鸟的天堂，阳光照耀在水面，在树梢。起初周围是静寂的，后来忽然起了一声鸟叫（播放鸟叫），之后真是百鸟齐鸣，宛如天籁！巴金爷爷又将怎样描绘这动态的生命之美呢？我们一起期待！

【设计意图】让学生带着期待走进下一节课，让学生感到课已止，意未尽。

板书设计

鸟的天堂

巴金

这美丽的南国的树 {
高大
快乐
奇特
罕见
生机勃勃
茂盛
} 静态描写
→（以动写静、想象奇妙）

以文带文，徜徉历史故事

——《将相和》教学故事

易样

教师简介

易样，长沙市长郡天心实验学校语文教师，中小学二级教师。曾获得长沙市青年岗位能手称号。坚持"用心做事，传道解惑；用情育人，润物无声"的教育理念。

"学而不思则罔，思而不学则殆。"2024 年 9 月是我的而立之年，也是我从教语文的第四年。2020 年 9 月，我很幸运地走上了神圣的讲台，从一名博物馆讲解员转而成为一名人民教师。感恩长沙市长郡天心实验学校的栽培，感谢欧欧老师等校领导的信任，感激同事们的无私帮助。常思、果行的校园氛围也让我从一名初出茅庐的新教师逐渐成长为一名有思维的教师。

初登讲台，我一直在问自己，语文应该学什么？学语文的意义又是什么？我该怎么教好语文？为成为一名合格的语文教师，我和大多数新教师一样，从模仿开始，每次备课时都会先观看优质网课，有时间就去观摩优秀教师的公开课。在一次次的学习中，我慢慢理解了"大语文"的含义，也一改我原有的错误理念。"大语文""大"的是文化底蕴，"大"的是影响力，就如张孝纯先生主张的，大语文就是以语文课为轴心，向学生生活各个领域开拓延展。

2024 年 8 月再一次接触到《将相和》时，我就被这篇充满历史底蕴和人文情怀的文章深深吸引。于是想探索如何执教《将相和》，能让学生学有所获。

一堂好课常常能一鸣惊人。上课伊始，我以动画形式导入许多交友相关的历史故事，学生全神贯注，却又似若有所思。接着我以口头交流的方式激发学生的学习兴趣："古往今来，交友一直是大家所热议的话题，前有桃园豪杰三结义，后有瓦岗众兄弟；有管仲与鲍叔牙的管鲍之交，有俞伯牙与锺子期的知音之交，还有今天我们要学的廉颇与蔺相如的刎颈之交。"这时，角落里一位热爱文学的小男生迫不及待地举起了手："老师，我还知道君子之交和八拜之交。"小男生的发言似乎打开了学生议论的话匣子，他们开始争相发表自己的看法。"我还知道患难之交。""我还知道与人为善。"彼时，学生纷纷开始展现自己的词语积累，许多和交友相关的内容脱口而出。虽然讨论渐渐脱离了课堂的主轨道，但我仍惊叹于学生的词语积累量和奇思妙想。于是，我先夸赞了他们的广博见识，接着将课堂拉回了主轨道。"允许一切可能的发生，并机智地化解一切问题。"或许这才是一堂好课的标准。学生天马行空的想法和课堂的不定性才是教学的快乐和魅力所在。

我们的课堂在你一言我一句的"商讨"氛围中继续推进。为了让课文中的廉颇形象更加鲜活，我创设情境，学生分角色演绎"负荆请罪"的故事，让他们身临其境地感受人物特点。虽然学生对有趣的故事表演充满好奇，兴致勃勃，但站上讲台后又开始瞻前顾后，畏首畏尾，表演效果不太好。为了更好地激发他们的天性，我便主动扮演廉颇，和他们一起演绎起"负荆请罪"的故事。夸张的动作和语气惹得学生捧腹大笑，还不忘调侃老师。之后的表演绘声绘色，可谓精彩不断。

在朗读指导时，学生很容易领悟到廉颇居功自傲的性格，但在朗读表达时却很难感同身受，读起来缺少情感。于是，我在指导中加入了京剧片段。只见剧中的廉颇眼神犀利，面目狰狞，向前大迈两步，摇头晃脑，咿咿呀呀诉说着内心的不满。学生虽然听不明白剧中所唱的内容，但是音乐的节奏和氛围更容易深入人心。将京剧融于课堂，也是我第一次大胆的尝试。将语文和传统文化京剧融为一体的教学方式不正符合现在所要求的"大语文"概念吗？在教学实践时，学生也是兴趣浓厚。让我意想不到的是，课后有学生对京剧充满好奇，甚至告诉我："老师，原来廉颇是花脸。"我再次追问，得知学生在美术课上对京剧脸谱有所涉猎，在无意中又实现了一次跨学科融合。之后我便在教学设计中加上了对于京剧脸谱和花脸人物的介绍板块，如典韦、黄盖、朱温等，引导学生自主探索京剧人物背后的故事。

我们常说"读万卷书不如行万里路"。在教学的最后，我再一次点明文章主旨，希望学生常常迈出家门去看世界，多去看看祖国的大好河山，多去发现故事、探索故事、创造故事。学生在课后纷纷跑上讲台和我探讨历史故事。"老师，我还知道三顾茅庐的故事。""老师，我看过《精忠报国》的电影，你看过吗？"……这一次的语文课堂结束了，但真正的语文学习似乎才刚刚开始。

以文为基础，以生为本，以文带文，教师在教书育人中应该秉承"授之以鱼不如授之以渔"的理念。通过这一次的教学研究，我认为语文课本里面的人文性、知识性并不是教语文的关键，教师身上的人文性和语文课本的引导性才更重要。教师应该激发学生读书的兴趣和探索的欲望，点燃心中的梦想，让学生有美好的憧憬和追求，学习语文的最大魅力就在这里。这也要求教师要多研、多思，一只眼盯着"语文"，一只眼盯着"学生"，这才是合格的语文教学。

教学案例

将相和

教学目标

1. 能掌握快速阅读的技巧与方法，体会廉颇和蔺相如的性格特点。

2. 了解"完璧归赵、渑池会面、负荆请罪"的内容，弄清三个故事之间的联系，并完整讲述《将相和》的故事内容。

3. 感受文字的魅力，培养积累、探究文字的能力。

教学重难点

1. 掌握快速阅读的技巧与方法，体会廉颇和蔺相如的性格特点。

2. 感受文字的魅力，培养积累、探究文字的能力。

教学过程

一、谈话导入，引出课题

同学们，今天我们要来讲一个交友的故事。自从盘古开天地，三皇五帝到如今，古人交友可赞者甚多。前有桃园豪杰三结义，后有瓦岗众兄弟；有管仲与鲍叔牙的管鲍之交，有俞伯牙与锺子期的知音之交，还有今天我们要学的廉颇与蔺相如的刎颈之交。《将相和》一共有三个小故事。我们先来好好读读文章。

二、回顾旧知，学以致用

初读课文，记录所用时间。

1. 探讨阅读方法。

预设：注意力集中读、不回读、连词成句地读。

2. 按照所学的提高阅读速度的方法，再次快速默读课文，完成下表。

故事	起因	经过	结果
完璧归赵			
渑池会面			
负荆请罪			

预设：

故事	起因	经过	结果
完璧归赵	赵王得到一块和氏璧，秦王想据为己有。赵王无奈，派蔺相如带着和氏璧到秦国去。	蔺相如识破秦王没有诚意，偷偷让人把和氏璧送回赵国。秦王无奈。	赵王封蔺相如为上大夫。
渑池会面	秦王约赵王在渑池会面。秦王要赵王鼓瑟，之后命人记录了下来。	蔺相如也要求秦王为赵王击缶，秦王不肯。蔺相如要和秦王拼命，秦王只好照办，蔺相如也叫人记录了下来。	赵王封蔺相如为上卿，位列廉颇之上。
负荆请罪	廉颇对蔺相如职位比自己高很不满意。	蔺相如以国家利益为重，不与廉颇计较，处处避让廉颇。	廉颇幡然悔悟，到蔺相如门上负荆请罪。

教师引导：请大家根据表格提示，复述课文内容。

教师小结：课文的三个故事存在内在的逻辑关系，前两个故事的结果是最后一个故事的起因。讲故事时不能颠倒顺序。

三、细读故事，体会人物形象

教师启发思考：蔺相如、廉颇给你留下怎样的印象？快速默读课文，圈画相关语句，结合具体事例，根据人物的语言、动作、神态等感知人物形象、把握人物特点，小组讨论。

（一）分析蔺相如的性格特点

1. 交流"完璧归赵"的故事。

（1）蔺相如为赵王分析秦王的意图时，用了两个"如果"、一个"就"和"一定"，权衡利弊，让我们感受到他的机智。

（尝试用"如果……就……"造句。）

（2）当时秦国强盛，赵国不如秦国，满朝文武都觉得这件事很为难，蔺相如却敢挺身而出带着和氏璧出使秦国，我觉得他很勇敢。

2. 交流"渑池会面"中蔺相如的性格特点。

（1）在"渑池会面"中，秦王让赵王鼓瑟，是有意侮辱赵王。蔺相如说"希望您能击缶助兴"，用同样的方式反击，感觉他很有智慧。

（2）我想补充，"您现在离我只有五步远。如果您不答应，我就跟您同归于尽"体现了蔺相如的决心，也看出他大义凛然、不顾个人安危。（朗读指导）

教师引导：这两处程度是逐渐加深的。在这里蔺相如虽然说的是"您""希望"这样客气的词，但是他的要求却是不容置疑的，体现出他的深谋远虑。

3. 教师引导思考：蔺相如为什么逼秦王击缶？表现了蔺相如怎样的性格特点？

（1）维护国家的荣誉，维护赵王与赵国的尊严。

（2）表现了蔺相如为了国家的荣誉不畏强暴、机智勇敢的高尚品质。

教师小结：在"渑池会面"这部分，我们通过抓人物的语言、语气，进一步感受蔺相如的机智勇敢。

4. 交流"负荆请罪"的故事。

（1）在"负荆请罪"这个故事中，从"秦王我都不怕，还会怕廉将军吗？……我之所以避着廉将军，为的是我们赵国啊"可以看出蔺相如以国家利益为重，顾大局、识大体。

（2）从蔺相如"请病假不上朝，免得跟廉颇见面""远远看见廉颇过来了，赶紧叫车夫把车往回赶"这些行动，也可以看出他以国家利益为重，顾大局、识大体。

（二）分析廉颇的性格特点

1. 第一种情况：学生按照文章顺序汇报。

2. 交流"负荆请罪"的故事。

（1）从"我廉颇立下了那么多战功，他蔺相如就靠一张嘴，反而爬到我头上去了。要是我碰见他，一定要让他下不来台"可以看出廉颇很不服气、居功自傲、狭隘率真。（播放京剧）

（2）从廉颇"脱下战袍，背上绑着荆条，到蔺相如门上请罪"的行动，又可以看出他以国家利益为重，勇于认错、知错就改。

教师随机板书。（廉颇：勇于认错 知错就改）

3. 对比廉颇和蔺相如的性格特点。

（1）思考：你更喜欢廉颇还是蔺相如呢？用具体的事例进行分析。（分角色演绎故事）

（2）对比读，感受人物性格。（出示京剧）

4. 总结：正是因为廉颇和蔺相如都以国家利益为重，所以才能由不和到和。

教师随机板书。（以国家利益为重）

四、总结全文，升华主题

今天我们学的这一篇文章出自司马迁的《史记》，像我们知道的一诺千金、暗度陈仓、沐猴而冠、韦编三绝等都是出自《史记》。

我国悠久的历史中不仅产生了许多历史故事，而且留下了一个个生动形象的成语。所以我说，一个成语就是一个世界，一个成语就是一段历史的烟云浮沉。以前课本是我们的世界，现在世界才是我们的课本。希望大家能够在世界里发现故事，讲述故事，创造故事。

板书设计

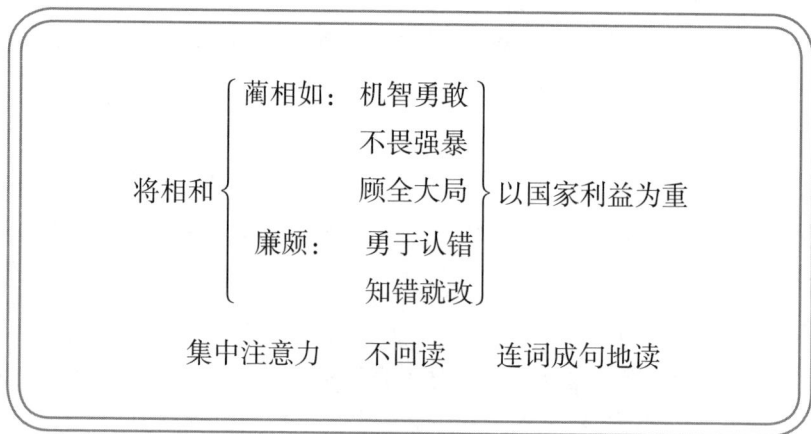

时间酿酒，余味成花

——《示儿》《题临安邸》教学故事

郭兰花

教师简介

　　郭兰花，长沙市长郡天心实验学校语文教师、六年级语文备课组长，小学语文一级教师。曾荣获武冈市"小学语文骨干教师"、教师征文比赛一等奖，天心区小学语文作业设计二等奖等。坚持"让每个孩子都用自己的方式闪闪发光"的教育理念。

　　"一个教师，要经过多少岁月，才能口吐莲花，以其清香氤氲一间辽阔的教室。那间教室，顶上是日月星辰，圣哲高悬，照亮长空，诗词闪烁，点缀夜幕，一吟一咏，皆是学问……"从教之路十余载，前路亦漫漫。我渴望在课堂上与学生共同编织知识的画卷，让每一次教学都成为一场思想的盛宴。但是在日常教学中，课堂总是一门遗憾的艺术。直到2022年秋季，我初来长沙市长郡天心实验学校，完成第一次单元整体教学研讨课之后，我领悟到：有所期待，方能不惧风雨；潜心问学，方能问道远方；心怀热爱，方能乘风破浪。

　　"你走的每一步，都算数。加油！"第一次磨课评课时，欧欧老师对我投以鼓励的目光，微笑着对我说。

　　虽然，这只是一堂普通的单元整体教学研讨课，但是身为校长且诸多事务缠身的欧欧老师已经在一周内连续三次来听我的课了。她说："我希望大家能够真正地热爱语文，扎扎实实上好每一堂语文课，就像认真对待每一次的教学比赛一样。"

　　其实之前也上过很多公开课，但是这次我却心如悬旌。传闻欧欧老师有个规矩，那就是每个新来学校任教的语文老师，她都要听课。听多少节课可没准，反正要直到被听课的老师把课上得让她觉得还能过得去为止。

我正好接到了上单元整体教学研讨课的任务，于是在志忑而又有点期待的复杂心境中进行第一次备课。当时"大单元教学""单元整体教学"这些名词对我来说还非常陌生，对教参上的解读也是一知半解，认为就是把几个内容拼凑在一起教学，类似于将相似风味的食物摆成"拼盘"。于是我就寻找单元内部易于整合且有内在逻辑联系的内容，选定了《示儿》和《题临安邸》两首古诗。这两首古诗创作的背景相似，前者写了"靖康之难"后百姓对朝廷派兵收复中原失地、国家统一的热切期盼，后者写了百姓们对南宋统治者偏安一隅、不思进取的辛辣讽刺，二者都是爱国主义题材的古诗。

从单元导语页的语文要素出发，我备好了初稿并上了一堂组内展示课。这节课我本想借助古诗背景资料，抓住诗中的关键词，用"悲"引导学生体会陆游跨越生死的家国情怀，用"醉"让学生体会作者对当政者不思进取、醉生梦死偏居一隅的辛辣批判和讽刺。但是在上课时，明显感觉两首诗的内容被割裂开来，像是一堂课被生硬地拦腰截断。正当我有点灰心之时，欧欧老师说："教师上好课的第一要务是研读文本。作为单元整体教学，你要把这两首诗的内在联系落实到你的教学设计中去才行。"

欧欧老师的话犹如一束光照进一方黑暗的牢笼里，我忽然又有了主意，决定采用以诗教诗的方法来设计这堂课。上一堂课，读一组诗，借助陆游的《秋夜将晓出篱门迎凉有感》《示儿》来反衬南宋王朝的醉生梦死、不思进取，用百姓流离失所、民不聊生的现实，强化林升的忧虑与愤怒，让学生在对比朗读中体会"悲"与"愤"。

学，然后知不足；教，然后知困。在第二次磨课时，我又遇到了新的问题。当我引读"死去元知万事空，但悲不见九州同"这两句诗时，学生的朗读效果并不理想，激情还不够。究竟哪儿出了问题？我一脸茫然，于是我积极寻求组内小伙伴的帮助。大家你一言我一语，各抒己见，找到了症结所在。一是五年级的孩子经历尚浅，对文字中有关生死的话题没有深刻认知，没有"死生亦大矣"的人生感受；二是部分学生缺乏对创作者生平经历的了解，体会不到陆游那份至死不渝的家国情怀。因此，要实现学生与文本的情感共鸣，还得增加两架理解文本的"梯子"：一是联系生活实际，对比寻常老人去世和陆游去世时立遗嘱的不同表现，从而体会陆游至死不渝的家国情怀；二是结合资料，通过一叹三咏的方式，引导学生进行回文朗读，增强文本感染力。因此我做了这样的教学设计：

对比寻常的老人和陆游临终时的"悲"，你发现了什么？

（指导学生有感情地朗读这两句诗）

我们不禁好奇，为什么不见九州同会如此触动陆游的心呢？

（出示陆游生平资料）

（教师设置情境，引导学生进行回文朗读）

诗人写这首诗的时候，中原已经沦陷65年了。这65年，他每天都在盼望朝廷的军队能够收复中原，但直到大限将至，还是没能看到国家统一。所以，躺在病床上的陆游无比遗憾地说……

此刻，是这个老人生命的最后一刹那。尽管他清楚，人死了就和这世间的一切没有关系了，但是，他仍然要用尽最后一口气，说出他心底深处的愿望！所以陆游悲痛地说……

伴着婉转低沉的音乐，从学生抑扬顿挫的读书声和严肃的表情中，我释怀了：要让学生深入文本，教师首先要深入了解学生。这也给了我一个启示：要让学生感受文字背后的深刻，就要把问题的"梯子"落在地上，让学生顺着"梯子"爬上来。

于是我有了一个大胆的设想：虽然这两首诗在表达手法和情感基调上有所不同，但是在主题上都深刻地反映了诗人对国家前途命运的深切关怀和对国家强大的憧憬。何不互为补充、彼此映衬，让两首诗互相做"梯子"，教学重点围绕陆游的"悲"与游人的"醉"、陆游的"不忘"与游人的"忘"展开，用对比朗读激发学生强烈的情感？

但是，怎么实现这些想法呢？

我求教了语文教学经验丰富的前辈教师。有老师说："光把问题的'梯子'落在地上还不行，你设置的问题还需要有层次、有深度。不是浅尝辄止，而是连问连答、深入挖掘。对于同一个问题，往往会有多个学生展示的多个答案。这就叫语言的建构与运用、思维的发展与提升。"

顺着前辈们的指导，我又一次修改了我的教学设计。这一次，我用问题将两首诗的句子全部串联起来，并且逐层向"忘""不忘"中推进，最后落到本单元的主题"责任"二字上，意在唤醒学生的"责任"意识——做一个有责任感的人、做一个有责任感的中国人，将教师"为党育人、为国育才"的光荣使命落实到课堂教学中。

虽然整理思路和磨课的过程颇多艰辛，但是在探索中发现问题，在解决问题中求得真知，这本身就是一个极具价值且快乐的过程。

所谓良师，是传道受业解惑者，是在迷惘中指点迷津的引路人，更是平淡的生命中突然出现的一道光，让我看到想成为什么样的人，想要什么样的人生，一切的一切都有了方向。历经组内多番磨课，尽管课堂设计还有诸多不足，但是面对几番修改的教学设计，欧欧老师肯定了我的教学思路，也指出了我今后需要努力的方向。

感谢欧欧老师和备课组成员的指引，让我在教研路上有源源不断前进的动力。"不行不至，不为不成"，虽然不可能每一节课都像公开课这样花如此之多的时间和精力去准备，也许上一堂完美的公开课之后还是会"打回原形"，但我未来仍将扎扎实实上好每一节语文课。

长长的路，一步一步走。时间酿酒，余味成花。在语文教学之路上，我会脚踏实地，更加努力，做更好的自己。

教学案例

示儿、题临安邸

教学目标

1. 认识"乃、熏"等生字，理解"元、但、熏"等词语的意思。

2. 有感情地朗读课文。背诵课文。

3. 能借助题目、注释、插图和相关资料，对比阅读古诗，理解故事内容，体会诗人表达的爱国情感，引起共鸣，激发爱国主义情感。

教学重点

有感情地朗读课文。背诵课文。

教学难点

能借助题目、注释、插图和相关资料，对比阅读古诗，理解古诗内容，体会诗人表达的爱国情感。

教学准备

课件；学生预习两首诗，搜查背景资料。

教学过程

一、阅读对比，聚焦背景

1. 这节课我们来学习这两首诗，谁来读课题？（读准、读出节奏，读懂题意）请同学们快速读读这两首诗，你发现有什么相同之处？

2. 朝代一样，说明这两首诗的写作背景是一样的。那当时是怎样的背景呢？（结合资料，让学生对比两宋国土变化，了解"中原""九州""临安""杭州""汴州"几个地名以及"遗民""王师"等词语的含义）

二、找关键词，体悟情感

1. 文有文心，诗有诗眼。请同学们读第一首诗，圈出最能体现诗人情感的字。（板书：悲）

（出示陆游临终示儿图）这就是陆游。昏黄的烛光里，这是他人生最后的时光，亲人围在床前。你觉得诗人为何而悲？（配乐）

（预设：他快要死了，所以感到悲伤）

好，带着你的理解，来读这一句："死去元知万事空，但悲不见九州同。"

你觉得他读得怎么样？（相机指导朗读）相信你可以读得更好。

老师从你的朗读中体会到了诗人即将离世的悲伤。联系你的生活实际，想想，一位老人在临终时，通常会对儿女们说些什么呢？

（预设：分配财产、落叶归根、安慰家人、未完成的心愿等）

"悲"表示心愿没有达成，这首诗中，诗人什么心愿没有达成，感到悲伤和痛心呢？结合诗句来说说你的理解。

（预设：诗人死去之后，感觉人间的事情都与他没有关系了。他最感到悲哀的就是国家没有统一）（相机指导学生结合注释理解诗句）

对比寻常的老人和陆游临终时的"悲"，你发现了什么？

（预设：前者因家而悲，陆游因国而悲）

指导学生有感情地朗读这两句诗。

我们不禁好奇，为什么不见九州同会如此触动陆游的心呢？

（出示陆游生平资料）

（教师设置情境，引导学生进行回文朗读）

191

诗人写这首诗的时候，中原已经沦陷65年了。这65年，他每天都在盼望朝廷的军队能够收复中原，但直到大限将至，还是没能看到国家统一。所以，躺在病床上的陆游无比遗憾地说……

此刻，是这个老人生命的最后一刹那。尽管他清楚，人死了就和这世间的一切没有关系了，但是，他仍然要用尽最后一口气，说出他心底深处的愿望！所以陆游悲痛地说……

2. 是什么原因让陆游"但悲不见九州同"呢？接下来，我们来读一读林升的这首诗，看看能否从中找到答案。

"山外青山楼外楼，西湖歌舞几时休？"

会读书的人，读着眼前的文字，脑海中就会浮现出相应的画面来。再读诗句，用一个词语形容你脑海中的画面。

（生读诗句）

（预设：青山高楼、载歌载舞、歌舞升平……）

是谁在西湖边欢歌载舞不能休呢？看插图，猜一猜。

（预设：达官贵人，当权者）

祖国的大好河山何止是西湖呢？差不多同一时期的陆游，也用诗句描绘了一幅万里江山壮美图，我们来读：

"三万里河东入海，五千仞岳上摩天。"

但是我们来读这首诗的后两句：

"遗民泪尽胡尘里，南望王师又一年。"

结合地图、插图和注释，你读懂了什么？

（预设：南宋失地上的百姓深受胡人残酷压迫之苦，日夜盼望王师过来拯救他们于水火之中）

但是王师，也就是南宋的统治者，他们把这一切都忘记了！他们在西湖边载歌载舞："山外青山楼外楼，西湖歌舞几时休？"

标点符号会传情达意，现在你又怎样理解句尾的问号？

（预设：不理解、质问、愤怒等）（指导学生有感情地朗读这两句诗，注意感情的层层深入）

3. 像这样的王师不能够让九州大同，所以陆游盼了一年又一年，直到临终也只能悲伤地叹息："死去元知万事空，但悲不见九州同。"

同学们，《示儿》是陆游写给儿子的遗书。遗书中，陆游念念不忘的只有九州大同，于是他向孩子们交代：

（预设）"王师北定中原日，家祭无忘告乃翁。"

用自己的话来说，那就是……（学生用自己的话说说诗句的意思）

（教师引读。板书：无忘）

4. 但是陆游寄予希望的王师们又是怎样的状态呢？让我们把目光集聚到《题临安邸》里，看看这些人又是怎样的状态。

"暖风熏得游人醉，直把杭州作汴州。"

读这两句诗，在诗中圈一圈，哪两个字可以看出"游人"的生活状态，并在旁边写下你的批注，写完后小组内交流讨论。用联系上下文和结合插图的方法理解"游人"就是南宋当权者。

理解关键词"醉""熏"。

（1）这个"醉"字，你认为是怎样的醉呢？让我们看这两幅画——官员作乐图与南宋遗民泪尽图。

这些王师权贵们，真的是今朝有酒今朝醉，哪管百姓家园碎啊。所以这个"醉"是偏居一隅，醉生梦死的"醉"。

（2）谈谈你对"熏"的理解。如果把"熏"换一个字，那这句话可以变为？

（预设：暖风吹得游人醉、暖风拂得游人醉……）

结合"熏"字的字形和释义，理解这里的风是奢靡、颓废、享受、腐败之风。

这股风气慢慢消磨了权贵们收复中原的信念和意志。所以，他们忘记了什么呢？（板书：忘）

（预设：国恨家仇、苦难百姓、责任和使命……）

5. 我们发现，第一首诗中，诗人用"悲"字写出自己念念不忘九州同，第二首诗中有没有？（没有）你能不能也用一个字或者词表达一下诗人的情感呢？

（预设：悲、愤、怒、恨……）（板书：愤）

看到王师们整天花天酒地怎么能够不愤怒、不生气呢？让我们发出愤怒的质问。（学生读《题临安邸》）正因为王师们醉生梦死，整日寻欢作乐，陆游至死都在悲叹。（学生读《示儿》）

三、聚焦升华，总结情感

两首诗一悲、一愤。其实悲也好，愤也罢，诗人都想表达一种共同的情感，什么情感？

（预设：爱国）（板书：爱国情怀）

两位诗人这份滚烫而深沉的爱国情怀千百年来令人动容。正如本单元导语页中艾青所言,请读:

(预设:"为什么我的眼里常含泪水?因为我对这土地爱得深沉……")

陆游的"悲"与林升的"愤",只因为国家不强大。那么,怎样才能国富民强呢?在本单元的课文《少年中国说》中有这样一段:

"故今日之责任,不在他人,而全在我少年。少年智则国智,少年富则国富,少年强则国强,少年独立则国独立,少年自由则国自由,少年进步则国进步,少年胜于欧洲则国胜于欧洲,少年雄于地球则国雄于地球。"

这一段给你什么启发?

同学们,天下兴亡,匹夫有责。(板书)我们应该像诗人陆游和林升那样胸怀祖国和人民,我们应该时时谨记这样的誓言,请大声地说出来:"天下兴亡,匹夫有责;请党放心,强国有我!"

板书设计

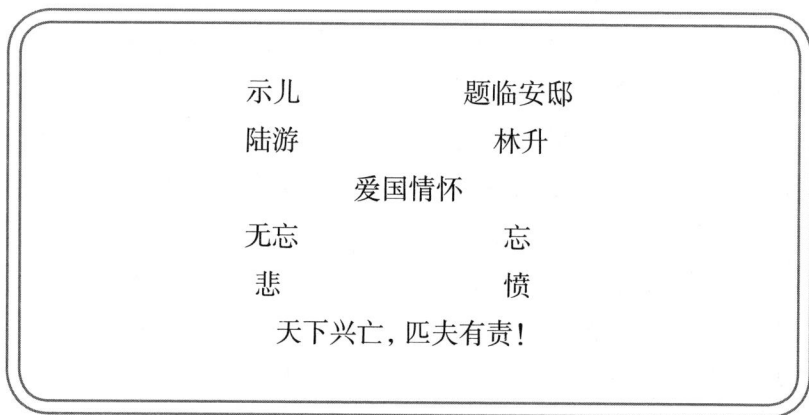

示儿　　　　　　题临安邸
陆游　　　　　　林升
　　　　爱国情怀
无忘　　　　　　忘
悲　　　　　　　愤
天下兴亡,匹夫有责!

家国情怀，诗意长燃

——《秋夜将晓出篱门迎凉有感》教学故事

易千欣

教师简介

易千欣，长沙市长郡天心实验学校语文教师，小学语文二级教师。曾获天心区辅导员素养比赛特等奖等荣誉。始终坚守爱岗敬业的准则，立足本职，扎实工作，勇于进取。热衷于古诗词及文言文的阅读及推广，希望通过传统吟诵、群文阅读等形式，将中华优秀传统文化融入现代课堂，进而陶冶学生的情操，树立文化自信。

"遗民泪尽胡尘里，南望王师又一年。"一字一句皆为期盼，一分一秒皆是思念。南宋诗人陆游的《秋夜将晓出篱门迎凉有感》如同一把钥匙，开启了我教师生涯成长的新大门，其深刻的爱国情怀和独特的艺术魅力，给学生和我都带来了强烈的心灵震撼。

当第一次拿起这首诗准备教学时，我的心中便涌起一股强烈的责任感。我深知，要将陆游在诗中蕴含的深沉爱国情感准确地传达给学生，并非易事。于是，我开始查阅大量的资料，深入了解南宋的历史背景，剖析陆游的生平事迹，并联系南宋时期的文学作品进行深挖。在这个过程中，我仿佛与陆游跨越时空对话，感受着他那颗炽热的爱国之心。

随着理解的深入，也引发了我对于教学实践的思考：如何引导现代的学生想象自己置身于诗人所处的战乱时代？如何才能感受诗人所看到的山河景象和遗民的处境？又从何体会诗歌所营造的悲凉而又壮丽的意境？无数个问题在我的脑海中浮现，也令我更为急切地想要去寻找问题的答案。

　　湘江新区小学语文教研员熊社昕老师曾在一次教研中提到："在课堂中，与其直接给出定义，不如先设计一系列贴近学生生活、能够引发共鸣的问题，学生在探索答案的过程中逐步构建对课文的理解。学生成为学习的主体，而教师则是那个适时引导、鼓励和支持的角色，实现以学定教。"于是，我开始尝试把这样的理念融入自己的教学实践。

　　备课的日子里，我常常沉浸在诗的意境中，反复琢磨每一个词句的含义，同时思考着如何用生动的语言将学生带入那个秋夜，让他们体会诗人的感慨。为此，我精心设计了"情景剧本"的教学环节，每个学生都是小侦探。为了引导他们，我还准备了丰富的图片和视频资料，希望能让学生更为直观地感受山河的壮丽与遗民的苦难。

　　在引导学生理解诗歌内容方面，我设计以寻找线索的形式进行提问，帮助学生逐步理解诗题的含义、诗句中所描绘的山河景象以及遗民的处境和心情。例如，在讲解"三万里河东入海，五千仞岳上摩天"这两句诗时，让学生结合地图和自己的想象，描述黄河和华山的雄伟壮丽，从而使学生更好地理解诗人对祖国山河的赞美之情。在讲解"遗民泪尽胡尘里，南望王师又一年"这两句诗时，通过穿插南宋时期的历史背景介绍，让学生了解遗民在金兵统治下的苦难生活以及一年又一年的盼望和一年又一年的失望，从而体会诗人对遗民的同情和对南宋朝廷的不满。

　　终于，上课的日子来临了。我怀揣着紧张与期待走进教室。当我在黑板上写下《秋夜将晓出篱门迎凉有感》这首诗的题目时，学生的目光中充满了好奇。我从诗的题目入手，引导学生分组发现诗题线索，并将其拼凑起来。解了诗题后，开启新课的教学。学生积极发言，课堂气氛一下子活跃起来。

　　接着，我通过讲述南宋的历史故事，让学生了解了诗的背景。当他们听到金兵铁蹄下百姓的悲惨遭遇时，脸上露出了悲愤的神情。我趁热打铁，逐句解读诗句，带领他们领略黄河的磅礴、华山的雄伟，并联系之前所学的《题临安邸》中的"暖风熏得游人醉，直把杭州作汴州"。这一设计让学生对本诗的创作背景有了全新的理解，深入感受了遗民的痛苦与期盼。学生被诗中的情感打动，他们的眼神中闪烁着对国家命运的关切。

　　在讨论环节，学生纷纷发表自己的看法。他们描绘着祖国山河的壮丽，讲述着遗民的悲惨遭遇，从而明白诗人的爱国情怀不仅是对祖国山河的热爱，更是对国家命运的担忧和对百姓的同情。他们的话语虽然稚嫩，却充满了真诚。那一刻，我感受到了教学的魅力，也体会到了作为一名教师的成就感。

课后，我反思这次教学经历，深刻认识到自己还有很多不足之处。我明白了教师不仅要有扎实的专业知识，还要有丰富的教学方法和手段，要能够激发学生的学习兴趣和积极性。同时，我也更加坚定了自己的信念，要不断学习，提升自己的教学水平，为学生带来更好的教育。

《秋夜将晓出篱门迎凉有感》这首诗，不仅让学生感受到爱国情怀，也成为我教师成长道路上的一座里程碑。它让我明白，教学是一场永无止境的探索之旅，每一次挑战都是成长的机遇。我将怀揣着对教育的热爱，继续前行，努力成为一名更加优秀的教师。

教学案例

秋夜将晓出篱门迎凉有感

教学目标

1. 会认"渭、仞、岳、蓟"等6个生字，会写"仞、岳、摩"等6个字。
2. 有感情地朗读课文。背诵课文。默写《秋夜将晓出篱门迎凉有感》。
3. 借助注释理解诗句的意思，体会诗人表达的思想感情。

教学重难点

1. 有感情地朗读《秋夜将晓出篱门迎凉有感》。
2. 理解诗句的意思，体会诗人表达的思想感情。

教学过程

一、释题激趣，创设语境

欢迎大家来到《我是大侦探》特别节目之《遗民之泪》。1192年的秋天，一位67岁的老人思绪万千，辗转难眠，写下一首千古名篇，他是谁呢？他究竟为何难眠？这首名篇背后究竟隐藏着怎样的故事？今天就让我们一起去寻找真相。

二、初读诗歌，感受韵律

（一）第一轮搜证

请同学们将书翻到第54页，结合屏幕看看第一条线索，这11个字，究竟隐藏着什么意思？4人为一小组，讨论1分钟，计时开始。

回答格式：

我找到的线索词是：_____，它的意思是：_____。

秋夜将晓：秋天的夜晚，天将要亮的时候。

出篱门：到门外去。

迎凉：迎面吹来一阵凉风。

有感：心中有所感想。

明白了意思，现在我们根据意思，划分节奏，齐读第一条线索。

（二）第二轮搜证

恭喜大家获得第二轮搜证机会。现在屏幕上展现的是第二条线索。请同桌之间借助书本上的注释，互相读一读。要求读正确，读流利，计时1分钟，开始。

秋夜将晓 / 出篱门 / 迎凉 / 有感

[宋]陆游

三万里河 / 东入海，五千仞岳 / 上摩天。

遗民 / 泪尽 / 胡尘里，南望 / 王师 / 又一年。

（指名读，纠正字音，齐读）

现在我们知道了，这一位67岁的老人正是——陆游。在这个凉意袭来的初秋黎明，陆游究竟想到了什么呢？我们先将思绪集中到本条线索的前两句，齐读：

"三万里河 / 东入海，五千仞岳 / 上摩天。"

想到了很长很长的河，流去哪？（这条河往东流入大海）

这条河是什么河？古代诗歌里有答案。

王之涣说："白日依山尽，黄河入海流。"

李白说："君不见黄河之水天上来，奔流到海不复回。"

所以我们可以推理出陆游诗中这一条很长很长的河就是——黄河。

陆游还想到了什么呢？高高的华山。（有多高呢？）仿佛可以碰到天。

中国有五岳的说法，东岳泰山，西岳华山，南岳衡山，北岳恒山，中岳嵩山。它们各有各的特点，泰山雄、华山险、衡山秀、恒山奇、嵩山奥。陆游诗中正是高高的华山，还有很多诗人写过华山的高：

寇准说："只有天在上，更无山与齐。"

洪湛说："华山高万丈，莲峰映初日。"

很长很长的黄河奔腾入海，很高很高的华山耸入云霄，语带夸张。让我们再来将这两句读一读。

三、品读古诗，感悟诗情

秋天的夜晚，天将亮的时候，陆游走出家门，感受着凉风。如此安静的环境，为什么想到了黄河与华山呢？或许还有谜题未解，我们接着读下去，去探寻他的真实想法。让我们先来齐读：

"遗民泪尽胡尘里，南望王师又一年。"

短短14个字，书中给到了3个注释。不了解南宋的历史，或许有点难以理解。让我们来看一段介绍宋朝历史的视频，理解关键线索。（播放视频）

遗民：生活在金统治地区的原宋朝百姓。

胡尘："胡"指金兵，是敌人。"胡尘"指的是金统治地区的风沙。

王师：南宋朝廷的军队。

现在就让我们根据搜集到的线索，来进行集体讨论。在陆游的诗歌中，"遗民"一词经常出现，不仅如此，还总和"泪"相伴。

《关山月》中说："遗民忍死望恢复，几处今宵垂泪痕。"

《秋思》中说："遥想遗民垂泣处，大梁城阙又秋砧。"

而我们这首诗中不仅有"泪"，还多了一个"尽"字：

陆游说："遗民泪尽胡尘里，南望王师又一年。"

在这一句诗中，你看到了什么？（百姓在哭泣，眼泪都流干了）

你听到了什么？（哭声）

你感受到了什么？（百姓的悲伤，难过，渴望统一）

是啊，他们渴望南宋朝廷的军队早日收复失地，等待了一年又一年。截至陆游写下这首诗，等了多少年大家知道吗？本诗写于1192年，陆游已经67岁，而距离1127年的靖康之耻已经过去了整整65年。

宋朝的百姓盼望着南宋朝廷的军队早日恢复失地，解救他们，一年又一年。

10年过去了，王师来没来？（没来）他们：遗民泪尽胡尘里，南望王师又一年。

20年过去了，王师来没来？（没来）他们：遗民泪尽胡尘里，南望王师又一年。

整整65年过去了，王师来没来？（没来）他们：遗民泪尽胡尘里，南望王师又一年。

一次又一次的盼望，换来一次又一次的失望，整整65年，南宋军队究竟在何处？南宋朝廷都在干什么？其实，你们早已知道原因，请读：《题临安邸》。

但并不是所有人都像这些荒淫的权贵一样。许多爱国人士，如陆游，他们时刻在惦念着中原的百姓，也正是这一份惦念，令他夜夜难以入睡。

四、总结升华

故事推理至今，我们再回过头看看前两句。奔流不息的黄河与高耸入云的华山，它们就在中原地区。本属于宋朝百姓的大好河山，当时却被敌人所占据着！让我们再来读读这首诗。

我们不是生活在一个和平的时代，我们只是生活在一个和平的国家。和平不会从天上掉下来，我们的和平是无数先烈用生命换来的，需要我们来坚定捍卫。对我们而言，宁可满身泥泞地爬到河对岸，也不愿衣冠楚楚地站在河的这边。习近平总书记说："努力做祖国和人民需要的好孩子。"希望你们成为不熄灭的野火，点亮天地四合！

一艇见一城，动静皆情趣

——《威尼斯的小艇》教学故事

何雪

◀◀ **教师简介** ─────────────

何雪，宁乡市老粮仓镇中心小学校长，小学语文一级教师，长沙农村名师工作站老粮仓站学员。曾荣获宁乡市"教学能手""书香教师""三八红旗手""优秀教育工作者"等称号及宁乡市语文赛课一等奖。教育理念是："师者何以为师？示以美好，授以希望。"

荷风送香气，竹露滴清响。迎着初夏的暖阳，一月一次的名师农村工作站活动如期而至，本次研修的主题是：单元整体解读与教学设计的研讨，大家一同探讨统编教材五年级下册第七单元"异域风情"。本次集中学习研讨促使我产生了很多思考，尤其是欧欧老师最后的点评环节，更是让我醍醐灌顶。大单元整体教学一直是我们在实践与探索的，下面就以我执教的《威尼斯的小艇》一课为例，简单谈谈我的思考。

统整视域，转"零"为"整"

《威尼斯的小艇》选自统编教材五年级下册第七单元。本单元的人文主题为"异域风情"，语文要素是"体会静态描写和动态描写的表达效果；搜集资料，介绍一个地方"。马克·吐温运用形象化的手法，借威尼斯独有的标志——小艇，在动静转换的精巧表达中，把水上名城的风光韵味十足地表现出来。这篇名家散文注重表现生活感受，抒情性强，情感真挚。结合单元语文要素，《威尼斯的小艇》作为本单元的首篇课文，承载着方法指导、要素落实的重任。欧欧老师提出，教师在执教时，不能把课文仅仅看成是"这一篇"，而要具备统整意识、系统思维，要关注文本中作者对小艇的独特感受，也要探究作者是如何表达这种情感的，即哪些内容能够引领我们触摸到作者的情感。

"实用性阅读与交流"学习任务群在第三学段提出"学习通过口头表述和多种形式的书面表达，分享观察自然、探索科学世界的所见所闻、所思所感"。本单元安排了课文《威尼斯的小艇》《牧场之国》《金字塔》，口语交际"我是小小解说员"和习作"中国的世界文化遗产"等内容，许多板块都指向了"实用"一词。我在教学中创设单元任务情境"跟着书本去旅行"，引导学生跟着书本去世界各地旅行，并在旅行过程中学会解说威尼斯的风土人情，学习介绍中国的世界文化遗产，培养搜集和整理资料的能力。对于之前设计的小练笔"介绍学校"，欧欧老师建议，应紧扣该任务群的特质，创设"成为第一站威尼斯的小小讲解员"情境，充分激发学生的学习兴趣，发挥学生的主观能动性，让学生自己想学。

支架助力，转"难"为"易"

学生在学习语文知识的过程中，要在充分理解文本内容的基础上抒发自己的感受。在"聚焦船夫驾驶技术高超，进一步感受动静之美"这一教学环节中，我先让学生自主抒发感受，再引导学生借助关键词去感受游客在小艇中的舒适悠闲，从而进一步体会船夫的驾驶技术高超。在此基础上放手让学生进行小组合作学习。① 圈画关键词：你从哪些地方感受到"船夫的驾驶技术特别好"？ ② 以游客的身份夸夸船夫的驾驶技术。学生在这样多形式的学习中自然而然地构建知识网络，在巩固原有知识的基础上不断学习新知识和阅读的新方法，继而牢固地把握文章阅读方法和技巧。

多样展学，转"被"为"主"

本单元另一语文要素是"搜集资料，介绍一个地方"。统编版教材从低年级开始就着力培养学生阅读时提取信息的能力，随着年级的升高要求不断递进：找出相关信息，做出简单推断、概括整理；根据需要搜集资料，初步学习整理资料的方法；结合资料，体会感情。不难发现，此次"搜集资料并介绍"是一个明确的要求，重点是"介绍"，让学生知晓如何向别人介绍一个地方，掌握介绍一个地方的方法、技巧，学会用自己的话介绍。因此，在教学《威尼斯的小艇》这篇文章时，重点要放在指导学生体会表达、学习表达、训练表达上。《威尼斯的小艇》运用形象化的手法来介绍事物，像是给威尼斯这一历史名城的风景片所配的解说词。教学本文时，对学生语言能力的训练设计要紧扣关键词"介绍"，解析作家谋篇布局的匠心和运用技法的别出心裁，引导学生揣摩静态描写和动态描写的表达效果，并将其内化为自己的表达技能，最终学会介绍风景名胜。为了达成这一教学目标，我进行了多样的展示学习，如：以游客的身份夸夸船夫的驾驶技术。多种形式的展示学习无一例外地把学习的主动权交给学生，让学生在多种形式的学习中落实语文要素。叶圣陶先生说："语文课以读书为目的，教师若引导学生善于读，则功莫大焉。"在语文课上，不仅是要让学生读懂课文，更重要的是对学生的语文核心素养进行培养。毋论课文新旧，瞻前顾后、前勾后连，在统整中读出教材的新要求、新视角，读出教材新的教学策略与方法，引导学生掌握并运用阅读策略，让语文要素落地生根。

每一次研修都是一次成长与进步，非常感谢在教学交流过程中欧欧老师及其团队的倾囊相授，让我再次感受到了团队的力量；也非常感谢名师农村工作站这一平台，为教师的专业成长助力，让农村的师生也能领略省城名师的风采，也能接触到前沿的教育理念。在今后的教学中，我将在教学这条探索之路上继续乘风破浪，勇敢前行！

✿✿ 教学案例

威尼斯的小艇

教学目标

1. 能说出课文围绕小艇写了哪几个方面的内容，并体会文中静态描写和动态描写的表达效果。（重点）

2. 能比较课文和"阅读链接"，了解它们在表达方法上的相似之处。

3. 学习作者抓住特点把人的活动与事物、风情结合起来描写的表达方法。

教学过程

一、温故知新，走进水城威尼斯

导入：同学们，读万卷书，行万里路，足下万里，皆是风景。这节课让我们继续跟着课本去旅行，走进水上城市威尼斯，跟随马克·吐温的文字，去领略威尼斯的人文景观。齐读课题。

上节课，我们已经感受到了小艇对于水城威尼斯的重要性，小艇又窄又深、轻快灵活的特征，也深深地印在了我们的心上。（齐读第2自然段）

二、聚焦表达，感悟船夫技术之高超

1. 有游客提出了疑问，小艇又窄又深，又没有扶手，坐起来安全吗？《跟着课本去旅行》节目组今天想邀请大家帮忙，向游客介绍一下船夫的驾驶技术，让大家安心。

请大家自由读第4自然段。你能从哪些方面向游客证明船夫的驾驶技术是值得信赖的呢？（生默读课文，反馈交流2分钟）先读一读，再圈画关键词写批注。

2. 其实文中只用了一个词，就准确地写出了船夫不一般的驾驶技术，是哪一个词？船夫是在什么情况下操作自如的呢？用横线来画一画。船夫能操纵自如的表现又是什么呢？用波浪线画出来。

（合作读）女生读船夫所处的情况，男生读船夫的表现。

3. 师生合作读，老师读黑色部分，你们读彩色部分，一边读一边思考作家的构段密码。船夫能够在不同的情况下都操纵自如，那你们想不想真实地感受一下威尼斯船夫那高超的驾驶技术？我们一起来看一看。（播放视频）

4. 看来船夫的驾驶技术真不简单。现在谁来向游客夸夸船夫的驾驶技术？可以用上课文中的原句，同桌之间讨论一下。

难怪马克·吐温被称为"文学大师"，他的遣词造句十分讲究。

总结：好的动态描写能表现对象灵活、旺盛的生命之美，使人产生深刻的印象。

5. 我们再看到这一段的最后一句，一起来读一读。"两边的建筑飞一般地倒退……"这句话没有直接写船夫的驾驶技术特别好，我们可以把它去掉吗？谁来说一说？

相信听了你们的夸赞和坐船人的感受，游客的疑虑已经打消了，任务圆满完成。

三、朗读品析，品味人艇和谐之美好

1. 坐在舒适的小艇上，"两边的建筑飞一般地倒退，我们的眼睛忙极了，不知看哪一处好"。大家会看到什么呢？我们一起观看视频。（播放视频）这些人和景就构成了威尼斯的独特风情。请同学们用自己喜欢的方式朗读第5—6自然段。

思考：威尼斯的人们会坐着小艇去干什么呢?《跟着课本去旅行》节目组想随机采访几位同学。(生反馈)

2. 现在把第5自然段最后一个句号改为省略号，谁能按照这个提示，仿写句子，为这段补充一点内容?

同学们的想象力都很丰富。是的，白天的威尼斯离不开小艇，人们的生活也离不开小艇，小艇对于威尼斯来说非常重要，与人们的生活息息相关。威尼斯人对戏剧的热爱闻名全欧，威尼斯的凤凰歌剧院更是欧洲的歌剧殿堂，让我们来到歌剧院门口去看一看。(齐读)看着人们丰富多彩的生活，你感觉这是一座怎样的城市?

总结：好的动态描写能增强文章的感染力。

3. 刚才大家都感受了小艇给大家带来的热闹和繁华。现在，请大家静下心来，我们一起来欣赏威尼斯的夜景。(播放视频)

好美的威尼斯之夜，再次用朗读抒发我们此时此刻的情感吧！你们的朗读声仿佛把我带去了威尼斯的夜晚，让我看到了当小艇送走最后一批客人，静静停泊在码头上时，威尼斯也沉沉地入睡了。

夜深人静的威尼斯真静啊！静得仿佛……静得……（跟读）

总结：好的静态描写能具体勾勒景物的形态特征。

4. 这样一动一静，动静结合，让我们感受到了作者表达的巧妙。威尼斯就是这样，艇动了，整座城市就热闹了；艇停了，整座城市就寂静了。威尼斯就在这样日复一日，年复一年中，度过了漫长的岁月。

作者通过动静结合的描写展现了极具情趣的威尼斯。(动静结合)

四、读写迁移，触发学习之延伸

同学们，如此富有情趣的威尼斯还吸引了许许多多的作家，我国著名的作家朱自清、法国作家乔治·桑都曾描写过这座水上名城的独特风光，也别具一番风味。

请同学们读一读课后的"阅读链接"，边读边把课文中共同写到的内容圈起来，并思考三篇文章写法上有什么相似之处。

总结并指导：都写了小艇，都有静态描写、动态描写，都表达了对威尼斯的喜爱之情。

动静结合之间，一座城市的魅力在我们眼前缓缓流淌。

我国很多古诗与本文写法也有相似之处，你能发现吗? 表达效果如何呢?

山居秋暝

［唐］王维

空山新雨后，天气晚来秋。明月松间照，清泉石上流。

竹喧归浣女，莲动下渔舟。随意春芳歇，王孙自可留。

出示图片：这是不同时间的校园，请试着运用动静结合的方法写一写。

小练笔：

丁零零，放学了，同学们＿＿＿＿＿＿＿＿＿＿＿＿＿＿＿＿＿＿。

天渐渐暗下来了，校园里一片寂静，＿＿＿＿＿＿＿＿＿＿＿＿＿＿＿。

小练笔评价机制（自评表）	
能够选择一个情境仿照课文进行描写	♡ ♡ ♡
能从一个角度描写出静态美或动态美	♡ ♡ ♡
能通过不同的角度描写出动静结合的美	♡ ♡ ♡

这节课我们跟随作者的文字欣赏了威尼斯独特的风情，也学会了动静结合的表达方法。这就是表达的乐趣、语言的魅力！美的文章带给了我们美的感受，世界很美，生活也很美，让我们轻轻挥手告别这美丽的威尼斯吧！

板书设计

威尼斯的小艇

技术高超　　艇停城静

动静结合

息息相关　　艇动城闹

上一堂"挺脱"的课

——《他像一棵挺脱的树》教学故事

周红霞

◆◆ **教师简介**

周红霞，长沙市天心区文庙坪小学语文教师、语文教研组长，小学语文高级教师，长沙市阅读推广先进个人，天心区小学语文骨干教师。曾荣获湖南省语文阅读教学竞赛一等奖、长沙市小学语文统编教材"字词句段运用"教学比赛一等奖，执教课例被教育部"部编教材深度宣传解读"项目录用。坚持"教育就是看到美并将其无限放大"的教育理念。

2022 年的深秋，欧校长对我说："红霞，上一堂课吧，我们一起研讨。"我欣然答应。研讨一堂课，这不是语文老师最喜欢的事情吗？按照授课进度，我选定了统编教材小学语文五年级下册第五单元第 13 课中的第二个片段《他像一棵挺脱的树》。片段选自老舍先生的《骆驼祥子》，是我喜欢的作者，也是我喜欢的文章。

要引导学生学好文本，教师就得先深入了解文本。

这个单元是本册书的习作单元，语文要素是：① 学习描写人物的基本方法；② 初步运用描写人物的基本方法，具体地表现一个人的特点。本单元安排了两篇课文：第 13 课由《摔跤》《他像一棵挺脱的树》《两茎灯草》这三个片段组成，分别示范了如何运用动作描写、外貌描写和神态描写刻画人物；第 14 课《刷子李》则着重强调通过正面描写和侧面描写相结合的方法刻画人物。本单元还安排了"交流平台"总结方法，"初试身手"运用方法，习作例文旨在让学生感受本单元学过的人物描写的基本方法如何在整篇文章中综合运用，最后以"形形色色的人"为主题安排习作，紧扣单元导语——"字里行间众生相，大千世界你我他"。

整个单元目标明确，动线清晰。作为教师，只要深挖教材中人物描写的基本方法，结合学情，了解学生的实际需求、知识盲点或弱点，再运用恰当的教学方式去引导，学生必定能学有所获。

本课教学中我设计的教学目标是：

1. 通过阅读，体会文学作品中外貌描写要抓住典型特征，按照一定的顺序来写。

2. 读外貌描写，品析人物的性格，体会外貌描写对刻画人物性格的作用。

3. 延伸阅读，激发阅读兴趣。

第一次磨课后，欧校长兴奋地说："我把这篇文章来来回回读了好几轮，又翻出《骆驼祥子》回顾了几遍，真是越读越沉醉，越读越喜欢文本中这个挺脱的祥子。"看着欧校长因兴奋而红润的脸庞，我也深受感触。是啊，一堂好的语文课怎么能没有读书声？尤其是老舍的文章，更应该细细品读。

《他像一棵挺脱的树》语言纯净清澈，如平静的湖水，质朴平易；侧重人物的外貌描写，刻画出高大强壮、充满活力的祥子形象。初读文字可能会觉得平平无奇，但越读越能感受到语言的精当传神，越读越能品味它潜藏的馨香。因此，引导学生读懂文本、读好文本是我上好这堂课的第一要务。我要和学生一起读出一个"挺脱"的祥子。

为此，我设置如下教学环节：

1. 初读课文，感悟北京方言特色。

2. 精读课文，发现祥子外在"挺脱"的特征。

3. 深读课文，发现祥子内在"挺脱"的特征。

4. 延伸阅读，激发阅读兴趣。

纵观几个教学环节，不难发现，这节课是由两条线串联的。

一条是朗读线。初读，认识、理解"身量、硬棒、出号、一边儿粗、鸡肠子带儿、杀进他的腰"等词语或短语，感受北京方言特色，既扫清阅读障碍，又引导学生初步感知不同作家的表达风格；精读，立足"为什么说祥子像一棵挺脱的树？"这一主问题，引导学生关注祥子高大、强壮、充满活力等外在特征，明白文学作品中外貌描写要抓住典型特征，按照一定的顺序来写；深读，透过文字揣摩人物内心想法，品析人物的性格，体会外貌描写对刻画人物性格的作用；延伸阅读，通过人物不同时期外貌描写的强烈对比，使学生对人物命运产生强烈好奇，激发学生阅读兴趣。

老舍曾说,《骆驼祥子》可以朗读,它的语言是活的。学生一遍又一遍地读,在读中感悟方言之趣,在读中建构人物形象,带着对人物形象的理解和思考,移情入境去读,投入情感去读,读出一个高大强壮的祥子,读出一个硬棒挺脱的祥子,读出一个乐观向上、对生活充满希望的祥子。通过多种形式、多层次的朗读加深对课文的理解,在读中培养语感,熏陶情感,提升素养。

另一条线则是关注"挺脱"这一关键词,在品读中感受外在的挺脱、内在的挺脱以及后期的不再挺脱。文中描写的是刚到北平时的年轻祥子,他结实硬棒,像一棵挺脱的树。但是挺脱的不仅是祥子的身形,还有他的气质;健康的不仅是他的躯体,还有他的理想。祥子的内在精神更值得我们关注。我通过对比阅读,引导学生发现文段中隐藏的行为动词,再重点关注几个动作——杀进他的腰、扭头看看、露出、笑,让学生揣摩动作背后的目的,感受祥子的自信及对生活充满希望。大树植根于厚重的泥土,凭着自己的根汲取养分,就能昂首挺立在天地之间。在祥子的眼中他就像一棵树,他坚信只要凭借自己的强壮和勤劳,就一定能在北平的土地上生根发芽,进而枝繁叶茂。

然而,这样强壮、勤劳的祥子,这样单纯、执着地为生活努力着的祥子最终却没有过上理想中的生活……鲁迅说,悲剧就是把美好的东西毁灭给人看。此时,我巧妙引入《骆驼祥子》原著中对中年祥子的外貌描写。不同时期的两处外貌描写的强烈对比刺痛人心,学生无不愕然,无数问号在学生心间盘踞,为什么祥子不再挺脱? 祥子到底经历了什么? 一个个问号自然而然地驱使他们对《骆驼祥子》原著产生极大的好奇心,这种好奇心将驱使他们阅读原著,穿透迷雾,探清真相。

一遍一遍地读,一次一次地品,一个"挺脱"的祥子在课堂上立了起来,在学生心中立了起来。

可是,作为一个习作单元中的教学文本,教师不光要挖掘其人文性,还得关注其工具性。正在一筹莫展之际,欧校长的一番话点醒了我。

五年级的学生并不是第一次接触外貌描写。从三年级上册的习作"猜猜他是谁",三年级下册的习作"身边那些有特点的人",到四年级下册习作"我的'自画像'",再到五年级上册习作"'漫画'老师",学生一定学过人物外貌描写的基本方法。相信每个老师在教学时都会强调要突出人物主要特征,要按照一定的顺序进行表达等。因此,学生是有基础的。那么,《他像一棵挺脱的树》作为习作单元外貌描写的范本有什么区别于其他文章的地方呢? 这是我们必须要思考的问题。

通过课前调研，我发现学生描写人物外貌时往往落入固定模式——先选择部位，再具体描写，能力强一些的学生会懂得运用各种修辞手法生动形象地展现人物特征，甚至还能有意识地安排外貌描写的顺序，但往往都是站在第三视角观察人物。但是老舍先生不一样，即便只描写了人物外貌，也绝不只简单呈现一张扁平的图片，他笔下的人物是活的，是有血有肉有思想的。这都归功于老舍先生进行外貌描写时融入了大量人物的主观行为。不是作者或读者在观察祥子，是祥子在炫耀自己的胸与背，是祥子在欣赏自己的肩，是祥子在想方设法露出那对出号的大脚……总而言之，是祥子自己在展示自己的外貌。这样，我们既能直观了解祥子年轻、高大、强壮的外形特征，又能与祥子共情，感受他的自信、活力，以及对生活的希望。因此，我既引导学生抓住最能体现人物典型特征的部位，按一定顺序表达，又鼓励学生在外貌描写中恰当融入人物动作，通过动作描写传达人物的精气神，使人物形神兼具。

既然是习作单元，方法的实践是必不可少的。怎样练笔我也纠结了很久，最终还是决定不跳出课堂情境，以激发学生阅读兴趣为目的设计练笔。在习得方法之后，我出示图片，学生在写与评中再次巩固外貌描写的方法。然后再揭示图片中的人物其实就是若干年后的祥子。从学生情不自禁的一声"啊？"中，我知道这一目标已经实现。

课堂中学生的小练笔给了我惊喜。

婧姝善于运用修辞手法表现人物的气质："他的脸上没有表情，他的眼里没有光，整个人看起来就像一个被霜打了的茄子。他不甚在意自己的形象，一直挺立着的背一点点弯下去……"

芷悦着重关注人物面部进行描写："他低垂着头，紧皱着粗粗的眉头，双眼含泪，长长地叹了口气，干裂的嘴角抽动了几下，尘土般暗淡无光的脸上似乎又平添了些许皱纹。"

翊涵从整体观察人物："他，一个失魂落魄的人，身上穿着被泥土弄脏的衣裤；他，一个失去希望的人，双手插在大大的裤口袋里，努力装出一副无所谓的样子，却仍能看出他的无措。"

雨宁从下至上揣摩人物："他穿着一件肥厚的大衣，裤腿利落地扎着，应该是方便干活，双手随意地插进口袋里，略显局促、失落，一顶黑色的小帽压在头上，那颗头好像承受不住帽子的重量，总也抬不起来。"

从练笔情况来看，学生大多能跳出传统外貌描写的模式，用自己对人物的理解去刻画人物外貌，甚至能融入自己对人物的情感。相信走出课堂的学生也能从内外两个视角去观察和描写人物外貌。

课后，欧校长鼓励道："你读懂了文本，也读懂了学生，积极乐观的祥子是'挺脱'的，努力钻研的你也是'挺脱'的。这是一堂'挺脱'的课。"我略有羞涩之意，心里却暗下决心，这样"挺脱"的课还会有更多的！

这样一段对课的研磨经历让我明白了——教育是基于人的活动，学习者才是教育的主体。学习者是拥有丰富情感和独立精神的生命个体，只有针对学习者的学段特点，遵循学习者的认知规律，关照学习者的内在需求和情感归依，才能使我们的课堂真正富有思维的张力、情感的动力和生命的活力。

教学案例

人物描写一组：他像一棵挺脱的树

教学目标

1. 通过阅读，体会文学作品中外貌描写要抓住典型特征，按照一定的顺序来写。

2. 读外貌描写，品析人物的性格，体会外貌描写对刻画人物性格的作用。

3. 延伸阅读，激发阅读兴趣。

教学过程

一、初读课文，感悟北京方言特色

字里行间众生相，大千世界你我他。同学们，让我们一起走进第五单元，学习和运用描写人物的基本方法。今天我们要学习的是第13课《人物描写一组》中的第二个片段——《他像一棵挺脱的树》，探究文学作品如何通过外貌描写刻画人物。（板书：人物描写一组：他像一棵挺脱的树、外貌描写）

1. 这个片段选自老舍先生的《骆驼祥子》。老舍先生同学们应该不陌生，我们学过的《猫》《母鸡》都是他的作品。作为地地道道的北京人，老舍的作品有着很明显的北京方言特色。

2. 出示：身量、硬棒、出号、一边儿粗、鸡肠子带儿、杀进他的腰。

请同学们读一读，注意读好轻声字和儿化音。

老师想检查你们的预习情况，谁知道"出号"是什么意思？你是怎么知道的？（继续引导学生理解"一边儿粗""鸡肠子带儿""杀进他的腰"）同学们能用多种方法理解难懂的词语，很会学习。

二、精读课文，发现祥子外在"挺脱"的特征

1. 通过预习，同学们应该知道标题中的他指的是——祥子。（板书：祥子）作者把"他"比作了——一棵挺脱的树。

"挺脱"也是北京方言，字典中是这样解释的：① 强劲；结实。②（衣着）平整而舒展。

为什么作者会把祥子这样一个人比作一棵挺脱的树呢？祥子的哪些地方像挺脱的树？请同学们带着这个问题，走进课文，一边默读一边批注，还可以和同学交流讨论。

预设学习可能选读的文段，教师做出相应引导。

他的身量与筋肉都发展到年岁前边去了。二十来岁，他已经很大很高，虽然肢体还没被年月铸成一定的格局，可是已经像个成人了——一个脸上身上都带出天真淘气的样子的大人。（你关注了祥子的身形，他的整个身体像树一样高大。朗读指导：你强调了祥子远超同龄人的高大）

看着那高等的车夫，他计划着怎样杀进他的腰去，好更显出他铁扇面似的胸与直硬的背。（你关注了祥子的胸和背，铁扇面似的胸与直硬的背就像大树的枝干一样。朗读指导：重读修饰词可以突出人物特点）

扭头看看自己的肩，多么宽，多么威严！（朗读指导：两个"多么"拖长音，赞叹的态度就体现出来啦）

……露出那对"出号"的大脚！（你关注了祥子的大脚，这出号的大脚稳稳地踩在地上就像树根牢牢地扎在地里。朗读指导：你关注了感叹号，你也被这大脚震惊了）

头不很大，圆眼，肉鼻子，两条眉很短很粗，头上永远剃得发亮；腮上没有多余的肉，脖子可是几乎与头一边儿粗；脸上永远红扑扑的，特别亮的是颧骨与右耳之间一块不小的疤——小时候在树下睡觉，被驴啃了一口。（作者还着重描写了祥子的头部，这与树有什么相似之处吗？）

是的，到城里以后，他还能头朝下，倒着立半天。（"倒着立半天"说明祥子特别有力量）

212

相机总结祥子的特点：年轻、强壮、高大、结实……（板书）

注意，学生每找一个句子都要让他们读一读，感受祥子的挺脱。

小结：为什么不写其他部位呢？

因为这些部位最能体现祥子的特征。（板书：突出特征）

2. 我们一起把这些最能突出人物特征的句子读一读，女生先来，男生一边听一边观察插图中的祥子。

出示：

他的身量与筋肉都发展到年岁前边去了。二十来岁，他已经很大很高，虽然肢体还没被年月铸成一定的格局，可是已经像个成人了——一个脸上身上都带出天真淘气的样子的大人。

头不很大，圆眼，肉鼻子，两条眉很短很粗，头上永远剃得发亮；腮上没有多余的肉，脖子可是几乎与头一边儿粗；脸上永远红扑扑的，特别亮的是颧骨与右耳之间的一块不小的疤——小时候在树下睡觉，被驴啃了一口。

谁来说说刚才你是按什么顺序观察的？（整体—局部）

出示：

他有着铁扇面似的胸与直硬的背，肩多么宽，多么威严！

他穿着肥腿的白裤，裤脚上有鸡肠子带儿，还有一对"出号"的大脚！

这回你们又是按照怎样的顺序来观察的呢？（上—下）

小结：好的外貌描写既要突出人物特征，还要按照一定的顺序表达。（板书：按照顺序）

三、深读课文，发现祥子内在"挺脱"的特征

刚才是不是有同学发现上面第二组句子与原文不太一样？

出示原文：

看着那高等的车夫，他计划着怎样杀进他的腰去，好更显出他的铁扇面似的胸与直硬的背。扭头看看自己的肩，多么宽，多么威严！

杀好了腰，再穿上肥腿的白裤，裤脚用鸡肠子带儿系住，露出那对"出号"的大脚！

上面第二组是我们平时描写人物外貌时的常规写法，与老舍先生有什么不同呢？

预设：老舍先生描写人物外貌时加入了人物的动作。

你能揣摩揣摩祥子的这些动作行为背后有什么目的吗？

预设学生可能揣摩分析的动词，教师做出相应引导。

他计划着……杀进……显出……（他是故意杀进他的腰去的，想在高等车夫面前显摆自己的胸与背。你和同学炫耀新买的玩具时是怎样的语气？请你把祥子的小心思读出来）

扭头看看……（他对自己非常满意，他在欣赏自己。请你陶醉地读一读）

露出……（他也是故意露出大脚的）

是的，他无疑可以成为最出色的车夫，傻子似的他自己笑了……（他在憧憬着美好的未来）

注意，学生每找一个句子都要让他们读一读，读出祥子的心理。

这一连串动作行为又让你看到一个怎样的祥子？（板书：自信、充满希望）

祥子就是这样自信！所以原文中这样说道：

他不甚注意他的模样，他爱自己的脸正如同他爱自己的身体，都那么结实硬棒，他把脸仿佛算在四肢之内，只要硬棒就好。

这样的祥子像一棵挺脱的树吗？

挺脱的不仅是祥子的身形，更是祥子自信的精神与对生活的希望！

所以作者赞叹道：他没有什么模样，使他可爱的是脸上的精神。

所以祥子觉得：他就很像一棵树，上下没有一个地方不挺脱的。

小结：这就是老舍先生的高妙之处，巧妙融入人物动作行为，凸显人物精神！（板书：融入动作）

四、延伸阅读，激发阅读兴趣

1. 老舍先生通过外貌描写塑造了一个内外都挺脱的祥子，令人印象深刻。在原著中还有这样一个人物，你能说说你对他的印象吗？（你关注了外形，你关注了人物表现出来的精神，你关注了穿着）

出示图片。

2. 同学们一下子就抓住了人物的特征，你能运用今天学到的描写人物外貌的方法，写一写这个人物吗？注意要选择最能突出人物特征的部位，按照一定的顺序表达，还可以巧妙融入人物动作，体现人物内心世界。

3. 学生练笔，分享练笔。

写是运用与实践，评是复习与巩固。谁能说一说，同学的作品中使用了什么方法？评一评，他用得怎么样？

出示评价标准：

（1）能对人物进行具体描写，突出人物外形特征。

（2）能按照一定的顺序表达。

（3）能巧妙使用动词，体现人物性格特征。

学生评价。

4. 同学们用文字刻画了一个与祥子截然不同的人物。老师想告诉你们，图片上的这个人也是祥子。我们来看看原著中是如何描述若干年后祥子的外貌的。

出示原文，找一个学生读。

5. 如果让你仿照课文给这个片段取一个标题，你会怎么取？

6. 祥子到底经历了什么，使得他从一棵挺脱的树变成一棵_____的树，请同学们走近《骆驼祥子》寻找答案。

板书设计

人物描写一组：他像一棵挺脱的树

外貌描写
突出特征
按照顺序
融入动作

祥子：自信、充满希望

月华如水，磨砺以诗

——《十五夜望月》教学故事

谢娟华

◆◆ **教师简介**

　　谢娟华，长沙市长郡天心实验学校语文教师，小学语文初级教师，任教语文2年，曾荣获长沙市长郡天心实验学校"郡园杯"语文组青年教师教学比赛一等奖。教育理念是："以文载道，以德立身，教育不仅仅是知识的传递，更是心灵的启迪和价值观的塑造。"

　　《十五夜望月》是唐代诗人王建创作的一首脍炙人口的中秋咏月诗，它不仅描绘了中秋之夜的美丽景色，更蕴含了诗人深切的思乡之情。通过这首诗的教学，不仅让我对教学有了更深刻的认识，而且对古诗词有了更多的敬畏与热爱。

初遇挑战心彷徨

　　接到教学任务时，我正如一位即将踏上征途的勇士，心中既有期待也有忐忑。《十五夜望月》这首诗，以其深邃的意境和浓郁的思乡之情，早已在我心中留下了深刻的印象。然而，如何将这份情感传递给学生，让他们在课堂上真正感受到诗歌的魅力，却是我需要深思的问题。

　　在备课初期，我如同一位迷失方向的旅人，虽然手握地图，却不知如何前行。我开始研究教材，分析诗歌的意象、情感和结构，也试图从各种教学资料中寻找灵感，但收获甚微。那些名师的课例、视频、课件，虽然精彩纷呈，却始终无法完全契合我的教学需求。我开始意识到，教学并非简单的模仿和复制，而是需要根据学生的实际情况和自身的教学风格进行个性化的设计和创新。我开始担心自己是否能设计出一堂既有深度又有趣味的课。

第一次试讲，我镇定地走进教室，试图通过范读诗歌、生动的讲解和丰富的多媒体资料引导学生走进诗歌的世界。然而，现实却给我泼了一盆冷水。学生对诗歌的兴趣并不高，课堂氛围沉闷，我的教学流程也越发显得卡顿和不流畅。师父和组内老师为我评课时，我的教学设计几乎被全盘否定。那一刻，我的大脑一片空白，内心也感觉遭受了重击，感受到了深深的挫败感。

迷雾求索寻突破

第一次试讲的失败让我意识到，过于注重自己的讲解而忽视了学生的主体地位，这样的教学无疑是低效的。我深刻体会到了"教学相长"的含义，也明白了"让学真正发生"并非易事。

正当我陷入迷茫之际，师父和组内老师为我指明了方向。他们提出，教学应该以学生为中心，注重学生的体验和感受。于是，我开始重新审视自己的教学设计，尝试从学生的角度出发，思考如何让他们更好地理解和感受诗歌。在第二次试讲中，我改变了教学策略。我引导学生通过诵读、对比阅读、想象等方式，深入感受诗歌的意境和情感。在师父的指导下，我加入了互动环节的设计，让学生分组讨论，分享自己的感悟和体验。这样，既激发了学生的兴趣，又让他们在参与的过程中逐渐理解了诗歌的深层含义。

我通过小组合作，引导学生初步运用自身积累的鉴赏能力去结合诗歌内容，挖掘关键信息。反复有感情地朗读，让学生在朗读中感受古代诗歌的意境美、韵律美。回忆同类古诗，课堂上学生纷纷化身小诗人，沉浸在饱含思乡之情的诗词中，感受当代人与古代诗人这份跨越时空的情感共鸣。有的学生说"露从今夜白，月是故乡明"，有的学生说"春风又绿江南岸，明月何时照我还"，还有的学生说"独在异乡为异客，每逢佳节倍思亲"。对思乡类诗歌的拓展与回顾在情感上更能引起学生的共鸣，为接下来品析诗歌内容与情感埋下伏笔。

精心雕琢诗意浓

在师父的指导下，我继续优化教学设计，只为能呈现更好的教学效果，带领学生真正走进这首诗歌的情境。我同时出示了《静夜思》《枫桥夜泊》《十五夜望月》三首古诗，希望通过对比阅读的方法，引导学生根据诗歌所写的环境、意象等去寻找赏析诗歌的线索，从而使学生更主动地去探究、去思考，激发学习诗歌兴趣，提高学生学习的独立性和鉴赏诗歌的能力。然而，在后续的试讲中，我仍然遇到了各种问题。有时，学生的回答偏离了我的预设，让我措手不及；有时，课堂氛围过于活跃，导致教学时间难以控制。面对这些问题，我开始学会冷静思考、灵活应对。我逐渐明白，教学是一个动态的过程，需要根据学生的实际情况和课堂氛围，进行及时的调整和优化。

在反复的打磨和实践中，我逐渐找到了自己的教学节奏和风格。我开始更加注重学生的主体性和差异性，尊重他们的想法和感受；注重教学的实效性和趣味性，让学生在轻松愉快的氛围中学习诗歌、感受诗歌。当读到"今夜月明人尽望，不知秋思落谁家"时，学生独立提问并思考：诗人为什么要用"落"字来形容秋思？它带给我们怎样的联想和感受？进而联想到"疑是地上霜""月落乌啼霜满天"。这不仅是对"霜"这个意象进行赏析，更是通过月夜寂静感受了诗人内心的寂寞冷清。学生尽情地联想和感受意境，品析着诗歌语言的妙与美。通过讨论，学生逐渐理解了诗人借景抒情、寓情于景的高超手法，以及那份深深的思乡之情。

当我在课堂上看到学生沉浸在诗歌的世界中，用心感受、用情朗读时，我知道我的教学已经真正发生了。那一刻，我感受到了前所未有的成就感和满足感。

以梦为舟启新程

回顾这段磨课之旅，我深刻体会到了"让教学真正发生"的重要性。这个"学"，不只是学生的学习，更是教师的学习；不只是个人的学习，更是团队的学习。

在这个过程中，我学会了如何倾听学生的声音，如何关注学生的需求和感受；学会了如何调整自己的教学方式和策略以适应不同学生的特点和需求；也学会了如何与同事合作、交流和分享，共同提高教学水平。同时，这次磨课经历也让我收获了许多宝贵的经验和教训。我明白了教学是一个需要不断尝试、不断探索的过程，教学需要耐心和细心，需要关注学生的每一个细节和变化；也明白了教学需要热情和激情，需要用自己的情感和热情去感染学生、激励学生。同时，我也要感谢师父以及所有给予我帮助和支持的同事，是他们的陪伴和鼓励让我在这条教学之路上走得更加坚定和自信。

这次磨课经历虽已经告一段落，但我的教学之路还很长。在未来的教学中，我将继续探索、实践，"让教学真正发生"的理念会在我的课堂上生根发芽，绽放出更加绚丽的花朵。以梦为舟，撑一支长篙，向教育更青处漫溯。

🌀 教学案例

<h1 style="text-align:center">十五夜望月</h1>

教学目标

1. 有感情地朗读并背诵诗歌。

2. 借助图片和注释，理解诗句的意思，想象古诗中所描绘的景物，感受作者所表达的思想感情。

3. 了解相关中华传统节日的文化内涵。

教学过程

一、导入新课

1. 这节课我们一起走进唐代诗人王建的《十五夜望月》，一起跟随他走进那个农历八月十五中秋节的夜晚。

2. 生齐读。

3. 解诗题。

4. 想一想：为什么这首诗不叫十五夜"看"月，而叫十五夜"望"月？谁来说说，"看"和"望"有什么区别？

二、初步感知

1. 未知诗意，我们也能感受到这首诗表达的是一种思乡之情。从哪里可以看出？

2. 这首诗表达的是一种思乡之情。带着这种体会，再来读一读，要读出浓浓的思念。

3. 既然表达的是思乡，你能马上联想起其他的思乡之诗吗？

三、深入研读

（一）对比阅读

1. 联系你们的回答，一首是李白的《静夜思》，一首是张继的《枫桥夜泊》。

通过对比阅读的方法，我们一起来看看这三首诗，找出异同，探索在这个农历八月十五中秋月背后藏着怎样的情思。（小组讨论）

静夜思

[唐]李白

床前明月光，疑是地上霜。

举头望明月，低头思故乡。

枫桥夜泊

[唐]张继

月落乌啼霜满天，江枫渔火对愁眠。

姑苏城外寒山寺，夜半钟声到客船。

十五夜望月

[唐]王建

中庭地白树栖鸦，冷露无声湿桂花。

今夜月明人尽望，不知秋思落谁家。

2. 读一读这三首诗，思考：这三首诗中都有一个相同的意象，是什么？

3. 对比不同古诗的描写，你有什么发现？

4. 思乡之情往往与月有关。月，是我们自古以来表达思乡之情较常见的意象。月就是思，在中国的文化和习俗之中，月亮承载了浓浓的思乡之情，为什么？圆圆的月亮象征了什么？（团圆）

5. 因此，月圆之夜容易引发游子的思乡之情，尤其是哪一个夜晚的月亮？

（二）品味诗句

农历八月十五是我国传统的中秋佳节。赏月也好，吃月饼也好，都是团圆。在这样人人团圆的日子里，游子怎能不思念故乡。所以，三首诗都提到了代表思乡的典型意象：月。《十五夜望月》一诗就是写的农历八月十五。我想问：哪些细节可以看出来诗人是写的八月十五的月亮？

1. "冷露无声湿桂花"

桂花一般是在中秋节前后开放的。有俗话说"八月桂花香"。结合生活常识，可以判断，这是农历八月十五。"冷露"，联系上下文指导，指的是秋天的露水，凉凉的。

2. "不知秋思落谁家"

"秋思"二字可看出时节是秋天，秋天最大的节日可想到的是中秋节。

3."今夜月明人尽望"

"尽"是都的意思，"人尽望"说的是人人都在观赏月亮。人人望月，代表是在中秋佳节发生的。

月往往代表团圆，八月十五团圆之夜自然而然会引发思乡之情。(引导学生发现"疑是地上霜""中庭地白树栖鸦""月落乌啼霜满天"中的"霜")可是为什么思乡之诗往往会写到霜呢？霜给人什么感觉？寂寞、冷清。

"中庭地白树栖鸦，冷露无声湿桂花"，这两句写的是月上中天之景。从环境描写当中感受到了秋夜之冷，而冷是为了表达诗人的思乡，突出写法，借景抒情。

"今夜月明人尽望，不知秋思落谁家。"结合作者生平和写诗背景可知，在这个农历八月十五中秋节，王建正在光州任刺史，与朋友在家小聚，朋友的举杯之声反而更勾起他浓浓的思乡之情。作者王建不仅是表达自己的思乡之情，而且是写所有的游子，所有仕途不得意的人，都在中秋佳节望月思念家乡。

总结：这首诗由己及人，通过自己的思乡写所有漂泊在外的游子的思乡之情。作者就是千千万万人中的一个，所以他就会发出这样的感叹："不知秋思落谁家。"

(生有感情诵读)

四、小结与情感升华

在中华几千年灿烂诗歌文化当中，表达思乡情感的诗歌会选用具有代表意义的景象，这些景象慢慢成为文人笔下具有独特情感的意象，这些意象就是属于我们中国人的独特文字密码，流淌在中华民族的血脉之中。无论你身在何处、走到哪里，当你读起中国最经典的诗歌时，总会勾起那份浓浓的中国情。这就是我们中国独有的文化，也是专属于我们中国人独有的浪漫。

板书设计

十五夜望月

月

霜

思乡（借景抒情）

相信阅读的力量

——《时代广场的蟋蟀》整本书阅读教学故事

欧阳莉

◆◆ 教师简介

　　欧阳莉，长沙市长郡天心实验学校语文教师、四年级语文备课组长，中小学一级教师。曾获湖南省识字写字教学比赛一等奖、株洲市优秀少先队辅导员等荣誉。坚持"教孩子六年，为孩子想一辈子"的教育理念。

　　一通电话打破了下午的寂静，是欧校长打来的，希望我能去宁乡的老粮仓小学送教，我欣然答应。能跟随学校的名师工作室为我们的乡村教育贡献自己的一份力量，这可是一个可遇不可求的好机会。

　　欣喜之余，我又开始陷入了焦虑。送教，送什么呢？一堂普通的常规课，也许只是蜻蜓点水，并不能泛起涟漪。什么样的课堂才能引起学生的共鸣并受到他们的喜爱呢？

　　我想起我小的时候，班上来了一个支教的老师，给我们当时枯燥的读书生活带来了很多新奇。那时候，我们除了抓鱼摸虾，几乎没有阅读的概念，课本里带来的一角天空都时刻在刷新我们这群"井底之蛙"的认知。一天，她给我们讲了安徒生的童话故事，我们听得津津有味。她离开前给我们送了一沓各式各样的书，我"抢"到了那本《安徒生童话》。整整一个下午，我捧着这本书，坐在家门口的田埂上，无论是清风还是蝉鸣，抑或是蚊虫的叮咬，都没有让我挪动分毫。直至夕阳西下，我才合上那本书，阅读的大门就这样打开了。

　　于是，我有了一个主意。我和欧校长说了我的想法，没想到欧校长连连点头。原来，她一直热衷于儿童阅读的推广，致力于把阅读的种子种在每个孩子的心田。

这次研训刚好是整本书阅读教学策略的研讨，这也正是我想带给学生的。

打开书柜，我挑选了一本我喜欢的书籍《时代广场的蟋蟀》。多年前，我在深圳大学有幸听过这本书的导读课，当即就买了这本书。书不厚，但却深入我心。

《时代广场的蟋蟀》讲述一只名叫柴斯特的蟋蟀从乡下被误带到纽约，被地铁站报摊的男孩收养后，它和老鼠塔克、猫咪亨利一起度过了一段美好的时光。这个故事简单而美好，与友谊、生命、关怀和情感有关，而这些正是我要传递给学生的。除了知识，我们应该让语文更有语文味，让语文更加贴近生活，让课堂成为育人的重要阵地。

授之以鱼不如授之以渔。让学生阅读的同时，我们也应该把阅读的方法传授给他们，于是我有了这样的设计思路：

首先，激发兴趣，发现阅读路径。我们都知道，兴趣是最好的老师。如果学生对这本书不感兴趣，后面的努力可能全部归零。我用了一个猜书名的游戏，结合学过的课文《蟋蟀的住宅》来充分调动学生的积极性；出示纽约时代广场的视频，让他们感受到蟋蟀生活环境的强烈反差，进一步提升阅读的欲望；通过封面、勒口、目录的探秘，来发现阅读的新路径。

其次，想象猜测，发现矛盾冲突。通过出示故事情节"柴斯特吃掉钞票""柴斯特惹祸上身"等让学生来猜测接下来会发生什么；通过小老鼠塔克的人物特点让他们发现人物身上的矛盾及情节的出乎意料……在层层推进中激发他们的想象力，通过一次次猜测知晓故事内容，同时渐渐走进文本的深处。

再次，联系生活，丰富阅读认知。好的阅读最终都是要走向生活的。柴斯特成名了，成了纽约红极一时的大明星。当明星的生活怎么样，你想成为明星吗？这个环节的创设贴近学生的生活，也能通过书中的人物映射现实，进而了解学生的真实心理。然后我又让学生来给柴斯特做一个选择，是继续待在繁华的都市做他的歌唱家，还是回到乡下过平静的生活？这是一个思辨性的问题，通过这样的一个情境来充分提升学生的语文思维及表达能力，并留下悬念，让学生去实现真正的自主阅读。

总之，读书为本，猜测为主，思辨为辅。这就是我整个教学设计的出发点和落脚点。

带着这样的思考，我开启了送教下乡之旅。那天，微风不燥，我怀揣着激动的心情和学校的送教团队一起坐上了去宁乡的车。一路上，欧校长和我交流这堂课的思路，让我更是醍醐灌顶。

　　经过两个多小时的路程，我们终于抵达了目的地。青山绿水之中，一所学校屹立其中——宁乡市老粮仓镇中心小学。群鸟纷飞，蜂蝶曼舞，花香弥漫，学校不大，却出奇地安静，只听得见学生阵阵朗读的声音，真的是一块读书的胜地。

　　这次我执教的是六年级。上课伊始，看到学生一张张纯真而热情的脸庞，我的心里既紧张又激动。激动的是能在这么美的环境中和一群陌生的学生一起聊同一本书，紧张的是课前没有和学生互动，不知道能不能达到我的预期，更怕他们放不开，冷了场。

　　我想起欧校长刚刚的嘱托："不要紧张，放松一点。这里的孩子们很活泼，很天然。你不要把自己当作一个威严的、来传授知识的老师，要像朋友一样，从一本书聊开去，要始终相信阅读的力量，也要相信孩子们，更要相信你自己。"

　　我露出微笑，清清嗓子，像对待自己的孩子一样开始了这堂课。我从封面开始，引导学生猜测这本书的内容，猜测柴斯特和小老鼠塔克、小猫咪亨利的关系，让他们知道这本书是一个关于友谊的故事。我让他们发现目录里的玄机，知道音乐是这本书一个重要的纽带。我带他们去阅读书本的某一个章节，激起他们浓厚的阅读兴趣。

　　就这样，你来我往，学生滔滔不绝，畅所欲言，而我也感觉像找到了知己，就像俞伯牙和锺子期，高山流水，连绵不绝。

　　聊到"柴斯特成了家喻户晓的大明星。对于当明星，你们的想法是什么呢？"我原以为根据现在学生的特点及潮流趋势，他们都会回答想当明星。没想到，大部分的学生都回答不想当明星，这可和我的预设大不一样，我很想听听他们的真实想法。这时一个女生站起来说："我小时候是想当明星的，觉得可以赚钱，住上大别墅，过上梦想的生活。但是，我现在不想当明星了。当明星，你的一言一行、一举一动都会在别人的关注下，万一'塌房'的话会遭万人唾弃的。"听到这番真实而又真诚的回答，旁听的老师们纷纷鼓起掌来。我也被这真实的回答打动了，这不就是我一直追求的课堂吗？让一切可能发生，让一切真实发生，没有太多预设，只有真实，只有真诚。

　　课堂最后一个环节，我问学生："你们会为这本《时代广场的蟋蟀》买单吗？"学生齐刷刷地举起了手。他们告诉我，通过这节课，他们明白了友谊的重要性，也明白了要像柴斯特一样勇于面对困难，更明白了人生中会面对很多选择，要真实地面对自己。还有几个学生课后围着我说："老师，你说的这本书我之前看到过，但没有认真去看，谢谢你今天让我们觉得这本书原来这么值得一读。"听完他们的话，我的心融化了，瞬间觉得早上五点多起床的疲惫烟消云散，为了设计这堂课思前想后的辛苦化为乌有，有的只是学生洋溢着快乐的笑脸、精彩的回答和求知若渴的眼神。

回程的路上，欧校长告诉我："今天的你和孩子们都是闪闪发光的。这就是阅读的魔力。要坚持做好这件事，不只是为了你自己，也为了孩子们，要始终相信阅读的力量。"

我点点头。窗外，夕阳西下，微风徐徐，晚霞满天。这一趟送教，真是人间值得。

🌀 教学案例

《时代广场的蟋蟀》整本书阅读

教学目标

1. 通过多种阅读方式，激发学生的阅读兴趣。
2. 通过交流，训练学生的思辨能力，渗透学科育人的理念。

教学重点

通过多种阅读方式，激发学生的阅读兴趣。

教学难点

通过交流，训练学生的思辨能力，渗透学科育人的理念。

教学准备

多媒体。

教学过程

一、激发兴趣，发现阅读路径

1. 开场白：同学们，严格意义上来说，今天我们不上语文课，而是来聊一聊书。

让我们一起来玩一个猜书名的游戏吧！（出示关键词或片段让学生猜）

2. （出示《蟋蟀的住宅》片段）同学们，你们来猜这是哪本书？这是法布尔的《昆虫记》，从中我们了解了蟋蟀的住宅。你们来说说，蟋蟀的家可能是一个怎样的地方？

预设：隐蔽、悠闲、杂草丛生、幽静……

3. 是啊，本应该在这样环境生活的蟋蟀却意外地来到了这个地方，你们瞧！（播放视频）

你们知道这是哪儿吗？猜一猜。（美国纽约时代广场）谁能用一个词形容一下这个地方？（学生说，教师写）

预设：繁华、辉煌、热闹、人来人往……

4. 看到这里，你有什么问题？你们可以根据人物、图片、故事内容提出各种问题。（板书提问）蟋蟀本是生活在草丛里，怎么会到时代广场呢？谁来大胆预测一下？（板书预测）

我们进行了许多预测、猜想。我先不告诉你们对错，等你们自己去阅读时去验证吧！（板书验证）（板书：蟋蟀为何来到时代广场？）

5. 现在就让我们走进这本书。（出示封面）你从书的封面上可以获取什么信息？

预设1：作者是美国的乔治·塞尔登。

预设2：我还知道这本书里面的插画都是盖斯·威廉姆斯画的。这本书是一个叫傅湘雯的人翻译过来的。

预设3：这本书获得了纽伯瑞儿童文学奖银奖，是20世纪全球50本最佳童书之一，几十年经久不衰。

评价：你们说这本书厉不厉害？纽伯瑞是个儿童文学作家，纽伯瑞奖是儿童文学很重要的一个奖项，每年颁发一次，专门用来奖励优秀的英语儿童文学作品。

预设4：我看到插图上有一只猫、一只老鼠，还有一只蟋蟀，他们三个应该是好朋友。

是啊，他们几个好像是在开派对。看来，文章当中，这三个人物是有着亲密关系的，这些都是我们了解到的信息。

6. 这是目录，这是主要人物，让我们来看看书里都有谁。（出示主要人物，请学生做简介）

柴斯特——一只有音乐天赋又满怀乡愁的蟋蟀。一个偶然的机会,他从乡下来到了城市。

塔克——一只老鼠,柴斯特的朋友,有攒钱的爱好。

亨利——一只猫,柴斯特和塔克的朋友,忠厚老实,热爱音乐。

玛利欧——守报摊的男孩。

玛利欧老爸——温和宽容。

玛利欧妈妈——不是很温柔,除非听到了意大利歌剧。(生读)

7. 玛利欧妈妈"不是很温柔,除非听到了意大利歌剧",这句话什么意思呀?
预设:玛利欧的妈妈不是很温柔,只有听到了意大利歌剧才会变得很温柔。

8. 可见这个人脾气不好,但是很喜欢音乐。你们有没有发现,有个很重要的元素把人物表里的有些人物联系在了一起?

预设:他们都对音乐很感兴趣。

9. 好极了!这个发现太可贵了。柴斯特是一只有音乐天赋的蟋蟀,亨利是一只热爱音乐的猫,玛利欧的妈妈喜欢歌剧,也许,这就是一个跟音乐有关的故事。

10. 所以,同学们,当你们要阅读一本书的时候,不用急于去看里面到底讲了什么。看看封面,看看勒口,看看主要人物表,你会发现很多信息,找到很多很多有意思的联系。(板书联结)

二、想象猜测,发现矛盾冲突

1. (出示图片)简介:这个守报摊的小男孩叫玛利欧,他们全家人以卖报为生。有一天,他在家里发现了一只蟋蟀,就收留了他。可玛利欧的妈妈不喜欢蟋蟀,觉得他简直是个灾星,一直想把他赶出家门,尤其是有一天发生了这样的事。

(出示故事情节)蟋蟀柴斯特正在做梦。在梦里,他想家了,坐在老家的树墩上,正在吃柳树上掉下来的一片叶子。他咬一口叶子,细细嚼碎,可是那味道并不好,像纸一样。当他醒来时,发现自己正坐在玛利欧家报摊的收款机边上。柴斯特低头看看自己的两条前腿,他抱住的并不是柳叶,而是一张两美元的钞票,这张钞票已经被他吃掉一半了。

2. 请你说说发生了什么?是啊,柴斯特把钞票吃了。虽然只有两美元,听起来并不多,但对卖报为生的玛利欧一家来说已经不少了。你猜他的妈妈会怎么做?

预设:妈妈特别生气,想把柴斯特赶出去。

3. 同学们,快来给柴斯特出出主意吧。如果是你,会不会赔偿这两美元?(会)可是钱从哪里来呢?(借)还记得我们刚才读过的人物介绍吗?想起来谁有钱了吗?

预设:小老鼠塔克有钱。

4. 小老鼠塔克有攒钱的爱好。你们觉得塔克会不会借给他?

预设1:我觉得不会,因为他有攒钱的爱好,就说明爱钱;他那么爱钱,怎么会轻易借给别人呢?

预设2:我觉得会借,因为他们是朋友,朋友怎么能见死不救呢?

事情究竟会如何发展呢?

(出示故事片段)老鼠塔克清清喉咙,他说话的时候很激动。"多年以前,"他说,"我那时还是一只小老鼠,我亲眼看到很多很多年纪老了的老鼠因为没有攒下什么钱,无人理睬,孤苦伶仃地爬向穷老鼠的坟墓里去。我下了决心,绝不能有这样悲惨的命运。"塔克这时把手按住胸口说:"我总是坐在排水管上,注视着来来往往的人,等待着。无论什么时候掉下一个硬币,哪怕小得可怜,我都冲出去冒着生命危险,冒着变成残废的危险,把那个小钱弄回家来。唉,真危险呵,当我一想到皮鞋重重地踩下来……不过,冒险也值得!"

5. 现在你认为老鼠会借给他吗?(生说会或者不会的理由)同学们,如果生活中你遇到困难需要钱,但朋友不借,你可以理解吗?如果朋友不借,我们会不会憎恨、埋怨?难道小老鼠真的没借吗?我们往后看看!(请生读)

(出示故事片段)老鼠塔克戳戳哈里的肋骨。"我当然要把这笔钱拿出来!不管人们在什么地方谈到老鼠,绝不能让他们说老鼠塔克吝啬小气,一毛不拔。这笔钱就当是我给我最好朋友的。"

6. 塔克有没有借钱给柴斯特呢?预设:借了。

7. 是的,在塔克的心中,友情比金钱更重要。那么接下来,又发生了一件大事。

(出示图)这一次柴斯特是不是也能化险为夷?我们暂且不说,留点悬念。(板书:柴斯特是否化险为夷?)

三、联系生活,丰富阅读认知

1. 但不管怎么说,我要告诉你们的是柴斯特成名了,他成了纽约时代广场红极一时的大明星,人们从这路过总会听听他的演奏,因为那并不是简单的鸣叫声,而是舒伯特的小夜曲。(配音频)当他演奏时,人们是什么表现?请谁读一读。

(出示故事片段)当柴斯特演奏的时候,车站里已经挤满了平日那些上下班的乘客。人们聚集在报摊周围——有的是被演奏的乐曲声吸引过来的,有的是想看看他们在报上读到的那只蟋蟀。交通停顿了，公共汽车，小汽车，步行的男男女女，一切都停下来了。最奇怪的是：谁也没有意见。就这一次，在纽约最繁忙的心脏地带，人人心满意足，不向前移动，几乎连呼吸都停住了。

2. 你们感受到了什么？你知道明星的生活是怎样吗？

（生答，有好有坏，辩证地看待）

3. 你想成为明星吗？其实我们都发现了，做明星有好有坏。刚才有人说，对于明星的生活，既有点喜欢也有点不喜欢，所以柴斯特的心中也开始纠结了，你看。

（出示故事片段）师读：秋天差不多就要来了。不知道为什么，只要一想到九月，还有季节更替时大地的变化，柴斯特就不禁感到心情非常低落、失意。他有些怀念自己家乡的一草一木了。

4. 柴斯特在纽约这么成功，可他却想回家了。你觉得他是否应该回到乡下去呢？不要着急回答这个问题，有时候做一个判断不是很容易的事情。我觉得这不是简单的去与留的问题。你会替他做一个怎样的选择呢？你的理由是什么？请和同桌交流一下。（讨论交流，然后汇报）

5. 这是一个没有答案的问题。为什么呢？是走还是留，取决于自己的需要。事情都有两面性，留下意味要承受更多的压力和挑战，回到乡下也需要勇气，放弃繁华也不容易。

6. 那他到底是留在了城里还是回了乡下？谜底现在我不告诉你们，需要你们自己去发现。（板书：柴斯特是否回到了乡下？）

7. 总结：（指板书）同学们，今天我们一起走进了《时代广场的蟋蟀》这本书，认识了一些人物，了解了一些故事，想象了一些情节，还学到了一些阅读的方法。刚才我们留下的这些问题对于你来说可能还是个谜，就让这些问题成为我们阅读的开始。

四、阅读任务布置

1. 学做阅读计划。

2. 继续阅读这本书。

多感官品味"月"与"乐"的交响

——《月光曲》教学故事

刘盼

◆ 教师简介 ————————————————

　　刘盼，长沙市长郡天心实验学校小学语文一级教师，曾荣获第 22 届"语文报杯"全国小学生作文大赛优秀指导一等奖、2023 年湖南省中小学（幼儿园）教师集体备课大赛一等奖、长沙市"优秀辅导老师"、天心区"优秀班主任"等。坚持"热烈且坚定，真诚而公平"的教育理念。

　　回顾 2023 年，我第一次以主备人与主讲人的双重身份参与湖南省集体备课大赛的全过程，我的耳畔总会响起那首因反复播放而被铭记于心的世界名曲。旋律间萦绕着夜间录播教室里独有的气味，也夹杂着凌晨与剪辑软件过招时钟表的"嘀嗒"。从教已是第八年，我深知这世上没有一堂真正圆满的课，但在这次比赛中，我却第一次迎来属于自己的"小美满"。

用心研读"课标"，找准角度切入

　　《月光曲》这首曲子究竟美在哪里？《月光曲》这篇课文又好在哪里？一千个读者心中就会有一千个哈姆雷特。但是作为教师，我不想在课堂上将学生带入我的主观视角，而是选择打开《义务教育语文课程标准（2022 年版）》，找准指导思想和理论依据后再着手教学设计。果然，开卷有益。首先，我发现新课标将"鉴赏"与"阅读"并列，提升了鉴赏活动的地位。它所提出的 9 条语文课程总目标中，第 8、第 9 条主要对应核心素养中的审美创造。其中第 8 条侧重对语言文字及作品的审美，第 9 条侧重多种媒介的利用和审美能力。

其次，我还注意到了跨学科学习对于我上这一课的新要求——新课标对第三学段的跨学科学习内容覆盖面要求更加广博，需要教师准确定位学科连接点，根据"跨度"提供学习资源支持。

最后，我研读了课程要求，明白了要想上好一堂与艺术之美有关的课，远不止我想的那么简单。《月光曲》这篇课文所在的统编教材小学六年级上册第七单元，从音乐、绘画、戏曲等不同角度切入，目的就是引导学生感受艺术的魅力，受到艺术的熏陶与感染，培养学生热爱艺术的情操。但重点是，这一单元的内涵又不仅限于艺术。如《月光曲》反映了贝多芬对底层人民的同情，《京剧趣谈》体现了中华文化的博大精深，《伯牙鼓琴》体现了朋友之间的真挚情谊，《书戴嵩画牛》则能引发人们对艺术与生活关系的思考。

因此，我意识到《月光曲》这一课的学习内容应该是丰富的、多方面的，是既有情趣，又有理趣的。最合适的切入点便是：让学生充分开放视觉、听觉、嗅觉、触觉、味觉，多个感官、多个维度地去理解艺术，并创造艺术。

做好前期调研，精准把握学情

六年级的学生思维活跃，求知欲强，经过前几年的学习，已经有了不错的阅读理解能力，还具备了一定的艺术鉴赏能力。但是受限于生活阅历，他们对艺术作品的感知大多停留在单一感官层面。"纸上得来终觉浅，绝知此事要躬行。"带着一颗求真之心，我在诸位热心同事的帮助下，开展了一次专属于六年级学生的问卷调查。

从问卷结果来看，有85%以上的学生在听到音乐时，脑海中会产生画面。其中将近一半的学生表示，脑海中出现的画面是比较零碎的。有超过90%的学生表示，听完音乐后可以用文字写出自己的感受，但是能比较流畅地写出感受的学生仅为24.04%。这说明在对音乐作品进行鉴赏时，想象力与文字表达能力呈正相关。

那么，学生在书写自己对音乐的感受时，究竟遇到了哪些困难呢？从问卷星呈现出的高频词来看，"对音乐的感受不完整""无法用合适的语言表达""心里明白但是写不出来"是大家普遍遇到的难题。

巧借科技之势，共乘"穿越"之舟

基于真实学情，结合课程标准，我决定采用以下六个环节来引导学生聆听这首"月下之乐"：

（一）复习导入，共赏乐曲。这也是本堂课的亮点之一——将信息技术与审美情趣深度融合。借着一部旧电视机，伴随着优美的钢琴曲，让学生"穿越"回两百多年前的宁静月夜，快速进入情境。

（二）品读美文，想象画面。用三段乐曲引出三幅画面及视频，让学生在多形式的朗读及视听感受中去想象画面。文本的解读伴随着《月光曲》的三个乐章及动人的图片、视频展开，乐章与画面始终共生。

（三）音画匹配，尝试背诵。学生从读文字想象画面，进阶为听音乐感悟意境，并尝试对第9自然段熟读成诵。用校园短剧进行过渡，使课堂氛围充满典雅气息，又不失生动活泼。

（四）聚焦写法，随堂练笔。这是本堂课的亮点之二——从学情分析入手，以校园短剧引领，师生共同提炼写法，并运用多感官想象的方法，让学生在短视频打造的沉浸式氛围中进行创作，写出自己对音乐的真实感受。其间，我使用了班级优化大师中的限时小工具，不仅激起了学生的研讨与写作兴趣，还强化了他们的时间观念。

（五）互动评价，取长补短。这是本堂课的亮点之三——明确评价标准，丰富评价机制，在交流与思考中提升学生的核心素养，信息技术与"教学评"一体化流畅融合。课前使用问卷星进行学情调研，课堂上用班级优化大师进行抽选与展示，采用多屏互动、投屏等技术，让师与生之间、生与生之间进行互动与评价，形成一个流畅的"教学评"闭环。

（六）课堂小结，学有所得。师生共同联系实际，为自身的艺术修养找寻新的方向，升华主题。

反思博我谆谆意，何日能酬知遇恩

回想与亲切且严格的欧欧老师共事的这四年，她有一句话令我印象深刻——"有多少课可以重来？"这句话让我真正意识到了课后反思的重要性。所以在此次备课大赛中，我非常重视教学反思这一环节，不仅将自己四次磨课的教学实录反复观看，还邀请了多位同事来评课与交流。把所有宝贵的意见与建议形成文字，做到"事过留痕"的同时，也想与诸位亲爱的老师共勉。

在教学环节的设计上，我认为技术支持下的前期学情调研工作必不可少。这是我们因材施教的前提，是有效教学的基础，也是我们制定学习目标、选择教学方法和教学媒体、设计教学过程和教学评价的重要依据。

小组合作环节要行之有效。教师应该给出清晰的学习任务，有的放矢。在这一过程中还要多关注内向、不爱表达的学生，让学生的能力真正得到提升。

审美能力的培养是一个长期的过程。艺术之美在于细细品味，仅凭一节课就扎实地培养能力是不现实的，所以我们还要重视对学生音乐鉴赏能力的长期培养，进一步培养他们的想象能力。

在信息技术的融合方面，我认为信息技术的应用不仅要与教学目标相适配，也要兼顾趣味性与功能性，更要服务于学习环境，打造学习氛围。

在跨学科教学方面，我们既要关注课堂内部与外部、语文学科与其他学科、语文学习与社会生活之间的联系，构建更加广阔的语文实践活动空间；又要坚守语文本位，在跨学科视野中仍然要聚焦提高学生的语言文字运用能力；还需要准确定位语文学科与其他学科的连接点，根据"跨"的方式提供学习资源支持。

2023 年的湖南省集体备课大赛，改变了以往参赛作品直通省里的规则，所以我们的《月光曲》经历了从天心区到长沙市，再到湖南省的漫长"通关"过程。30275 个教师备课团队，12.43 万参赛教师，共同经历了层层筛选和漫长的煎熬与等待。在 2023 年年末，我终于在湖南省教育厅发布的大赛结果页面看到我们"长郡天心实验学校六年级奇迹组"出现在一等奖一栏。那一刻的惊喜与感动难以言表。

这时，欧欧老师的那句"有多少课可以重来？"再次响于耳畔。是啊，一次比赛的成绩即使再优异，也只是过眼云烟，比赛过程中的付出与收获才是最宝贵的财富。在今后的教学生涯中，我也会一直用这句话来提醒自己，警示自己，要有将一切归零、不断挑战自己的勇气和信念，因为教育工作者要奔赴的永远不是名利场，而是更广阔、更绚烂的星辰大海！

◎ 教学案例

月光曲

教学目标

1. 聚焦文章第 9 自然段，抓住关键语句，想象文中描绘的画面。

2. 伴随音乐视频，有感情地朗读第 9 自然段并背诵下来。

3. 充分调动视觉、听觉、嗅觉、触觉、味觉，展开多感官想象，写出自己对音乐的感受。

4. 感受音乐作品中的情感，用真情善待他人。

教学重难点

1. 根据文字想象三幅画面，用朗读展现出音乐的起伏变化。

2. 运用多感官想象，写出自己对音乐的真实感受。

教学准备

《月光曲》音频、希沃课件、《让我们荡起双桨》音频、《市集》音频、海浪澎湃短视频、海面从平静到起波澜短视频、学生于校园内拍摄的短视频。

教学过程

一、品鉴乐曲，畅聊感想

1. 播放《月光曲》。

2. 请同学们欣赏这首动听的乐曲。你可以用自己最舒服的状态来听，也可以闭上眼睛来听，边听边思考：透过乐曲，你仿佛看到了什么？又想到了什么？

（播放贝多芬的《月光曲》第一乐章，请学生说一说听完以后的感受）

3. 罗曼·罗兰曾经说过："艺术能把人类的灵魂提升至崇高的境界。如果说尘世有天堂，这天堂只有艺术家才能给予我们。"让我们跟随着旧电视机，一起来朗读第8、第9自然段，一起穿越到两百多年前的那个美妙的夜晚。

二、品读美文，想象画面

1. 课件出示第9自然段中的优美语句：

月亮正从水天相接的地方升起来。微波粼粼的海面上，霎时间洒满了银光。月亮越升越高，穿过一缕一缕轻纱似的微云。忽然，海面上刮起了大风，卷起了巨浪。被月光照得雪亮的浪花，一个连一个朝着岸边涌过来……

2. 品读这些优美的文字，你的脑海中是不是浮现出了一幅幅美妙的画面？

（课件出示"海上生明月"图片）

月亮正从水天相接的地方升起来。微波粼粼的海面上，霎时间洒满了银光。

教师范读这一句，学生聆听与文字相匹配的《月光曲》第一乐章，边听边想象画面。

3. 这一句是真实写景吗？那它是兄妹俩的——想象。

4. 句中的"微波粼粼、洒满银光"都是从什么角度去想象的呢？（板书：视觉）

5. 除了从视觉的角度去想象以外，第9段中还从哪些角度去想象画面了呢？
（课件展示"海面从平静到起波澜"的短视频和《月光曲》第二乐章）

月亮越升越高，穿过一缕一缕轻纱似的微云。忽然，海面上刮起了大风，卷起了巨浪。

6. 观看短视频，然后随着音乐和你的同桌互读这一句，谈一谈你想象到了什么。你是从什么角度展开想象的呢？（板书：听觉、触觉）
（课件展示"海浪澎湃"短视频和《月光曲》第三乐章）

海面上刮起了大风，卷起了巨浪。被月光照得雪亮的浪花，一个连一个朝着岸边涌过来……

7. 学生齐读这一句，注意读出画面的气势。

8. 欣赏短视频和乐曲的第三乐章，谈一谈你的感受。

9. 原来我们还可以从味觉出发去想象画面。（板书：味觉）

三、音画匹配，尝试背诵

1. 听音乐片段，请学生给三幅图片搭配对应的乐曲意境，并验证回答是否正确。

2. 跟随音乐旋律自由朗读第9自然段，尝试背诵你最喜欢的画面。

3. 借助图片，想象画面，根据提示尝试背诵第9自然段。

4. 小结：乐曲的意境太美妙了，兄妹俩都陶醉了。就连失明的女孩都仿佛看到了奇丽的大海。从这一段我们充分体会到了贝多芬先生的演奏技艺之高超。这便是艺术的魅力！

四、聚焦写法，随堂练笔

1. 写法提炼。

课件出示："她仿佛也看到了，看到了她从来没有看到过的景象——月光照耀下的波涛汹涌的大海。"

2. 文章前面有交代过，妹妹是一位盲人，却又说："她仿佛也看到了，看到了她从来没有看到过的景象——月光照耀下的波涛汹涌的大海。"妹妹真的看到了吗？这说明月光照耀下的波涛汹涌的大海是她伴随着琴声而进行的——想象。

3. 课文中用细腻的文字，写出了兄妹俩听完贝多芬演奏的曲子之后的感受。我们平时在欣赏不同风格的音乐后，也会产生不同的感受。可是在课前进行的有

关于音乐鉴赏力的问卷调研中，有不少同学反映，在抒发自己对音乐的感受方面遇到了点儿困难。(播放视频素材：《小熙的困惑》)

4. 那就让我们一起来帮帮和小熙有着相同困惑的同学吧！大家认为怎么样才能将无形的音乐之美用语言表达出来呢？(小组交流讨论，再派代表分享)

5. 小结：要想将无形的音乐之美通过文字表达出来，需要——

(1) 想象具体画面。

(2) 用画面变化展现旋律变化。

(3) 适当结合联想。

(4) 巧妙运用修辞。

注意：想象与联想要建立在自己见闻的基础上，且必须与主题相关。

6. 介绍展开想象的常见方法。

(1) 视觉化想象。

(2) 想象故事和情节。

(3) 概念想象。

(4) 反转思维。

7. 大家总结出来的，从视觉、听觉、嗅觉、触觉、味觉去想象的方法，叫多感官想象，这也是我们本节课需要掌握的重点。想要熟练掌握方法，就离不开实际练习。

8. 展开多感官想象，口述自己听完音乐的感受。听一听下面这首歌曲，从视觉、听觉、嗅觉、触觉、味觉展开多感官想象，和同桌谈一谈你想到了什么。(播放音频《让我们荡起双桨》)学生根据提示自由交流自己想象到的画面，师生共同点评。

9. 出示一段运用了多感官想象的优秀模板供学生参考。

一群活泼可爱的孩子，划着小船，荡漾在湖面上。一阵微风吹来，湖畔花朵甜丝丝的香气沁人心脾，湖面上碧波粼粼，小船儿轻轻晃动。鱼儿从水中伸出头来，好像在听孩子们唱歌。孩子们胸前的红领巾迎风飘扬，好像也很快乐。

这一段话用了四种感官展开想象，用文字传递出了音乐的轻松愉悦。

这就是多感官想象的妙处——将无形的艺术之美，化作可感的世间万物，从而描绘出艺术之美。(板书：无形的艺术之美→可感的世间万物)

五、随堂小练笔

1. 听音乐《市集》，说说你通过多种感官想象到了什么画面，与同学交流并写下来。

2. 课件出示相应的文字与动图提示，供学生参考。

听了这首曲子，我仿佛来到了_____，看到了_____，听到了_____，闻到了_____，_____的手感让我_____，_____的味道在我的舌尖绽开，真是_____。

3. 学生完成学习单，教师利用希沃白板的投屏技术实时展示优秀作品，并请原创者朗读自己的作品。

六、课堂小结，学有所得

这节课，我们学习并掌握了多感官想象这一方法，写出了自己对音乐真实且丰富的感受。不知不觉中，我们已经和文中的兄妹俩一样，陶醉在艺术的海洋之中。但愿今天的课程能够让同学们今后愿意走近艺术、理解艺术、热爱艺术！

七、任务布置，巩固提升

听一首你喜欢的乐曲，充分利用多感官想象，写出你对它的真实感受。

因为语文

欧欧老师的教学随笔

最美是语文

——北师大研修总结

是我喜欢的人间四月天，是我喜欢的皇皇兮京都，更是我向往的巍巍兮北师大。"木铎金声一百年"的题字，"学为人师，行为世范"的校训，学术的多元，青春的张力，著名学府北师大无处不彰显着他的厚重与生机。再次走进校园，青春的回忆，久违的美好，就这样悄然地来了。几天的培训，十几个讲座，关键词"语文"，强化次数之多，专业探讨之深，前所未有。没有深思熟虑，不须咬文嚼字，凭借学习时的真实感受，做如下几点总结。

一、热度感悟

我相信现在进行时的表达是最真实的，我想把当时带点热度的文字作为我学习感受的一部分：来北京，才知何谓中央，何谓国标；听讲座，才知语文是立体的，教育是立本的。喜欢"正本清源"一词，笑谈"误入尘网中，一去二十年"，高唱"人生豪迈，只不过是从头再来"。明白课堂要高效，三点三线是策略，一字一句好斟酌。语用课堂是趋势，魅力之大是文学。崔峦老师最可敬，懂得最美是朴素。"课改定风向，目标分阶段，难易讲适度。""无为而治"是智慧，"粗放一点"是风范。"根基不牢，地动山摇。"他话语铿锵，责任如山，情难抑。我收获之大，反思之深，语难尽！其实，这性情使然的感受总有一种连自己都难以接受的不成熟，可这次，内心还挺欢喜的。

二、专业解读

当牛玉玺老师在课堂上问道：何谓语文？从教二十年的我，仅能简单地将语文理解为"语言和文字"。牛教授的理解让我茅塞顿开：语文是语言加文字，要贴着语言、文字行走；语文是语言加文章，要顺着文章思路探寻；语文是语言加文学，聚焦语用构建课堂；语文是语言加文化，立足文化背景，工具与人文和谐统一。语文教什么？怎么教？牛教授这一大框架思路很清晰，这是我从没厘清过的。我们在教语文时很少会提升到文学与文化的层面，站的高度、拓展的视野都需调整。专家们在会上大谈高效，我们对"高效"并不陌生，但如何"有效"，专家们各有高招。有专家建议文本的解读要抓住"三点三线",即重点、难点、发散点,内容线、情感线、结构线。专家对课例的分析越来越清晰与深刻,也让我更加坚信只有准确地解读教材,方可抓住关键目标实施教学,才会有真正的有效课堂。这才是根本的。现实中,有几个语文老师会这样思考,能达到这样的水准。我也在反思自己,解读文本时模模糊糊一大片,面面俱到,面面不到的时候也是时常会有的。最实用的是教学策略:一字立骨,一句点睛,一词引领,一题生情,一线贯穿等。在老师的点拨下,专业的术语,灵动的技巧,让我们跃跃欲试。温继梅老师主讲的"通过有效备课,打造高效课堂",核心是立足课程,吃透教材,了解学生,明确目标,教学主线,积累运用。六步高招,步步精心,招招专业!

一直以来,我常常自诩是麦田的守望者,勤勤恳恳,默默奉献。定位自己是"蜡炬成灰泪始干"的形象。通过这次学习,我颠覆了这种认识,光捧着一颗真心是不够的,还得做专业的语文教师,这样才能真正惠泽孩子。

三、美丽践行

真正的学习在于"悟",在于内化,在于行动。回校后,我开始学以致用,调整备课思路,精心设计教案,潜心于课堂实践。当我把文本理出"三点三线"时,就与年轻老师探讨,一起进行有效备课;当我听同事们上课时,就根据文本的重点、难点,很快提出课堂设计的调整策略;当家长会上要交流绘本阅读时,就针对低年级的阅读,设计"美好从绘本开始"主题家长会,通过亲子讲述比赛的方式,推广绘本阅读,开启美好童年。湖南省教师培训中心在我校进行"慕课"录制,我又在积极筹备,相信在北师大学习中的积淀,必将发挥作用,让忙碌的工作变得生动美丽!

感恩生活,感恩语文,牢记使命,勇担责任。最美是语文,我行在路上,心很稳实!

2014 年 5 月 22 日

不变课堂情

"西子湖畔，有一方净土。山花烂漫，彩叶纷飞，钱塘雨美，西湖茶醉，人间天堂，千课万人……"歌声飞扬，秋阳暖心，这样的美好里，我再次遇见王崧舟老师，他还是那样的儒雅、亲和。

从"枫桥夜泊""千江有水千江月"，到"孔子游春""天籁"，再到今天的"爸爸的花落了"。他的课堂还是那样的行云流水，阳春白雪，灵动高雅，情深意切。我，我们还是那样一次次的追寻，一次次的震撼，一次次的沉醉！

今天，王崧舟老师精彩演绎的作品是林海音的《城南旧事》中的选篇《爸爸的花落了》。3000多字的课文，字多文长，事多情深。文章直叙的只有一件事，插叙了三件事。在学习第一件事英子参加毕业典礼，父亲病重去世时，大师在合适的时机不断地强调爸爸的花落了。而在学习英子回忆爸爸的三件事时，他又反复引导学生感悟爸爸的花没有落，而是开在了英子的心里。就在这一落一开中，就在这一读一悟中，巧妙地升华了文本的主旨：父亲的伟大，父爱的深沉。而学生对插叙作用的体会也是水到渠成。"爸爸的花落了吗？""没落！"学生语气坚定。"下课！"似乎又只是一次紧扣主题，反复强调，而课堂戛然而止。全场凝固数秒，然后，掌声雷动！

教师课堂的主题是：从形式中读出意味。大师以汉乐府《江南》为例，生动形象、深入浅出地从语文哲学的层面，为语文教学坚定了方向。语文的人文性与工具性、形式与内容是血肉相连、水乳相融的统一体。这首曾读过、诵过、背过、教过多遍的《江南》，在大师的诠释下，被刷新了理解的高度！"复沓、韵律，排比、错序，谐音"多种表达形式的分析，让人豁然！

"为什么王崧舟老师的课是不可复制的经典？""为什么他的课只能供老师们学习与反思？"专家点评，个性飞扬，掷地有声。周一贯教授（王崧舟老师的导师），为我们揭开了"诗意语文"课堂形成的秘密。下面是周教授的点评：① 超强语感，一流表达。一半天赋，一半努力。② 极高的文学艺术素养。③ 传承了民族文化精髓，儒、道、墨三味浓厚。④ 巧妙渗透教育心理学，用反复、叠加的方式把情感逐渐推向高潮。⑤ 追求儿童文化艺术，童真童趣充盈课堂。多年的困惑，多次的无言，在专家点评中顿时释怀。是啊，毕竟在中华大地，在小语教坛，泰斗、神话、传奇，不是常人所能比的啊！

仰望，那一束束的光，明媚而温暖，沐浴着语文的美好家园，照亮着孩子们的诗意远方！

2016 年 11 月 6 日

母语里的风花雪月

"吴侬软语，船桨声中，几户西塘村舍；嘉言善行，水墨画里，一卷江南风情。"当我读着这样诗意的文字时，便已踏上了浙江这块人文底蕴深厚的土壤，心中顿生敬仰！"只要仓颉的灵感不灭美丽的中文不老……汉族的心灵他祖先的回忆和希望便有了寄托。"喜欢余光中对母语的挚爱；"母语是指一个人自幼习得的语言，通常是其思维与交流的自然工具。"牢记联合国教科文组织对母语的定义。语言是我们存在的家园，更是我们共同的精神故乡。中国最美的传统文化，就包孕在无数经典的篇章之中。新部编版教材前所未有地设置了篇目众多的中国古典诗词，正是希望通过母语的力量，留住文化的根基。

母语怎么教学？传统怎么传承？文化怎么化育？

且温一壶西塘老酒，听名家细细道来。

"看雪湖心亭，独游天人境。都云作者痴，谁解其中情。"语言大师王崧舟老师唯美演绎了《湖心亭看雪》。他灵动雅致的语言表达，独具匠心的教学设计，扎实有效的文字训练，让人赞叹不已。"'雾凇沆砀，天与云与山与水，上下一白。'此句连用三个'与'字，改成'天云山水'语言是不是更精练？能改还是不能？说出理由。"学生比较着读，领悟到三个"与"字巧妙地把天地融为一体，营造了一种天人合一的忘我境界。"'湖上影子，惟长堤一痕、湖心亭一点、与余舟一芥、舟中人两三粒而已。'品味量词'堤一痕''亭一点''舟一芥''人两三粒'，这种看似反常的量词里却隐藏着很深的人生哲理——人的心大了，世界就小了。"就这样，大师一步一环，一读一品，一悟一感，把我们带回了母语的美丽家园，领略着民族的风花雪月。

蒋军晶老师以近代李叔同的作品《送别》为例，引导学生在古典送别诗词中找意象，品意象。杨柳依依、长亭古道、天涯海角、晚风笛声、落日余晖……从远古的《诗经》走来，穿越唐诗宋词，他以"意象"为密码，编织了一张中国离别文化的深深情网。

童年的月光下，儿时的摇篮边，祖母慢吟的歌谣，那是母语的源头。张祖庆老师一堂三年级童谣课《一园青菜成了精》，妙趣横生，真乃是"一位师者成了精，一群学生成了精"！戴建荣老师吟诵《泊船瓜洲》，吟出了壮志凌云，吟出了相思无边，吟出了千古乡情！

"风向标"首次聚焦以中国传统文化、经典诗词为主题的课程展示和课堂教学，邀请了这一领域最有影响力的名家与我们一起关注新部编版教材的改革动向，第一时间呈现了最新研究成果。母语的温厚，经典的魅力，让我们为中华骄傲；名家的引领，课堂的精彩，让我们因语文而纯粹。两天的学习，有欣喜、有思考、有成长。在语文教学的路上，我们因学习走到今天，也将因学习走向未来！秋雨霏霏是来时，晴空朗朗是归去。

2017 年 9 月 22 日

读《人间词话》：珠玉之声，流水春去

"境界"是《人间词话》的核心。"词以境界为上，有境界则自成高格，自有名句。""有我之境，以我观物，故物皆著我之色彩。无我之境，以物观物，故不知何者为我，何者为物。"由此观之，"境界"才是欣赏和评判诗词的根本。

在《人间词话》中，古人造境不外乎以下三种：

"昨夜西风凋碧树，独上高楼，望尽天涯路。"此境虽平直，然登高远望，无遮无拦，妙在深远、旷达。凡造此种境界必以气象取胜，无大胸襟、无大豪气，难以为之。"大漠孤烟直，长河落日圆""西风残照，汉家陵阙"是也，读罢令人神清气爽，胸襟开阔。

"衣带渐宽终不悔，为伊消得人憔悴。"此境虽有些柔弱，然感触细腻，凄婉动人，妙在情真、意切。凡造此种境界必以性情取胜，无细致的感受、痴迷的情怀，难以为之。"不堪盈手赠，还寝梦佳期""两情若是久长时，又岂在朝朝暮暮"是也，读罢令人柔肠百转，缠绵悱恻。

此二种境界易造，古诗词中出现的也最多。若论造境之难、之高妙当在第三种——"众里寻他千百度，蓦然回首，那人却在，灯火阑珊处。"此境之妙在于"顿彻"，要入乎物中，又要超然物外，无宇宙间的大智慧而不可得。或许，唯"灵性"二字可当之。凡含此境之作必为神品。如"采菊东篱下，悠然见南山""飘飘何所似，天地一沙鸥"。

最让我欣喜的，还是在《人间词话》中领略了"境于一字中"之绝妙。宋祁在《玉楼春》中写到"红杏枝头春意闹"，一个"闹"字，闹出了花开热烈、灼灼其华，可谓是一字尽显风华。"云破月来花弄影"，张先笔下苍穹如墨，月光水岸，花抚自影，柔情倾泻，浑然天成。"水面清圆，一一风荷举"，周邦彦一个"举"字，尽显荷之神韵，艳而不妖，清秀之力跃然纸上。

王国维先生的"境界"一说，精辟独到，为后世所尊奉。纵览《人间词话》，觉"真"之一味亦乃其呕心沥血之"精旨"所在。他在《人间词话》写道："大家之作，其言情也必沁人心脾，其写景也必豁人耳目。其辞脱口而出，无矫揉装束之态。以其所见者真，所知者深也。诗词皆然。持此以衡古今之作者，可无大误矣。"足可以见，他对"真"的推崇。"真"不仅是他评词的标准，也更是作词、做人的标准。他看词人眼光独到，爱则极致爱。

曾经，有"秋波横欲流""魂迷春梦中"的绮丽浮靡；亦有"无泪可沾巾""飘零事已空"的悔恨悲戚；然后，有了"垂泪对宫娥""回首恨依依"的亡国之哀。"问君能有几多愁"倾尽"一江春水"。他是南唐后主李煜。王国维谓曰："不失其赤子之心者也。""阅世愈浅，则性情愈真。""真所谓以血书者也。"

"休言万事转头空。未转头时皆梦。"一个，笔力纵横，豪放超逸、恬淡旷达；"把吴钩看了，栏杆拍遍，无人会，登临意。"一个，笔力雄厚，壮志难酬、慷慨悲壮。这是北宋苏轼和南宋辛弃疾。王国维曰："东坡之词旷，稼轩之词豪。""读东坡、稼轩词，须观其雅量高致。""幼安之佳处，在有性情，有境界。"

"人生若只如初见""当时只道是寻常"。他，面对富贵可以轻看，面对仕途亦会厌倦，面对凡能轻取的身外之物无心一顾，但面对心与境的自然和谐状态，他却流连向往。"如鱼饮水，冷暖自知。"这是他的《饮水词》。他是纳兰性德。王国维评："纳兰容若以自然之眼观物，以自然之舌言情。此由初入中原，未染汉人风气，故能真切如此。北宋以来，一人而已。"

文如其人，读书如读人。对于"自然人生"，王国维先生有创见，他认为"须入乎其内，又须出乎其外"。一如他所推崇的"苏辛"之旷达。然而，大师之魂于他，到底是同行者寥寥，入乎其中而难以出乎其外。痴心不改而一如既往投身尘世之中，独自舔舐着深深的痛苦与无奈，亦如这寂寞千山下的清冷月光，冥冥归去的离魂。只是数十载过，皓月下的冷山依旧，诗人自沉归去的那一抹孤魂却不知是否寻得了他的安歇。

轻抚书册，昔人已去。然而，这由几十条短句组成的著作，仿佛珠玉之声，在我耳畔萦绕。而我仅有浅读浅品、浅悟浅感。

2024 年 3 月 6 日

一脉诗心品渔歌，独具匠心育素养

——《渔歌子》教学反思

关于教育，现在最潮的词儿：核心素养。何谓语文的核心素养，时下说法众多。把语文核心素养分成四个模块，即语言建构与应用、思维发展与提升、审美鉴赏与创造、文化传承与理解，此种版本我非常认同。于是，在《渔歌子》教学时，我紧扣语文核心素养之语言建构与应用，以文本为载体，巧妙地对学生进行扎实有效的语言文字训练。因为有前沿理念的支撑与渗透，《渔歌子》独特的教学设计看似简约却不简单，道是无心却有心。

一、赏词中美景，巧练说话

想象画面、体会意境是《渔歌子》的重点教学目标。为了能让孩子有趣、有效地达成这一目标，在最初设计的初读环节就开始了扎实的铺垫。当学生初读这首词、找出词中描写的九种景物后，我引导学生欣赏词中最美、春意最浓的景物"桃花"。

课件出示桃花风景图，引导学生进行说话练习：

（　　　　　）的桃花；（　　　　　）的桃花（　　　　　）；远远望去（　　　　　）；微风吹来（　　　　　）。我轻轻拾起一片花瓣，于是（　　　　　）。

学生由易到难，由词到句，由句到段，最后成小诗。

在这个说话训练过程中，学生大胆想象，充分运用已有的语言积累，运用拟人、比喻、排比等修辞手法，从静态的、动态的、近处的、远处的，各种角度来观察、来描述桃花。想象极为丰富，语言极为精彩。学生也会意识到，只有语言美了，景物才会美，意境才会更美。在此基础上，学生悟得描述景物的方法——抓特点、用修辞、多角度，也是自然而然、顺理成章的事了！这一环节为整堂课奠定了基础，它的作用尤为重要。

二、想词中画面，迁移学法

词中有画，画中有词。《渔歌子》这首词清新可爱，展现了一幅诗情浓郁的山水画卷。在品读环节，我让学生再读《渔歌子》，并放飞想象，说说读到哪几个画面。师生整理成三个画面：山前白鹭、桃花流水、斜风细雨或雨中垂钓。在引导学生想象第一个画面"西塞山前白鹭飞"时，出示提示：（　　　　　）西塞山（　　　　　）白鹭（　　　　　）飞。它们（　　　　　）。我再次要求学生放飞想象，用优美的语言描述画面，并特别提示学生用上描述桃花时的方法，再次强化写景的方法：抓特点、用修辞、多角度。课堂上，学生想象的画面丰富生动，语言的表达个性飞扬。学生带着生动的画面走入词中，进行朗读，入情入境、绘声绘色！这一环节，写景的方法已得到初步的实践，学生也体验了说话练习的进步与乐趣，为写话环节再次做了充足的准备与铺垫。

三、入词中意境，自主写话

通过以上两个环节对学生进行了扎扎实实的说话训练，再借助学习单，巧妙地让学生把习得的方法进行再次迁移——想象画面，描述意境，进行写话训练。通过这个循序渐进的过程，孩子们对《渔歌子》的优美意境的体会可谓水到渠成，同时，当孩子们的情感与语言的铺垫已足够丰盈时，他们的书面表达也自然而然地实现了自我的超越。课堂上，孩子们声情并茂地朗读着自己现场创作的画面描写片段，其想象的丰富、语言的生动、个性的张扬，令听课老师无比震惊，掌声不息。这一刻，既是整堂课的教学目标的有效达成，也是学生语言建构与运用的完美呈现。

古诗词教学的创新对于执教者本就是一种挑战。读中理解词意，读中体会意境，已是传统诗词教学中很稳定的教学模式，已被大众所接受。要跳出这种固有的框架，自创古诗词的教学模式，需要有足够创新的意识与尝试的勇气。如果说此次《渔歌子》的课堂教学独具特色、尤为精彩，那是因为我这些年始终不忘语文教学的初心，也不忘语文教学的使命——教学生好好地学习语言与文字。仅此而已！

2017 年 4 月 17 日

教学案例

渔歌子

教学目标

1. 想象画面，体会词的意境。
2. 有感情地朗读、背诵《渔歌子》。

3. 培养学生对诗词的热爱之情，养成积累优秀古诗词的好习惯。

教学过程

谈话导入：孩子们，我们先来欣赏一幅沙画，猜猜沙画里藏着哪一句诗？

一、赏沙画，猜古诗

出示沙画——《惠崇春江晚景》。你是怎么猜出来的？（根据景物想诗句。也就是说因为画中有诗，诗中有画。）今天，我们将学习唐代画家、诗人张志和的词《渔歌子》，看看这首词又将给我们展示一幅怎样的画卷。

二、揭示词题

（板书：渔歌子）《渔歌子》是词牌名，也是这首词的词题，谁来说说"渔歌子"的意思。"渔歌子"就是渔夫唱的歌曲。渔夫唱渔歌时心情很快乐。引导学生快乐地读：渔歌子。让我们一起走进《渔歌子》。请打开书的 110 页。

三、初读（正音、节奏、注解）

1. 初读。注意读准字音，画出节奏，还可以读读书中的注解。

2. 请一个小老师带着同学们读读带拼音的生字。

3. 老师范读。

4. 学生尝试读词。（两个孩子读，从字音准确、节奏很稳、有词的味道、声音响亮等方面评价。生齐读）

四、再读（词中有景）

1. 请你默读这首词，思考：你发现词中写了哪几种景物？（请在书上圈出来）写了哪几种颜色？（白、青、绿、粉红、黄绿色、白灰色等）这看得见和看不见的颜色让我们仿佛看到了一个（五彩缤纷、姹紫嫣红）的春天。让我们不禁想起朱熹的诗：等闲识得东风面，万紫千红总是春！

2. 这首词中有这么多的景物，你觉得最美的、春意最浓的是哪一个？（桃花）让我们随着诗人先来赏一赏这美景中的桃花吧！

你看到了怎样的桃花？粉红的、溪水边的桃花怎么样了？

远远望去，一大片一大片的桃花就像云霞、像花海。微风吹来，桃花像蝴蝶翩翩起舞，花瓣飘落在清澈的流水中，与鱼儿嬉戏。

3. 出示：桃花图

（   ）的桃花

（   ）的桃花（   ）。

远远望去（ ）。

微风吹来（ ）。

我轻轻地拾起一片花瓣，

于是（ ）。

孩子们，你们真了不起，我们一边赏花，一边写诗。我们学会了抓住桃花的特点、运用修辞手法、从不同的角度去描写，语言美了，桃花更美了。（板书：抓特点、用修辞、多角度）

五、品读（词中有画）

张志和是画家，他在写诗作词时经常会把诗意与画面相结合，词是画，画也是词。渔歌子这首词清新可爱，展现了一幅诗情浓郁的山水画卷。再读《渔歌子》（PPT），展开想象，你读到了哪几个画面？（整理成三个画面：山前飞鹭、桃花流水、斜风细雨或雨中垂钓。）

（PPT）词的开篇就给我们呈现出这样的画面：西塞山前白鹭飞。（生读）

此时此刻，你就是那个在斜风细雨中垂钓的渔翁，你眼前是一番怎样的景象呢？请你们放飞想象，用优美的语言描述这个画面。（描述景物时注意：抓特点、用修辞、多角度）

（ ）的西塞山前有（ ）白鹭在（ ）地飞。它们（ ）。唱着歌，聊着飞行的快乐，欣赏着西塞山的美景。

朗读指导：请读出一只悠闲的、高飞的、快活的、高雅的白鹭。三个学生读、齐读。

此时此刻，我们不禁想起杜甫的绝句：两个黄鹂鸣翠柳，一行白鹭上青天。王维的诗句：漠漠水田飞白鹭，阴阴夏木啭黄鹂。

真好！青山苍翠、白鹭高飞。刚刚，老师和同学们一起放飞想象，把山前飞鹭图描绘得有声有色！

六、自学，完成学习单（一）

请同学们拿出学习单，选择你喜欢的一个画面，展开你的想象，用优美的文字把画面描绘出来。（注意抓住景物的特点、用上修辞、多角度描写）

此时此刻，你是那个在斜风细雨中垂钓的词人张志和，你看到了这样的画面。（生读描绘的桃花流水画面）

此时此刻，你也是那个在斜风细雨中垂钓的词人张志和，你眼前呈现出这样

的美景。(生读描绘的桃花流水画面)

此时此刻，你仍旧是那个在斜风细雨中垂钓的张志和，你在垂钓时是那样的悠闲。(生读描绘的雨中垂钓的画面)

此时此刻，你依然是那个在斜风细雨中垂钓的张志和，你在垂钓时是那样的快乐。(生读描绘的雨中垂钓的画面)

孩子们，山前白鹭，桃花流水，斜风细雨，渔翁垂钓，这意境真美！让我们再次陶醉于这绝美的烟雨江南、人间春色中，体会词人那一份悠闲与自在吧。再读《渔歌子》。(PPT)(板书：意境美)(女孩、男孩分别读)(全班齐读)

七、悟情：情美

1. 为什么诗人说"斜风细雨不须归"呢？(他陶醉于大自然的美景中，他忘了风、忘了雨，忘了回家，他的心里有：西塞山前白鹭飞；他的心里有：桃花流水鳜鱼肥。)传说，张志和垂钓不设饵，志不在鱼，那他到底钓的是什么呢？

2. 介绍张志和。(一蓑烟雨张志和)(生读)

3. 引读悟情：

他钓的是(怡然自乐、闲情雅致、自由快乐、逍遥自在)，所以斜风细雨不须归！

八、渔翁形象

古诗词中有许多不同的渔翁形象。

张志和向我们诠释了一个隐逸闲适的渔翁：青箬笠，绿蓑衣，斜风细雨不须归。

柳宗元笔下的渔翁孤寂清高：孤舟蓑笠翁，独钓寒江雪。

孟浩然诗中的渔翁期待施展抱负：坐观垂钓者，徒有羡鱼情。

李煜词中的渔翁逍遥自在：浪花有意千重雪，桃李无言一队春。一壶酒，一竿身，世上如侬有几人？

……

不同的诗词，不同的渔翁形象，隐含着不同的人生境界，需要我们慢慢长大，慢慢品读，慢慢领悟。

孩子们，中华古诗词是中国传统文化的瑰宝。诗词高度凝练的语言，营造出无比优美的意境，抒发出无比丰富的情感。诗词可读可诵，可吟可唱，现在许多人开始了诗词新唱。我想把一首诗词新唱《渔歌子》送给你们，希望你们带着诗词去远行，走向童年的诗意远方！谢谢！

九、课外积累

1. 张志和的其他四首《渔歌子》。

2.《和答弟志和渔父歌》。

板书设计

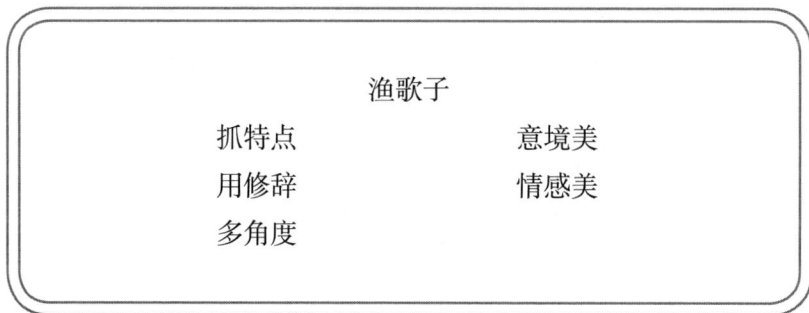

渔歌子

抓特点	意境美
用修辞	情感美
多角度	

附：

《渔歌子》学习单

一、请在"桃花流水"和"雨中垂钓"两个画面中任选一个，展开想象，用优美的文字描述出来。(抓特点、用修辞、多角度)

_____

_____

_____

二、课外积累

1. 和答弟志和渔父歌

张松龄

乐是风波钓是闲，

草堂松径已胜攀。

太湖水，洞庭山，

狂风浪起且须还。

2. 张志和的其他四首《渔歌子》。

在诗意课堂里追寻中华传统文化

——《九月九日忆山东兄弟》教学随笔

也许是因为对文字的热爱，对文化的敬畏，对课堂的留恋，就有了尝试古诗新教的初心。

《九月九日忆山东兄弟》这首诗被编入了语文教材三年级下册第三单元第九课《古诗三首》，这个单元以"中华优秀传统文化"为主题，我在教学设计时，主要体现两个最朴素的理念：一是以本为本。以部编版教材为本，围绕单元主题，紧扣单元目标和课时目标，落实课后习题，进行扎实有效的诗词教学。二是以人为本。以儿童发展为本，以培养学生语文核心素养为中心，既体现立德树人，又凸显语文学科特色。

对于古诗教学，常态下的教学模板，大家都不陌生。怎么跳出框架，在设计上有所突破？我有意识地想去挑战。因此，在没有进行教学设计之前，我对资料的查阅很多，内心的挣扎很多，取舍的矛盾很多。但不管怎样，在我心中，对于教学的方向很明确，教学的主线很清晰。于是，在课堂上还是多了一份淡定与从容，也多了一份坚定的力量。

在古诗词教学中渗透传统文化是我在设计这节课时的一个宗旨。如何巧妙地把这种思想融入课堂的教学环节，我在教学设计时有较多的思考。我想与大家分享一下几个教学环节的设计思路与意图。

一、古诗词中藏佳节

课堂伊始，以猜一猜的游戏形式，激发学生兴趣，调整学生的心情。读一读《元日》《乞巧》《水调歌头》三首古诗词中的句子，引导学生抓住习俗猜节日。三首诗词的选择有梯度，由易到难。孩子们兴趣盎然，猜出的节日分别是：春节、七夕节、中秋节。这让学生初步感受到古诗词中藏着传统节日，为在诗词教学中渗透传统文化做了铺垫。

二、追根溯源知佳节

在初读古诗后，学生再猜"在《九月九日忆山东兄弟》这首诗中又藏着哪一个节日"。通过视频播放,学生对重阳节的来历与习俗有了较为详细的了解,感受到中国传统节日有着久远的历史和文化根源,也能体会作者为什么会写"遥知兄弟登高处,遍插茱萸少一人"这样的诗句了。

三、想象画面悟诗情

在品读关键词,了解诗意后,我设计了"想象画面悟诗情"环节,通过如下三个层次的推进,让学生感悟作者的思亲之情。① 联系生活,想象节日情景。② 想象画面,感受兄弟情深。③ 体悟亲情,感受孝慈文化。在这个环节里,对本单元的语文要素"如何围绕一个意思把一段话说清楚"进行了训练,落实了课后习题"写出了什么样的节日情景"。同时,对学生的语言构建与运用、思维发展与提升、文化理解与传承等语文核心素养的培养起到了积极的作用。

四、古诗趣改承文化

借助资料,在学习单上完成古诗改编。看似是一个简单有趣的设计,但对学生的要求也是不可小看的。① 学生要学会借助资料信息学习。② 要领悟到改写的方法:更换日期、习俗,还可以是节日情景或心情。③ 后两行诗句分别填三个字和四个字,并且还要渗透学习诗词的平仄与韵脚。这一环节可以培养学生在资料中提取信息的能力,扩展我国传统佳节的相关知识,将传统文化渗透在语言文字的训练中,同时也能培养学生对文字的运用能力,为他们将来写诗或填词打下基础。课堂上,学生非常享受当小诗人的过程,也体验了学习的成功与快乐。

五、经典传唱有创新

为激发学生对古诗词的热爱,感受经典诗词带给我们的温暖与力量,教学的最后,我选择播放《经典咏流传》节目里,歌手阿云嘎深情演唱《九月九日忆山东兄弟》的视频。当经典诗词与流行音乐相遇,那种带给我们的震撼与感动,留在诗意的课堂,也留在孩子们的心田。让学生能热爱经典,传承经典,做中华传统文化的传承者和传播者,是这节课最初的心愿,也是最终的希望。

从喜欢文字、喜欢课堂出发,我带着诗词去远行,带着课堂去遇见。在城市乡村,在大山深处,相遇了 8 所学校、8 个班级、近 400 名学生。每一次的课堂,我与学生以诗词为媒,以心灵为舞,在美丽的母语里,在深厚的传统文化里,诗意徜徉。学生求知时的渴望眼神,思考时的认真模样,成功时的灿烂笑脸,都留在了美好的课堂里,留在了生命的记忆里。如此,吾心喜悦安稳!

🌀 教学案例

九月九日忆山东兄弟

教学目标

1. 会认"兄、倍"，会写"独、异、佳"。

2. 了解诗句的意思，体会作者的思亲之情。

3. 了解中国传统佳节的习俗，传承中华文化。

4. 有感情地朗读、背诵古诗。

教学重点

了解节日习俗，想象节日情景。

教学难点

体会诗人的思亲之情。

教学过程

一、激趣导入，积累诗词

1. 读一读诗句。

爆竹声中一岁除，春风送暖入屠苏。——［宋］王安石《元日》（春节）

家家乞巧望秋月，穿尽红丝几万条。——［唐］林杰《乞巧》（七夕节）

但愿人长久，千里共婵娟。——［宋］苏轼《水调歌头》（中秋节）

2. 猜一猜：古诗词中藏着哪个传统节日？

【设计意图】激发学生学习兴趣，帮助学生积累诗词，引导学生初步感受古诗词中藏着传统节日，为整堂课的学习做铺垫。

二、初读古诗，走进节日

1. 齐读诗题，说说诗题的意思。（强调借助注解的学习方法，理解："忆、山东、兄弟"）（板书：思亲）

2. 出示古诗，学生自由练读古诗。要求：

（1）读准字音。个别读、齐读。（特别要关注标有拼音的生字）

（2）读出节奏。（师读，生用不同方式打着节拍读）

3. 这首诗里的"佳节"指的是哪个节日呢？你是怎么知道的？（九月九日、登高、插茱萸）

4. 播放视频：重阳节的来历与习俗。

梳理关于重阳节的知识：重阳节，又叫登高节、菊花节、老人节。

时间：农历九月初九。

习俗：登高、赏菊、喝菊花酒、品菊花糕、插茱萸等。（摆词卡）

【设计意图】通过视频学习，感受中国传统节日重阳节有着悠久的历史与习俗文化，激发学生对中国传统节日的喜欢。

三、品读诗文，了解诗意

1. 你读出了作者怎样的心情？（板书：孤独）

2. 你从哪些字词中感受到了作者的孤独？师随机点评，引导：独、异乡、异客、倍（更加）、少一人（"一人"回应"独"）。

独在异乡为异客。（反复读，体会孤独）

独：独自一人。

异乡：他乡，长安。

异客：陌生的客人，流浪的客人，漂泊的人。

每逢佳节倍思亲。（读出思亲之情）

倍：特别、格外、更加。（与平时对比）

"少一人"指少了王维，与"独"对应。

3. 随文识字：独、异、佳。读准字音，理解字义，书写时要注意："独"和"佳"是左右结构，写的时候左窄右宽，"异"是独体字，上面是个"巳"。

4. 走进王维，了解背景。

王维，唐朝著名诗人、画家，字摩诘，有"诗佛"之称。他才华横溢，精通诗、书、画、音乐、佛学等。15岁的王维为了施展才华，实现人生理想，孤身一人离开家乡来到长安。这种举目无亲、漂泊他乡的日子过了两年多，17岁那年的重阳节，当他目睹家家户户欢度节日的情景时，思乡之情再也难以抑制，于是写出了千古佳句"每逢佳节倍思亲"。

【设计意图】品读诗文，体会作者在重阳节内心的孤独，理解作者为何会发出"每逢佳节倍思亲"的感慨。

四、创设情境，感悟诗情

1. 联系生活，想象节日情景。

孩子们，让我们穿越时空，回到大唐，如果你就是 17 岁的王维，重阳节这天，你孤身一人走在繁华的长安街上，会看到怎样的节日情景？你又会有着怎样的感受呢？

当我看到（　　　　　　　　）时，我就会（　　　　　　　　　）。

反复朗读。师引导：因为你（独在异乡为异客），所以你（每逢佳节倍思亲）。

2. 想象画面，感受兄弟情深。

也许你还会想起往昔的重阳节，那时，我们兄弟曾经一起（　　　　　　　　）；曾经一起（　　　　　　　　）；曾经一起（　　　　　　　　）；曾经一起……

可如今，"遥知兄弟登高处，遍插茱萸少一人。"（PPT：生读）

远在家乡的兄弟啊，在重阳节这天，你们（　　　　　　　　）时，少一人。

3. 体悟亲情，感受孝慈文化。

父母啊，我又何尝不是时时惦记，可我无法侍奉左右，承欢膝下；父母啊，（　　　　　　　　　　　　　　　）。

4. 指导朗读，想象画面，读出作者的孤独、思亲之情。（个别读、小组读、全班读）

小结：千言万语，道不尽的离别乡愁，万语千言，道不尽的思念之情，如今，孤身一人的王维，只能作诗抒怀。（生齐读全诗、背全诗）

【设计意图】通过创设情境，想象节日情景，感受兄弟情深和体悟亲情，从三个不同层面、不同角度理解诗人的心情。

五、趣改古诗，传承文化

1. 教师引导：诗人王维仅仅在九月九日重阳节思念亲人吗？在不同的传统佳节里，诗人还可能会怎样表达对亲人的思念呢？我们也试着来当小诗人吧！（师生一起，完成一首诗歌）

2. 自主创作：你可以根据学习卡上的资料，选择自己喜欢的节日，回忆节日情景，自主创作小诗。（写好后学生先小组交流，然后老师选择优秀作品展示）

（　　　　　　）忆山东兄弟

独在异乡为异客，

每逢佳节倍思亲。

遥知兄弟（　　　　　　　），

（　　　　　　）少一人。

教师小结：孩子们，你们创作的小诗里，藏着我们的传统节日，藏着我们的节日文化。千百年来，一句"每逢佳节倍思亲"，道出了多少游子对家乡的深深思念。直到今天，当经典唱响时，我们依然震撼，依然感动。

【设计意图】以改编古诗的形式，了解中国传统节日的习俗，感受浓浓的中国情。

六、经典传唱，升华情感（相聚的路虽遥远）

1. 播放视频：央视文化节目《经典咏流传》中的歌曲演唱《九月九日忆山东兄弟》。

2. 教师总结：孩子们，深厚的中华文化是中国人的根。愿你们热爱古诗词，热爱中华文化，做中华文化的传承者和传播者！

板书设计

> 九月九日忆山东兄弟
>
> 孤独　　　思亲

写在《子衿初语》之后

一

初秋，阳光下，麓山校园绿茵依旧浓郁。

我和欧欧老师交流童话故事《大象的耳朵》。

"我生来就是这样啊。"这是故事的开端。

大象也不安起来，他自言自语地说："他们都这样说，是不是我的耳朵真的有毛病啦？我得让我的耳朵竖起来。"这是故事的转折点。

大象说："我还是让耳朵耷拉着吧。人家是人家，我是我。"这是故事的结局。

欧欧老师说："这是文本的字面意思，其实，这个小故事还有言外之意，故事不只是告诉我们，大象耳朵由耷拉，再到竖起来，最后又耷拉下来。大象从开始的理直气壮、自信满满，到怀疑，再到坚持做自己。这才是文本的言外之意。"

"我又想起了你讲的《大象的耳朵》，"透过电话，欧欧老师兴奋地说，"我们要怎样教这篇童话呢？'人家是人家，我是我。'这句话是打开童话的钥匙。你看啊，大象说'人家是人家'时，也开始悟到了这一点，但他没有说'那些小动物都说错了'，而是说'人家是人家'，这是对别人的理解和尊重。那么，'我是我'是对自己的肯定和悦纳，是做真实的自己。"

正确地认识自己，这是一个人穷尽一生的课题。

这是我跟欧老师日常交流的一个片段，也是我们近二十年交往的日常。

在这些日常里，我们讲语文故事，解读语文教材，设计语文课堂，也聊一些语文的花絮。

我们戏称，语文为媒，山高水长。

二

《小王子》里狐狸对小王子说：当你与玫瑰建立起情感上的"驯养"，玫瑰才不仅是园子里的玫瑰，而是你生命里的玫瑰。

所谓"驯养"，便是建立起美好的情感链接。

时常觉得，语文是欧欧老师的玫瑰。

欧欧老师的童年在洞庭湖的渔村度过，她经常跟我讲述童年的故事。故事里，八百里洞庭烟波飘渺，万亩芦苇荡的岸芷汀兰，是语文的源头。

源头的石头改变河流的方向——

这几年，她一直坚持和老师们进行儿童阅读实践交流，进行语文课堂实践，赴湖南乡村为农村孩子送课。山山水水中，留下了她追求语文梦想的足迹。

2017年，她离开语文教师岗位去怀化支教。那里的学校的语文老师都是一批刚刚毕业的年轻老师，学校安排她不能教语文，要腾出时间带领年轻老师。那晚，她在电话里很失落地告诉我：不教语文，有种田地荒芜的感觉，真是不舍。

从此，她开始带着年轻老师们一起游弋在语文的世界里。不仅深爱语文，还引领一群人去爱语文，在语文教学之路上一蓑烟雨，无悔无怨，不计收获，只问耕耘。一批批年轻老师在她的指导下迅速成长，他们热爱语文、沉醉课堂。

语文的田地，没有在她的时间里荒芜。

三

如今，欧欧老师把这些年和老师们一起在语文世界里留下的文字集结成书，用文字留下了语文光影。

当我读到这本《子衿初语》书稿时，如有一种走进课堂的熟悉与亲切。书中每一篇文字，都从这群年轻老师们与语文相守的日常里生长出来，是他们教学成长的声音和足迹，是他们念兹在兹、守望语文的朴素深情。

这些年轻的老师们，用笔记录了他们在初入语文世界的行与思。《小青蛙》教学唤醒的学习故事，《夜色》课堂上关于语文的守望，《咏柳》中不同寻常的思考，《灰雀》中从迷茫寻觅到与文本共鸣的旅程……文字跳动间，仿佛可以看到那些青春的身影从午后的某一朵白云下走过，带着孩子们走在语文的朗朗书声里、沉醉在语文的暖暖故事里。

还有，欧欧老师关于母语里风花雪月的思考，教《渔歌子》后一脉诗心品渔歌的思考和对语文的深情。"法天贵真，不拘于俗。"在深情中天真，在深邃里热血。

文字的本质，是教师生命的"另一种存在"。

《子衿初语》是这群语文老师的另一种存在。这些真实的案例，朴素地记录了欧欧老师带着一群年轻的生命，在语文世界里上过的课、走过的路、历经的事，也记录了他们一起在语文路上所遭遇的困惑、所聚焦的问题、所作出的探索、所获得的幸福。

葡萄牙诗人佩索阿说:"写下就是永恒。"

《子衿初语》,写下了一群语文人走过的永恒。

向春芳

2024 年 11 月 13 日　麓园